Gruppo Italiaidea

# NEW Italian Espresso

# TEXTBOOK

## beginner and pre-intermediate

### Italian course for English speakers

## La scuola: Italiaidea

**Italiaidea** è una scuola di lingua e cultura italiana fondata nel 1984 a Roma e riconosciuta dal Ministero della Pubblica Istruzione. Dal 1987 propone corsi validi per l'ottenimento di crediti accademici presso numerose università statunitensi tra cui Cornell University, Dartmouth College e Rhode Island School of Design. L'elevata esperienza acquisita da Italiaidea nell'insegnamento e nell'elaborazione di programmi su misura per studenti angolofoni è alla base della realizzazione di *New Italian Espresso*. Per ulteriori informazioni: www.italiaidea.com

## Gli autori

**Paolo Bultrini** insegna lingua italiana dal 1991. Dal 2000 lavora presso **Italiaidea** come coordinatore didattico e insegnante di vari programmi universitari americani a Roma. Si occupa di formazione didattica e dal 2008 tiene seminari di aggiornamento per insegnanti di lingua italiana.
Per questa edizione ha curato: le lezioni 1, 2, 4, 7, 8, 9 e 12 del *Textbook* e le lezioni 1, 2, 7, 9, 12 e 13 del *Workbook*.

**Filippo Graziani** insegna lingua italiana dal 1996, negli Stati Uniti e successivamente in Italia. Dal 1998 è coordinatore didattico e insegnante di vari programmi universitari americani a Roma presso **Italiaidea**, dove si occupa inoltre dello sviluppo di materiali didattici ed è responsabile della formazione per insegnanti.
Per questa edizione ha curato: le lezioni 3, 5, 6, 10, 11, 14 e 15 del *Textbook* e le lezioni 3, 4, 5, 6, 8, 10, 11, 14 e 15 del *Workbook*.

In *New Italian Espresso* sono inoltre stati parzialmente utilizzati e rielaborati materiali creati da **Maria Balì**, **Nicoletta Magnani**, **Giovanna Rizzo** e **Luciana Ziglio** per *Italian Espresso 1* (ALMA Edizioni, 2006).

Si ringrazia **Anna Clara Ionta** (Loyola University of Chicago) per la consulenza didattica e **Chiara Alfeltra**, **Laura Mansilla**, **Francesca Romana Patrizi** e **Matteo Scarfò** per la loro collaborazione.

Direzione editoriale: **Ciro Massimo Naddeo**
Redazione: **Euridice Orlandino** e **Chiara Sandri**
Layout: **Lucia Cesarone** e **Gabriel de Banos**
Copertina: **Lucia Cesarone**
Impaginazione: **Gabriel de Banos**
Illustrazioni: **ofczarek!**

Printed in Italy
ISBN: 978-88-6182-353-2
© 2014 ALMA Edizioni
Tutti i diritti riservati

**ALMA Edizioni**
Via dei Cadorna, 44
50129 Firenze
tel + 39 055 476644
fax + 39 055 473531
alma@almaedizioni.it
www.almaedizioni.it

# Introduction

## What is NEW Italian Espresso ?

**NEW Italian Espresso** is the first **authentically "made in Italy"** Italian course designed for students at American colleges and universities, both in the United States and in study abroad programs in Italy, as well as in any Anglo-American educational institution around the world.

This volume is specifically designed for **beginners** and **pre-intermediate** students. It takes into account provisions of both the Common European Framework of Reference and the American Council on the Teaching of Foreign Languages and covers all novice levels up to lower intermediate.

Its innovative teaching method is based on a communicative approach and provides a **learner-centered syllabus** by which students can effectively learn while enjoying themselves. In line with ALMA Edizioni's 20-year-long tradition, this method combines scientific rigor with a modern, dynamic and motivating teaching style.

The course puts a strong focus on:
- Communication (students are enabled to speak and interact in Italian from an early stage)
- Non-stereotypical situations and topics
- Motivating teaching activities
- Inductive grammar
- A textual approach
- Culture (specific cultural sections provide thorough information on Italy's contemporary lifestyle and habits and aim to encourage intercultural discussions)
- Strategies aimed at developing autonomous learning
- Multimedia resources

A **Workbook** with exercises, activities on phonetics, self-assessment tests and a comprehensive grammar section is also available, as well as a **web-based teacher's pack** including Textbook and Workbook keys, activity instructions, transcriptions and additional resources such as test banks, supplementary materials and extra audio tracks.

# Introduction

## Why is NEW Italian Espresso new?

Compared with its first edition (*Italian Espresso 1*), this **updated**, **fully improved** version features a large variety of new elements, such as an extra, all-new Lesson ("vivere in Italia", 15), **new texts**, **new activities** and a set of **four extra pages after each lesson**.

### In each Lesson

- new, easy-to-use graphic structure
- new written and oral texts
- new, fun activities on grammar and vocabulary
- new listening, reading, speaking and writing activities
- new boxes on highly common idioms
- new boxes on grammar peculiarities
- icons for related exercises in the **Workbook**

### Icon legend

#### lexical box

> **Buonasera** is generally used after 5 or 6 PM, but in many Italian towns it is also used after 1 PM.
> **Arrivederci** is used upon leaving in formal conversations any time of the day, while **ciao** is used both upon arriving and upon leaving any time of the day, but only in strictly informal conversations.

#### grammar box

> **Altri participi irregolari**
>
> | aprire | → ho **aperto** | bere | → ho **bevuto** |
> |---|---|---|---|
> | chiudere | → ho **chiuso** | dire | → ho **detto** |
> | nascere | → sono **nato/a** | rispondere | → ho **risposto** |
> | scrivere | → ho **scritto** | vivere | → ho **vissuto** |

**listening activity** (here: track 47)  47

**related activity in the Workbook** (here: exercise number 1)

**1 Esercizio scritto | Lavori e orari** WB 1

# Introduction

## After each Lesson

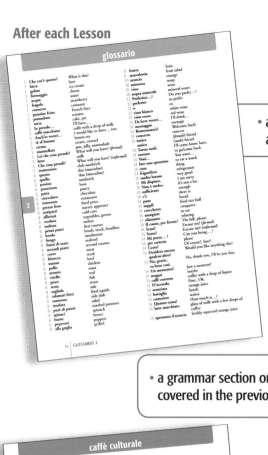

- an Italian-English glossary which contains all words and idioms introduced in the previous Lesson

- a grammar section on items covered in the previous Lesson

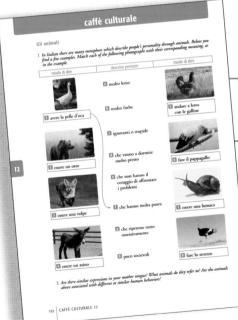

- a picture-based culture page on Italy's traditions and contemporary lifestyles

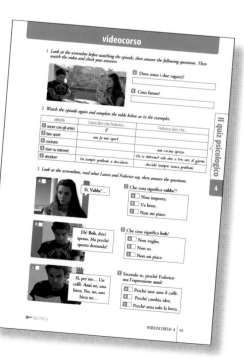

- a page of activities on the **video course** episodes that can be viewed playing the **integrated DVD ROM**; activities focus on comprehension, idioms and vocabulary and can be submitted to students either upon completion of the previous Lesson, or autonomously

# Introduction

Integrated in the Textbook

• a **DVD ROM** which can be played on a computer and contains a **complete video course** as well as all **audio tracks** for the **Texbook** and the **Workbook**

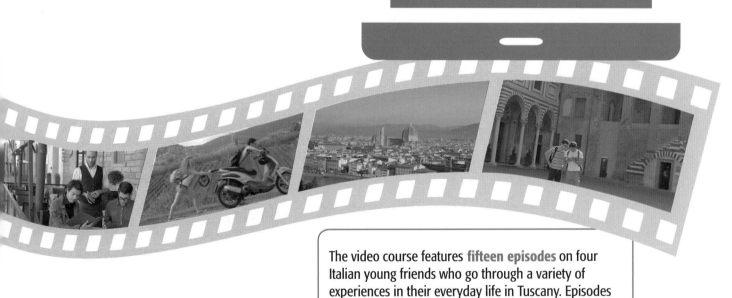

The video course features **fifteen episodes** on four Italian young friends who go through a variety of experiences in their everyday life in Tuscany. Episodes can be watched both with or without Italian subtitles.

# Introduction

**A dedicated web page with teaching and learning resources and multimedia files.**

Go to **www.almaedizioni.it** and find in the section dedicated to **NEW Italian Espresso**:

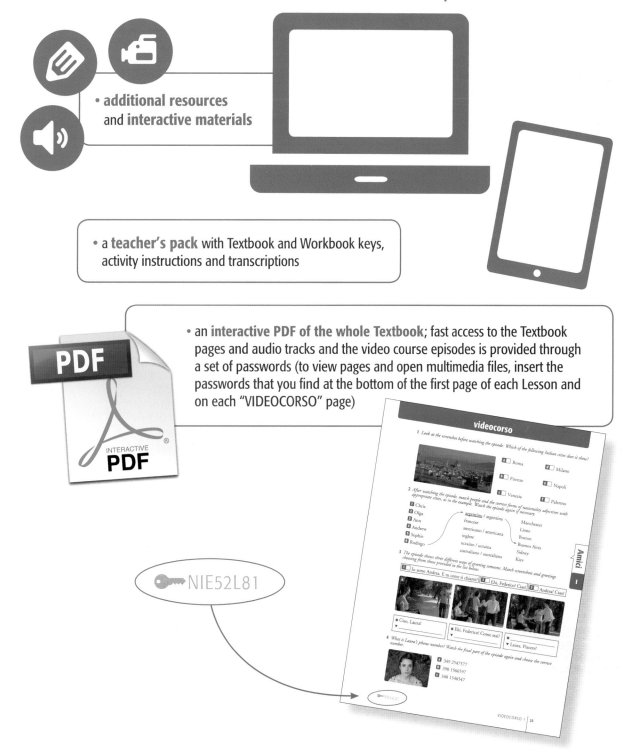

- **additional resources** and **interactive materials**

- a **teacher's pack** with Textbook and Workbook keys, activity instructions and transcriptions

- an **interactive PDF of the whole Textbook**; fast access to the Textbook pages and audio tracks and the video course episodes is provided through a set of passwords (to view pages and open multimedia files, insert the passwords that you find at the bottom of the first page of each Lesson and on each "VIDEOCORSO" page)

NIE52L81

We strongly believe that both students and teachers will highly benefit from **New Italian Espresso** and will enjoy a greatly rewarding teaching and studying experience!

Authors and Publisher

# Summary

| | Competencies | *Listening* and reading activities | Grammar | Vocabulary |
|---|---|---|---|---|
| **Lezione 1  p. 12  primi contatti** | • greeting people upon arriving and leaving<br>• introducing oneself<br>• asking about pronunciation and spelling<br>• asking about meaning<br>• asking about someone's place of origin (and answering)<br>• asking how to say something in Italian<br>• giving one's phone number<br>• asking someone to repeat something | • *Ciao o buongiorno?*<br>• *Scusa, come ti chiami?*<br>• *L'alfabeto*<br>• *Il personaggio misterioso*<br>• *C come ciao*<br>• *Come si pronuncia?*<br>• *Di dove sei?*<br>• Numeri da 0 a 20<br><br>• *Sei italiano?*<br>• *Qual è il tuo numero di telefono?* | • present tense of *essere, chiamarsi* and first conjugation verbs (singular forms: *io* and *tu*)<br>• the alphabet<br>• [tʃ], [k], [dʒ] and [g] sounds<br>• singular forms of adjectives ending in *-o* and *-a*<br>• preposition *di* + city names and preposition *in* + city and country names<br>• negation *non*<br>• numbers from 0 to 20 | • greetings<br>• classroom objects<br>• adjectives of nationalities<br>• country names |

glossario 1 p. 22    grammatica 1 p. 23    caffè culturale 1 - Saluti p. 24    videocorso 1 - Amici p. 25

| | Competencies | Listening and reading activities | Grammar | Vocabulary |
|---|---|---|---|---|
| **Lezione 2  p. 26  buon appetito!** | • ordering in a café and in a restaurant<br>• asking for things in a polite way<br>• pointing at close/far away objects<br>• getting someone's attention<br>• asking for the bill<br>• thanking someone<br>• asking for price | • *In un bar*<br>• *In trattoria*<br>• *Il conto, per favore!*<br>• *Che numero è?*<br><br>• Messaggio per Marco | • plural and singular nouns<br>• interrogatives: *che cosa, che, quanto*<br>• demonstrative (singular) pronouns: *questo, quello*<br>• definite articles<br>• conjunction *o*<br>• indefinite articles<br>• cardinal numbers from 20 to 100 | • food and beverages<br>• *vorrei*<br>• recipes and courses<br>• meals<br>• *preferire*<br>• *Scusi!*<br>• *per favore, per cortesia, per piacere, grazie, prego* |

glossario 2 p. 36    grammatica 2 p. 37    caffè culturale 2 – Ristorante, trattoria, o…? p. 38    videocorso 2 - Un pranzo veloce p. 39

| | Competencies | Listening and reading activities | Grammar | Vocabulary |
|---|---|---|---|---|
| **Lezione 3  p. 40  io e gli altri** | • introducing someone<br>• describing people's activities on a specific day of the week<br>• asking for someone's age and giving one's age<br>• asking for someone's profession and mentioning one's occupation<br>• giving personal details on someone<br>• telling dates<br>• asking someone how he/she is and saying how one is doing | • *Presentare qualcuno*<br>• *Faccio la segretaria.*<br>• *I numeri da 100 in poi*<br>• *Una straniera in Italia*<br><br>• *Che lavoro fa?*<br>• *Come va?* | • third singular person of *essere*<br>• present tense: third singular person of first, second and third conjugation verbs<br>• present tense: singular forms of irregular verbs (*avere, fare, andare*)<br>• prepositions *in* + country names, *a* + city names and *per* + city and country names<br>• formal and informal address<br>• present tense: singular persons of *stare* | • world languages<br>• professions<br>• days of the week<br>• workplaces<br>• *Come sta/stai?, Come va?* |

glossario 3 p. 50    grammatica 3 p. 51    caffè culturale 3 – Notizie sull'Italia p. 52    videocorso 3 - L'annuncio p. 53

| | Competencies | Listening and reading activities | Grammar | Vocabulary |
|---|---|---|---|---|
| **Lezione 4  p. 54  tempo libero** | • talking about free time and leisure activities<br>• talking about how often one does something<br>• talking about people's interests and occupations<br>• expressing one's likes and dislikes | • *Che cosa fai nel tempo libero?*<br>• *Verbi irregolari*<br>• *Intervista a uno studente italiano*<br>• *Gli interrogativi*<br><br>• *Un'e-mail da Berlino*<br>• *L'italiano per studenti* | • present tense: plural persons of first, second and third conjugation verbs<br>• adverbs of frequency<br>• *mai* + *non*<br>• interrogatives: *com'è, con chi, di che cosa, quanti, perché, dove, come*<br>• present tense: complete conjugation of *avere, andare, fare, essere, stare, bere, sapere*<br>• *sapere* vs. *conoscere*<br>• *piacere* | • leisure activities<br>• parts of the day<br>• main university programs<br>• *avere bisogno, avere paura, avere voglia, avere fame, avere sete, avere sonno, avere freddo, avere caldo* |

glossario 4 p. 66    grammatica 4 p. 67    caffè culturale 4 – I luoghi più visitati d'Italia p. 68    videocorso 4 - Il quiz psicologico p. 69

# Summary

| | Competencies | *Listening* and reading activities | Grammar | Vocabulary |
|---|---|---|---|---|
| **Lezione 5 p. 70 in giro per l'Italia** | • describing a city, a neighborhood, a street<br>• submitting a questionnaire in order to make a survey<br>• talking about the quality of life in a given city<br>• following and giving street directions<br>• asking and telling time | • *Viaggio di lavoro*<br>• *Presente dei verbi irregolari*<br><br>• Che posto è?<br>• Indicazioni per la Fontana di Trevi<br>• Che ora è? | • present tense: complete conjugation of *dare, dire, rimanere, uscire* and *venire*<br>• preposition *a* vs. preposition *in* + means of transport<br>• *c'è/ci sono*<br>• singular and plural forms of adjectives ending with -*o*, -*a* and -*e*<br>• noun-adjective agreement<br>• *Scusa!* vs. *Scusi!*<br>• prepositions of place | • Italy's major cities and monuments<br>• means of transport<br>• opposite pairs of common adjectives<br>• street directions<br>• street furniture and urban environment<br>• shops and stores<br>• Italian equivalents for PM and AM |

glossario 5 p. 82    grammatica 5 p. 83    caffè culturale 5 – Una strada, molti nomi! p. 84    videocorso 5 - La seconda a destra p. 85

| | Competencies | *Listening* and reading activities | Grammar | Vocabulary |
|---|---|---|---|---|
| **Lezione 6 p. 86 in albergo** | • understanding hotel brochures<br>• describing one's favorite hotel<br>• describing a room<br>• booking a hotel room<br>• complaining about one's room in a hotel<br>• asking for information on accommodation<br>• asking for and giving timetable information<br>• talking about one's holiday activities<br>• describing a perfect vacation | • *Ho un problema con la stanza*<br>• *Chiedere e dare informazioni*<br>• *In vacanza, ma non in albergo*<br><br>• L'albergo ideale<br>• E-mail dall'albergo<br>• Un'e-mail dalle vacanze | • present tense: modal verbs *dovere, potere* and *volere*<br>• adverbs: *bene* and *male*<br>• prepositions: *a* (+ definite article) + time<br>• compound prepositions | • hotel room types and features<br>• time expressions: *oggi, domani, dopodomani, stamattina, oggi pomeriggio, stasera, stanotte, domattina, domani pomeriggio, domani sera, domani notte*<br>• home furniture and features<br>• *A che ora?*<br>• months and seasons<br>• leisure activities |

glossario 6 p. 96    grammatica 6 p. 97    caffè culturale 6 – Mancia e scontrino: come funziona? p. 98    videocorso 6 - In vacanza p. 99

| | Competencies | *Listening* and reading activities | Grammar | Vocabulary |
|---|---|---|---|---|
| **Lezione 7 p. 100 un fine settimana** | • understanding travel brochures<br>• describing a perfect weekend<br>• talking about past actions and understanding descriptions of past events<br>• specifying when a past event took place<br>• asking for and providing information on means of transport, prices and time | • *E domenica?*<br>• *Vorrei qualche informazione.*<br><br>• Tante idee per il fine settimana<br>• Consigli di viaggio | • past tense: *passato prossimo*<br>• forms and agreement of the past participle<br>• irregular past participles of *essere, fare, piacere, prendere, leggere, vedere, mettere, venire, rimanere, aprire, chiudere, nascere, scrivere, bere, dire, rispondere, vivere*<br>• verbs taking *essere* as an auxiliary: *stare, rimanere, restare, essere, andare, tornare, entrare, uscire, partire, venire, arrivare*<br>• *ci vuole/ci vogliono* | • weather conditions<br>• time expressions: *stamattina, ieri, l'altro ieri, scorso, fa, già, appena, non ancora* |

glossario 7 p. 112  grammatica 7 p. 113  caffè culturale 7 – Dove andiamo in vacanza? p. 114  videocorso 7 - Cos'hai fatto tutto il giorno? p. 115

# Summary

| | Competencies | *Listening* and reading activities | Grammar | Vocabulary |
|---|---|---|---|---|
| **Lezione 8** p. 116 **vita quotidiana** | • describing one's work habits and working hours<br>• commenting on someone else's lifestyle<br>• describing and asking about someone's daily routine<br>• describing one's daily routine<br>• submitting a questionnaire and presenting its results<br>• congratulating someone on special occasions and public holidays<br>• saying the date<br>• talking about one's country's public holidays<br>• writing a postcard for one's favorite national holiday | • *Ti alzi presto la mattina?*<br>• *E tu?*<br>• *Il sabato di Davide*<br>• *Posizione del pronome riflessivo*<br><br>• Saluti da Londra<br>• Auguri! | • *finire* and *cominciare* + prepositions *di* and *a*<br>• prepositions: *da... a...*<br>• present tense: reflexive verbs<br>• the date<br>• possessive adjectives: singular and plural forms of *mio* and *tuo* | • everyday actions<br>• congratulations and wishes for special occasions<br>• Italian main public holidays |

glossario 8 p. 126    grammatica 8 p. 126    caffè culturale 8 – Cosa regalano gli italiani p. 128    videocorso 8 - L'agenda di Laura p. 129

| | Competencies | *Listening* and reading activities | Grammar | Vocabulary |
|---|---|---|---|---|
| **Lezione 9** p. 130 **la famiglia** | • describing a family tree<br>• talking and writing about one's family and family habits<br>• talking about past events<br>• inquiring about someone's past actions | • *Vive ancora con i genitori*<br>• *Aggettivi possessivi*<br>• *Il cugino americano*<br><br>• La famiglia fa notizia<br>• Carissimo diario… | • possessive adjectives (all forms)<br>• possessive adjectives + nouns referring to family relationships<br>• past tense: *passato prossimo* form of reflexive verbs | • family relationships<br>• *sorella/fratello maggiore/minore*<br>• *gli anziani*<br>• *il mio ragazzo/la mia ragazza*<br>• *diplomarsi, laurearsi* |

glossario 9 p. 140    grammatica 9 p. 141    caffè culturale 9 – I gesti italiani p. 142    videocorso 9 - La famiglia della sposa p. 143

| | Competencies | *Listening* and reading activities | Grammar | Vocabulary |
|---|---|---|---|---|
| **Lezione 10** p. 144 **sapori d'Italia** | • talking about one's eating habits<br>• writing a shopping list<br>• talking about typical Italian recipes<br>• understanding recipe instructions<br>• describing one's favorite recipe<br>• doing grocery shopping<br>• indicating quantities<br>• organizing a picnic | • *Fare la spesa*<br>• *In un negozio di alimentari*<br><br>• Storia della pasta | • direct pronouns: forms and position<br>• partitive use of preposition *di*<br>• *ne*<br>• indefinite adjectives: *quanto* | • food and dishes<br>• measurement units: *grammo, chilo, etto, litro*<br>• food packaging<br>• centuries |

glossario 10 p. 154    grammatica 10 p. 155    caffè culturale 10 – L'Italia nel piatto p. 156    videocorso 10 - Il panino perfetto p. 157

| | Competencies | *Listening* and reading activities | Grammar | Vocabulary |
|---|---|---|---|---|
| **Lezione 11** p. 158 **fare acquisti** | • talking and asking about events that will occur in the future<br>• writing a short article on future fashion styles<br>• shopping for clothes and shoes<br>• making a polite request<br>• describing one's look on special occasions | • *Cerco un pullover.*<br>• *In un negozio di calzature*<br><br>• Come si chiamano?<br>• La moda italiana alla conquista della Cina | • invariable adjectives referring to colors<br>• future tense (regular and irregular forms)<br>• direct and indirect pronouns: forms and position<br>• verbs + indirect pronouns: *dare, dire, mandare, mostrare, portare, promettere, scrivere, telefonare*<br>• *piacere* + indirect pronouns<br>• present conditional (regular and irregular forms)<br>• demonstrative adjectives: *quello* (singular and plural forms)<br>• *troppo* | • colors, fabrics and fabric patterns<br>• clothing<br>• clothing and shoe sizes<br>• *stare bene/male (a qualcuno)*<br>• time expressions: *più tardi, domattina, prossimo, tra, prima o poi, un giorno, presto* |

glossario 11 p. 168    grammatica 11 p. 168    caffè culturale 11 – La moda italiana p. 170    videocorso 11 - Come mi sta? p. 171

# Summary

| | Competencies | *Listening* and reading activities | Grammar | Vocabulary |
|---|---|---|---|---|
| **Lezione 12 p. 172 noi e gli animali** | • understanding a survey<br>• carrying out a survey and reporting its findings<br>• talking about animals<br>• expressing one's opinion on animal testing<br>• describing past situations and actions that occurred repeatedly<br>• talking about one's childhood<br>• writing a short news story | • *Uomini e animali*<br>• *Tu dove andavi in vacanza?*<br><br>• I bambini e gli animali<br>• Il Progetto Nim<br>• Chiara Mastroianni si racconta. | • past tense: *imperfetto* (forms and use)<br>• *imperfetto* forms of irregular verbs: *essere, fare, bere, dire*<br>• *passato prossimo* vs. *imperfetto*<br>• agreement between direct pronouns and past participles | • animal nouns<br>• *amare* and *volere bene*<br>• time expressions: *di solito, normalmente, una volta, mentre* |

glossario 12 p. 180      grammatica 12 p. 181      caffè culturale 12 – Gli animali p. 182      videocorso 12 - Da bambina abitavo qui p. 183

| | Competencies | *Listening* and reading activities | Grammar | Vocabulary |
|---|---|---|---|---|
| **Lezione 13 p. 184 non è bello ciò che è bello...** | • understanding and giving physical descriptions<br>• describing one's personality<br>• reading one's horoscope<br>• making, accepting and refusing an invitation<br>• describing actions which are going on right now<br>• writing a short fiction story | • *Un tipo interessante*<br>• *Essere o avere?*<br>• *Ti va di venire?*<br><br>• Chi è l'intruso?<br>• L'oroscopo: e tu di che segno sei? | • use of auxiliaries *essere* and *avere* with *cominciare* and *finire*<br>• *superlativo assoluto* with *molto* + adjective or suffix *-issimo*<br>• *molto* (adjective and adverb)<br>• progressive form with *stare* + *gerundio*<br>• present gerund forms of regular and irregular verbs (*dire, fare, bere*) | • nouns and adjectives for physical descriptions (face and body)<br>• personality adjectives<br>• signs of the zodiac<br>• *buonissimo/ottimo, grandissimo/massimo, cattivissimo/pessimo, piccolissimo/minimo*<br>• *ti va di, che ne dici di, mi dispiace, veramente non mi va, volentieri, hai voglia di, dai* |

glossario 13 p. 194      grammatica 13 p. 195      caffè culturale 13 – Italiani celebri p. 196      videocorso 13 - Una serata tra amici p. 197

| | Competencies | *Listening* and reading activities | Grammar | Vocabulary |
|---|---|---|---|---|
| **Lezione 14 p. 198 casa dolce casa** | • understanding and writing short rental ads<br>• understanding and giving home descriptions<br>• expressing wishes<br>• expressing the consequence of a possible hypothesis<br>• writing a short article on an ideal home<br>• expressing likes and dislikes<br>• giving advice<br>• complaining about someone and relating an unpleasant experience | • *Città o campagna?*<br>• *Condizionale presente*<br><br>• Ti descrivo la mia casa<br>• Cosa sognano le donne italiane?<br>• Consigli per pitturare una stanza | • ordinal numbers<br>• comparatives (minority, majority and equality)<br>• present conditional (regular and irregular forms)<br>• *ci* | • home features and furniture<br>• house types<br>• *al posto* + possessive adjective |

glossario 14 p. 208      grammatica 14 p. 209      caffè culturale 14 – Tipi di abitazione p. 210      videocorso 14 - Una vita poco sana p. 211

| | Competencies | *Listening* and reading activities | Grammar | Vocabulary |
|---|---|---|---|---|
| **Lezione 15 p. 212 fare acquisti** | • comparing Italian social habits and traditions with those of one's country<br>• understanding travel brochures and travel blogs<br>• understanding and giving orders, recommendations and instructions<br>• writing a short article on the do's and don'ts for tourists coming to your country<br>• underlining cultural differences | • *Diventare famiglia ospitante*<br>• *Dare consigli*<br><br>• Consigli per chi viaggia in Italia<br>• Diventate famiglia ospitante!<br>• Vivere in un altro paese | • *imperativo informale singolare* and *imperativo plurale* (affirmative and negative forms)<br>• position of direct and indirect pronouns with *imperativo*<br>• contracted forms of *imperativo* (*va', da', di', fa', sta'*)<br>• irregular forms of *imperativo* (*abbi, bevi, sii*)<br>• direct and indirect pronouns, *ci* and *ne* + contracted forms of *imperativo* | • tourist activities and accommodation solutions<br>• Italian habits and traditions<br>• *Mi raccomando!* |

glossario 15 p. 222      grammatica 15 p. 223      caffè culturale 15 – Gelato, che passion! p. 224      videocorso 15 - Conoscere le lingue p. 225

**glossario alfabetico** p. 226

## 1 Ascolto | *Ciao o buongiorno?* WB 1

1

**a.** *Listen to the recording and put the four conversations in the order in which they appear. Then complete the conversations with the greetings in the list below.*

| Ciao | Buonasera | Buongiorno |

- _____, Giorgio!
- _____, Anna!

- _____, signora!
- _____, dottore!

- _____, professore!
- _____!

- _____, Paola!
- Oh, _____, Francesca!

**b.** *How do you greet people at various times of the day? Complete the table.*

|  | informale | formale |
|---|---|---|
|  |  |  |
|  |  |  |

> **Buonasera** is generally used after 5 or 6 PM, but in many Italian towns it is also used after 1 PM.
> **Arrivederci** is used upon leaving in formal conversations any time of the day, while **ciao** is used both upon arriving and upon leaving any time of the day, but only in strictly informal conversations.

# primi contatti

## 2 Ascolto | *Scusa, come ti chiami?* WB 2

**a.** *Close the book, listen to the recording, then work with a partner and share information on the conversations.*

**b.** *Listen again and complete the conversations with the words in the list below.*

| sono | sono | ti chiami |
|---|---|---|

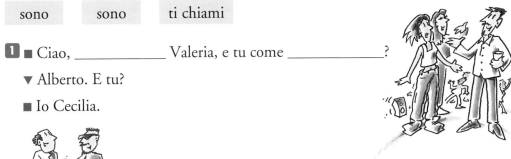

**1** ■ Ciao, _____ Valeria, e tu come _____?

   ▼ Alberto. E tu?

   ■ Io Cecilia.

**2** ■ Buongiorno, _____ Giovanni Muti.

   ▼ Piacere, Carlo De Giuli.

**c.** *Insert the forms of the verbs from the above conversations in the table below.*

|  | essere | chiamarsi |
|---|---|---|
| io |  | mi chiamo |
| tu | sei |  |

## 3 Esercizio orale | *E tu come ti chiami?* WB 3·4

*Go round the classroom and introduce yourself to your classmates.*

> Esempio: ■ Ciao, sono Giovanni e tu come ti chiami?
> ▼ Mi chiamo Francesca. Piacere!
> ■ Piacere!

## 4 Ascolto | L'alfabeto

*Listen and repeat.*

| A | E | I | O | | U | foreign letters |
|---|---|---|---|---|---|---|
| | | | P<br>pi | | | J<br>i lunga |
| | | | Q<br>cu | | | K<br>kappa |
| B<br>bi | F<br>effe | L<br>elle | R<br>erre | | | W<br>doppia vu |
| C<br>ci | G<br>gi | M<br>emme | S<br>esse | | V<br>vi/vu | X<br>ics |
| D<br>di | H<br>acca | N<br>enne | T<br>ti | | Z<br>zeta | Y<br>ipsilon |

**5** **Ascolto | Il personaggio misterioso** WB 3·4     4 (((▶

*Listen to the recording and write the letters. You will find the names of four famous Italians.*

**1** _____ _____     **2** _____ _____

**3** _____ _____     **4** _____ _____

**6** **Esercizio scritto | *Come si scrive?***

*Work with a partner and take turns to ask how to spell each other's names.*

Esempio: ■ Come si scrive il tuo nome?

     ▼ Si scrive _____

     ■ E come si scrive il tuo cognome?

     ▼ Si scrive _____

     ■ Scusa, puoi ripetere per favore?

     ▼ Si scrive _____

Francesca Bellucci

| nome | cognome |

**7** **Ascolto | *C come ciao*** WB 5·6     5 (((▶

**a.** *Listen to the recording and repeat the words in the list.*

caffè · Garda · piacere · spaghetti · parmigiano · ciao · arrivederci · zucchero · chitarra · gelato · Germania · radicchio · zucchini · Monaco · funghi · formaggio · cuoco · buongiorno · prosecco · lago · ragù · cuore

**b.** *Put the words in order according to the following sounds.*

[ʧ] **ciao** _____

[k] **caffè** _____

[ʤ] **gelato** _____

[g] **Garda** _____

C is pronounced [ʧ] when it comes before _____ and [k] when it comes before _____ .

G is pronounced [ʤ] when it comes before _____ and [g] when it comes before _____ .

## 8 Pratica orale | *Come si pronuncia?* WB 5·6

6

**a.** *Work with a partner and take turns to ask each other how to pronounce these words.*

> Esempio: ■ Come si pronuncia questa parola?
> ▼ Si pronuncia *macchina*.

**b.** *Now check the pronunciation with the recording.*

## 9 Esercizio orale e scritto | *Che significa?* WB 7

*Work in pairs.* **Studente** A looks at this page and **Student B** at next page.

> **Studente A**
> Ask **Studente B** what one of the words written below means, as in the example. Write **Studente B**'s answer under the corresponding illustration. Then take turns asking each other all the remaining words.

> Esempio: ■ Che significa *sedia*?
> ▼ Significa *chair*.

~~sedia~~    finestra    insegnante

libro    penna

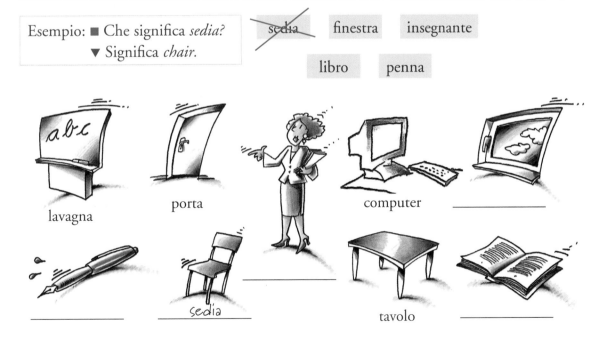

# primi contatti

Esempio: ■ Che significa *sedia?*
  ▼ Significa *chair.*

lavagna    porta    computer    tavolo

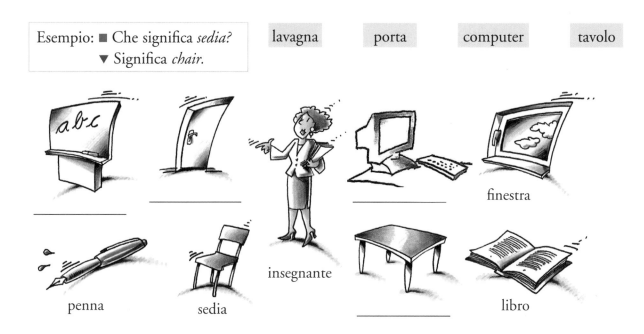

_____    _____    finestra

penna    sedia    insegnante    _____    libro

---

**10** **Ascolto** | *Di dove sei?* WB 8                                                      7 ((•►

*Listen to the conversations and match people with nationalities.*

| 🌐 | ♂ | ♀ |
|---|---|---|
| Australia | australiano | australiana |
| Austria | austriaco | austriaca |
| Canada | canadese | canadese |
| Cina | cinese | cinese |
| Corea | coreano | coreana |
| Francia | francese | francese |
| Germania | tedesco | tedesca |
| Giappone | giapponese | giapponese |
| India | indiano | indiana |
| Inghilterra | inglese | inglese |
| Irlanda | irlandese | irlandese |
| Italia | italiano | italiana |
| Messico | messicano | messicana |
| Portogallo | portoghese | portoghese |
| Scozia | scozzese | scozzese |
| Spagna | spagnolo | spagnola |
| Svizzera | svizzero | svizzera |
| _____ | _____ |  |

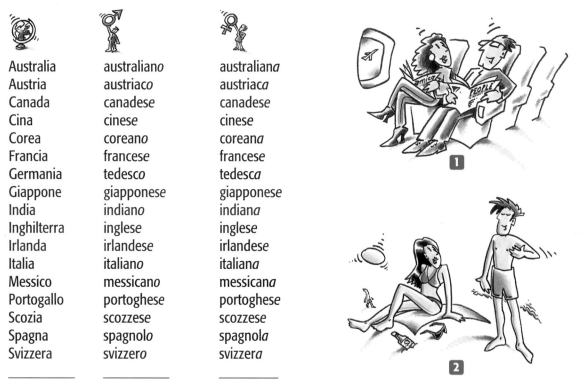

# primi contatti

Nazionalità

femminile

maschile

io sono italianA.

Io sono italianO.

Io sono irlandesE.

Io sono irlandesE.

**11** **Esercizio scritto** | *E tu?* WB 9·10     7 ◀»

**a.** *Complete the conversation below using the words in the list.*

| di | dove | sono | di | sei |

■ _____ tedesco?

▼ No, _____ austriaco. E tu _____ _____ sei?

■ Sono italiana, _____ Genova.

**b.** *Now listen again to the second conversation of activity 10 and check your answers.*

**12** **Esercizio orale** | *Sei francese?* WB 9·10

*Work with a partner. Repeat the conversation with different nationalities and cities, as in the example. Take turns to continue with all the remaining nationalities and cities.*

> Esempio: giapponese/coreano/francese/Parigi
>      ■ Sei giapponese?
>      ▼ No, sono coreano/a. E tu di dove sei?
>      ■ Sono francese, di Parigi.

**1** italiano/spagnolo/tedesco/Berlino

**2** messicano/colombiano/scozzese/Edimburgo

**3** americano/canadese/giapponese/Tokyo

**4** brasiliano/portoghese/irlandese/Dublino

**5** inglese/australiano/spagnolo/Madrid

## 13 Esercizio orale e scritto | *Come si dice?*

*Do you remember what these things are called in Italian? Ask your partner whether he or she knows those that you can't remember.*

## 14 Lettura | *Sei italiano?*

*Complete the conversation by inserting Rose's answers from the list on the right.*

■ Ciao, sono Antonio, tu come ti chiami?

▼ _____

■ Ah! E in Australia dove abiti?

▼ _____

■ No, sono spagnolo, di Barcellona, ma studio in Italia.

▼ _____

■ Economia, e tu?

▼ _____

■ Dove lavori?

▼ _____

■ E a Roma dove abiti?

▼ _____

■ Beata te! Io invece abito in periferia.

> Abito in centro con la famiglia.

> Io non studio. Lavoro part-time.

> Rose, sono australiana.

> Lavoro come baby sitter per una famiglia italiana.

> A Melbourne. E tu, sei italiano?

> Che cosa studi?

## 15 Riflettiamo | Presente indicativo e preposizioni WB 11·12

**a.** *Find in the above conversation the forms of the verbs* **abitare**, **lavorare** *and* **studiare** *and insert them in the following table.*

|  | abit**are** | lavor**are** | studi**are** |
|---|---|---|---|
| io |  | lavoro |  |
| tu |  |  | studi |

**b.** *Read the conversation again and complete the following table with missing prepositions.*

| esempio | preposizione | |
|---|---|---|
| (io) sono _____ Barcellona | _____ | + city names, to indicate where one comes from |
| (io) abito<br>(io) lavoro _____ Firenze<br>(io) studio _____ Irlanda<br>(io) sono | _____ | + city names, to indicate where one is/lives/works |
| | _____ | + countries or regions, to indicate where one is/lives/works |

## 16 Esercizio orale | *Abiti in centro?* WB 13

*Work with a partner. Take turns to ask and answer the questions, as in the example.*

> Esempio: abitare in centro/in periferia
> ■ Abiti in centro?
> ▼ No, **non** abito in centro, abito in periferia.

**1** studiare in Italia/in Inghilterra
**2** parlare spagnolo/italiano
**3** visitare Firenze/Roma
**4** abitare a Milano/a Venezia

**5** lavorare in banca/in ospedale
**6** essere di Torino/di Napoli
**7** ascoltare rock/hip hop
**8** abitare in Italia/in Francia

## 17 Esercizio orale | *Piacere!*

*Imagine that you are a foreign student on your first day of an Italian course in Rome: write on a piece of paper your name, nationality and the city where you live. Then work with a partner and introduce yourselves to each other.*

## 18 Ascolto | Numeri da zero a venti WB 14·15·16

8

*Listen and repeat.*

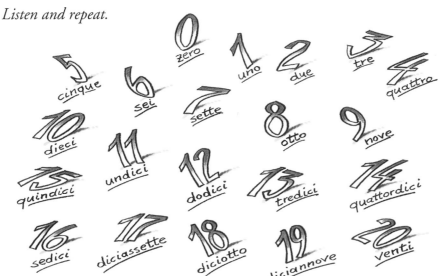

zero · uno · due · tre · quattro · cinque · sei · sette · otto · nove · dieci · undici · dodici · tredici · quattordici · quindici · sedici · diciassette · diciotto · diciannove · venti

**19** **Esercizio orale** | *Che numero è?* WB 14·15·16

*Write in the box on the left seven numbers of your choice from 0 to 20 then dictate them to your partner, who must write them in the box on the right. Then compare the results.*

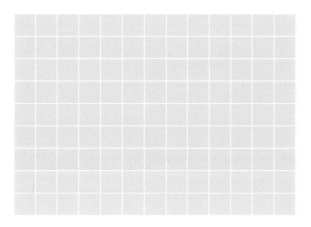 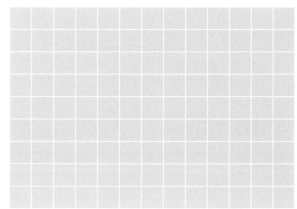

**20** **Lettura** | *Qual è il tuo numero di telefono?* WB 17

*Complete the conversation with the questions in the list on the right.*

- _____

▼ 06 342 67 95. Però ho anche il cellulare: 347 762 17 82.

- _____

▼ 347 762 17 82.

- _____

▼ Via Garibaldi, 22.

- _____

▼ Sì, ginomori67@libero.it

Ah, scusa, hai anche un'e-mail?

E qual è il tuo indirizzo?

Come, scusa?

Qual è il tuo numero di telefono?

@ = chiocciola
. = punto
- = trattino
_ = trattino basso/underscore

**21** **Esercizio orale e scritto | Rubrica telefonica** WB 17

*Go round the classroom asking for your classmates' telephone number and e-mail address, as in the example. Then write them in the table below.*

Esempio: ▼ Qual è il tuo numero di telefono?
■ 02 5465339.
▼ E il cellulare?
■ 347 35441418.
▼ E l'e-mail?
■ ginomori67@libero.it

| nome | telefono fisso | cellulare | e-mail |
|------|----------------|-----------|--------|
|      |                |           |        |
|      |                |           |        |
|      |                |           |        |
|      |                |           |        |

**22** **Lessico | Alla fine della lezione** WB 18

*At the end of the lesson say goodbye to your classmates.*

Arrivederci!

A presto!

Ciao!

A domani!

Buonanotte!

# glossario

| | | | |
|---|---|---|---|
| 1 | Ciao! | Hi/Bye! | |
| 1 | Buongiorno! | Good morning! | |
| 1 | Buonasera! | Good evening! | |
| 1 | signora | Madam, Mrs. | |
| | signore | Sir, Mr. | |
| 1 | professore | professor | |
| | professoressa | professor (*feminine*) | |
| 2 | Scusa… | Excuse me… | |
| 2 | Come ti chiami? | What's your name? | |
| 2 | Piacere. | Nice to meet you. | |
| 2 | essere | to be | |
| 2 | Mi chiamo… | My name is… | |
| 5 | personaggio | character | |
| 5 | misterioso | mysterious, unknown | |
| 6 | Come si scrive? | How do you spell/write it? | |
| 6 | nome | (first) name | |
| 6 | cognome | family name | |
| 6 | Puoi ripetere? | Can you repeat? | |
| 6 | per favore | please | |
| 8 | Come si pronuncia? | How do you pronounce it? | |
| 8 | questa | this (*feminine*) | |
| 8 | parola | word | |
| 9 | Che significa? | What does that/it mean? | |
| 9 | sedia | chair | |
| 9 | finestra | window | |
| 9 | insegnante | teacher, instructor | |
| 9 | libro | book | |
| 9 | penna | pen | |
| 9 | lavagna | (black)board | |
| 9 | porta | door | |
| 9 | tavolo | table | |
| 10 | Di dove sei? | Where are you from? | |
| | Io sono italiano/a. | I am Italian. | |
| 13 | Come si dice…? | How do you say…? | |

| | | |
|---|---|---|
| 14 | Studio in Italia. | I study in Italy. |
| 14 | studiare | to study |
| 14 | Dove abiti? | Where do you live? |
| 14 | abitare | to live |
| 14 | Che cosa studi? | What do you study? |
| 14 | economia | economics, business |
| 14 | Lavoro. | I work. |
| 14 | lavorare | to work |
| 14 | Dove lavori? | Where do you work? |
| 14 | Abito in centro. | I live in the center. |
| 14 | famiglia | family |
| 14 | con | with |
| 14 | Beata te! | Lucky you! (*feminine*) |
| 14 | invece | instead, on the other hand |
| 14 | in periferia | in the outskirts |
| 15 | Sono di Barcellona. | I am from Barcelona. |
| 16 | parlare | to speak, to talk |
| 16 | visitare | to visit |
| 16 | banca | bank |
| 16 | ascoltare | to listen to |
| 18 | numero | number |
| 20 | Qual è il tuo numero di telefono? | What is your phone number? |
| 20 | però | but |
| 20 | cellulare | cell phone |
| 20 | Come, scusa? | Sorry?, I beg your pardon? |
| 20 | Qual è il tuo indirizzo? | What is your address? |
| 20 | Hai un'e-mail? | Do you have an e-mail address? |
| 20 | anche | also, too, as well |
| 21 | telefono fisso | land line phone |
| 22 | Arrivederci! | Bye!, Goodbye! |
| 22 | A presto! | See you soon! |
| 22 | A domani! | See you tomorrow! |
| 22 | Buonanotte! | Good night! |

1

*Lesson glossaries do not cover info boxes and cultural sections, which may be skipped if teachers wish to do so and often provide English translation; adjectives are presented in the masculine singular form; toponyms are omitted because of their graphic similarity to their English version; in some cases they may present words which are not found in texts but are thematically connected to other words (as in: **signora** → **signore**) above; numbers coming before each entry indicate the activity in which a word/phrase appears for the first time.*

# grammatica

## Pronuncia - Pronunciation

| | | | esempio | pronuncia |
|---|---|---|---|---|
| c | + | a, o, u | casa | [k] |
| ch | | e, i | chilo | as in **k**ilo |
| g | + | a, o, u | gonna | [g] |
| gh | | e, i | lunghe | as in **g**old |
| sc | + | a, o, u | scuola | [sk] |
| sch | | e, i | schema | as in s**k**etch |

| | | | esempio | pronuncia |
|---|---|---|---|---|
| c | + | e, i | città | [tʃ] |
| ci | | a, o, u | cioccolata | as in **ch**ocolate |
| g | + | e, i | gelato | [dʒ] |
| gi | | a, o, u | giacca | as in **j**ar |
| sc | + | e, i | sci | [ʃ] |
| sci | | a, o, u | sciarpa | as in **sh**ampoo |

*When two vowels are next to each other, they are pronounced separately.*

Europa → [ɛ] + [u]     vieni → [ɪ] + [ɛ]     pausa → [ɑ] + [u]

## Presente indicativo - Present tense: *io, tu*

Prima coniugazione - First conjugation

*Italian has verb conjugations. Present tense of verbs belonging to the first conjugation (i. e. ending in -**are**) can be formed by dropping the last three letters of the infinitive and adding -**o** for the first singular person (**io** → **I**) or -**i** for the second singular person (**tu** → **you**).*
*Personal subject pronouns are usually omitted since the indication of the person is given by the verb ending.*

| | abit**are** | lavor**are** | studi**are** |
|---|---|---|---|
| io | abit**o** | lavor**o** | studi**o** |
| tu | abit**i** | lavor**i** | studi**i** |

## *Essere* and *chiamarsi*

| | essere | chiamarsi |
|---|---|---|
| io | sono | mi chiamo |
| tu | sei | ti chiami |

## Aggettivi singolari - Singular adjectives

*Adjectives ending in:*
- *-**o** refer to singular masculine nouns*
- *-**a** refer to singular feminine nouns*
- *-**e** can refer to both masculine and feminine nouns.*

John è australian**o**.
Rose è australian**a**.
Paul è ingles**e**./Emily è ingles**e**.

## Preposizioni - Prepositions: *di, a, in*

*Di indicates the city of origin (combined with **essere**).*

*A indicates the city where one is/lives/works etc.*

*In indicates the country where one is/lives/works etc.*

*Country names wich contain a plural word (such as **Stati Uniti, Emirati Arabi Uniti, Filippine** etc.) require **negli** for the masculine form and **nelle** for the feminine form.*

Sono **di** Milano.     Sono **di** Boston.

Abito **a** Verona.     Sono **a** Londra.

Vivo **in** Italia.     Sono **in** Spagna.

Studio **negli** Stati Uniti.     Vivo **nelle** Filippine.

1

## Saluti

**1** *Match sentences and photographs as in the example.*

| Buongiorno, desidera? | Ciao, a domani! | ~~Ciao!~~ | Grazie, arrivederci. | Buonanotte! | Piacere! |

| **1** | **2** |
| --- | --- |

| **3** | **4** Ciao! |
| --- | --- |

| **5** | **6** |
| --- | --- |

**2** *Italians have a rather physical way of greeting each other: greeting often involves cheek kissing and hugging, especially with friends and family. Is it usual in your country to kiss and/or hug someone when meeting him/her? If so, is it also customary between two people from the same sex?*

# videocorso

**1** *Look at the screenshot before watching the episode. Which of the following Italian cities does it show?*

**a** ☐ Roma      **d** ☐ Milano

**b** ☐ Firenze      **e** ☐ Napoli

**c** ☐ Venezia      **f** ☐ Palermo

**2** *After watching the episode, match people and the correct forms of nationality adjectives with appropriate cities, as in the example. Watch the episode again if necessary.*

| **1** Chris | <u>argentino</u> / argentina | Manchester |
| **2** Olga | francese | Lione |
| **3** Ann | americano / americana | Boston |
| **4** Andrew | inglese | Buenos Aires |
| **5** Sophie | ucraino / ucraina | Sidney |
| **6** Rodrigo | australiano / australiana | Kiev |

**3** *The episode shows three different ways of greeting someone. Match screenshots and greetings choosing from those provided in the list below.*

**1** ☐ Io sono Andrea. E tu come ti chiami?    **2** ☐ Ehi, Federico! Ciao!    **3** ☐ Andrea! Ciao!

■ Ciao, Laura!

▼ _____

■ Ehi, Federico! Come stai?

▼ _____

■ _____

▼ Laura. Piacere!

**4** *What is Laura's phone number? Watch the final part of the episode again and choose the correct number.*

**a** 349 2547577

**b** 390 1566597

**c** 340 1546547

Amici

1

# buon appetito!

**1** **Lessico** | *Che cos'è questo?*
*Look at the pictures and write under each one the corresponding name from the list below, as in the example.*

birra    formaggi    ~~cappuccino~~    acqua    spaghetti    pomodori

gelato    pizza    cornetto    fragole    patatine fritte    torte

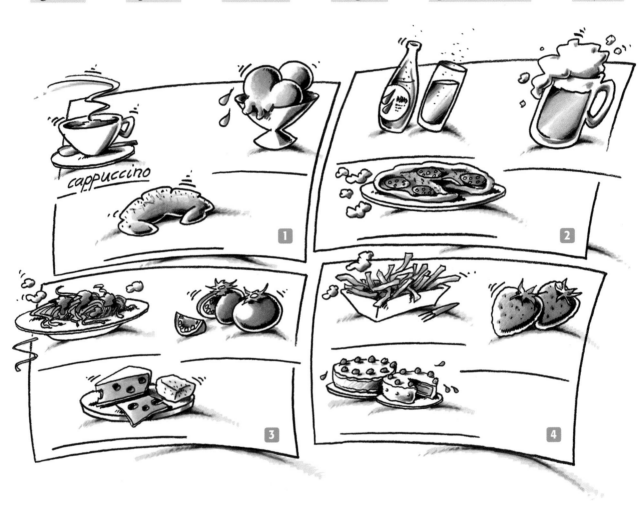

cappuccino

**2** **Scriviamo** | **La mia lista**
*Do you know the names of other types of Italian food or drink? Write them below.*

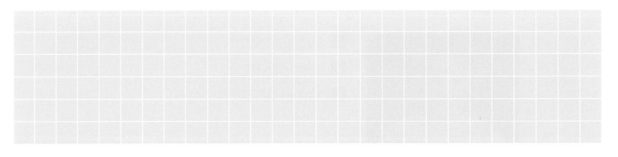

NIE12B69

# buon appetito!

## 3 Ascolto | In un bar

**a.** *Close the book, listen to the recording, then work with a partner and share information on the conversation.*

**b.** *Listen again and complete the conversation with the expressions in the list.*

| per me | solo | bene | anch'io | vorrei | io prendo |
|---|---|---|---|---|---|

- ● I signori desiderano?
- ■ _____ un cornetto e un caffè macchiato.
- ● E Lei, signora?
- ◆ _____ un cornetto e poi... un tè al limone.
- ● I cornetti con la crema o con la marmellata?
- ◆ Mmm... con la crema.
- ■ _____ invece con la marmellata.
- ● E Lei che cosa prende?
- ▼ Mmm... _____ un tè al latte.
- ● _____, allora due cornetti, due tè e un macchiato.

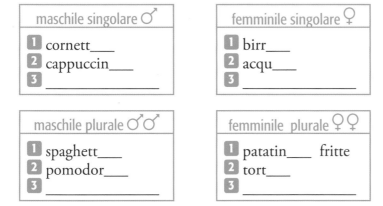

## 4 Riflettiamo | Sostantivi WB 2-5

**a.** *Look at the pictures in activity 1 and complete the tables.*

| maschile singolare ♂ |
|---|
| **1** cornett____ |
| **2** cappuccin____ |
| **3** _____ |

| femminile singolare ♀ |
|---|
| **1** birr____ |
| **2** acqu____ |
| **3** _____ |

| maschile plurale ♂♂ |
|---|
| **1** spaghett____ |
| **2** pomodor____ |
| **3** _____ |

| femminile plurale ♀♀ |
|---|
| **1** patatin____ fritte |
| **2** tort____ |
| **3** _____ |

**b.** *Look at the last letter of all the nouns (**sostantivi**) and write it in the appropriate column.*

| | maschile ♂ | femminile ♀ |
|---|---|---|
| singolare | | |
| plurale | | |

**5** **Esercizio orale** | *Che cosa prendi?* WB 2·4

*Work with a partner. Look at the photographs and take turns repeating the dialogue and changing the word* **cornetto** *with the following objects.*

un'aranciata

un tramezzino

un gelato

un cornetto

Esempio:
- ■ Io prendo **un cornetto**.
- ▼ Ah, anch'io vorrei **un cornetto**.
- ■ Bene, allora **due cornetti**.

un cappuccino

un panino

**6** **Lettura** | *Che cos'è questo?*

**a.** *What does the waiter answer? Match the following sentences with the corresponding situations.*

- **a** ☐ **Quello** è un **panino** con prosciutto e formaggio.
- **b** ☐ **Questa** è una **pasta** al cioccolato.
- **c** ☐ **Quella** è una **bruschetta** mista.
- **d** ☐ **Questo** è un **cornetto** con la crema.

Che cos'è questo?

2

Che cos'è questo?

1

Che cos'è quello?

4

Che cos'è quello?

3

**b.** *Now, working with a partner, answer the following questions:*

**1** What word is used to indicate an object near you? ☐

**2** What word is used to indicate an object far away from you? ☐

2

# buon appetito!

**7  Parliamo | Al Bar**

*It is 9 AM and you are in an Italian bar with a group of friends. The teacher is your waiter. The group orders something to eat and drink for breakfast.*

**8  Lettura | Al ristorante**

*Read the menu and explain to one of your classmates the dishes that you know. Then ask the teacher the words that you don't know.*

**Ristorante**

**Buca Lapi**

Menù a prezzo fisso
20 euro

**ANTIPASTI**
Affettati misti
Verdure miste
Prosciutto e melone
Bruschette

**PRIMI PIATTI**
Tortellini in brodo
Tagliatelle ai funghi
Lasagne
Risotto ai funghi
Minestrone
Spaghetti ai frutti di mare
Spaghetti al pomodoro

**SECONDI PIATTI**

Carne
Spezzatino alla cacciatora
Bistecca di manzo
Cotoletta alla milanese
Pollo alla griglia
Arrosto di vitello

Pesce
Trota
Sogliola
Calamari fritti

Contorni
Insalata mista
Patatine fritte
Purè di patate
Spinaci
Peperoni alla griglia

Dessert
Frutta fresca
Macedonia
Fragole
Gelato
Panna cotta
Tiramisù

**9  Riflettiamo | Sostantivi** WB 5

**a.** *Find the corresponding words in the previous menu and complete the tables.*

| maschile singolare ♂ | maschile plurale ♂♂ |
|---|---|
| tortellino | |
| | pesci |
| | risotti |
| | minestroni |
| | polli |
| peperone | |

| femminile singolare ♀ | femminile plurale ♀♀ |
|---|---|
| verdura | |
| fragola | |
| macedonia | |
| lasagna | |
| | carni |
| cotoletta | |

# buon appetito!

**b.** *Work with a partner: find in the previous tables the four nouns which in the singular form do not end in -o or in -a and write them below.*

| | | | |
|---|---|---|---|
| | | | |

**c.** *Now complete the rule.*

**1** The 4 nouns that you wrote above are:
- **a** ☐ all masculine
- **b** ☐ all feminine
- **c** ☐ some masculine and some feminine

**2** These nouns have as their final vowel:

_____ in the singular

_____ in the plural

---

| | |
|---|---|
| **colazione:** breakfast | **fare colazione:** to have breakfast |
| **pranzo:** lunch | **pranzare:** to have lunch |
| **merenda/spuntino:** snack | **fare merenda/uno spuntino:** to have a snack |
| **cena:** dinner | **cenare:** to have dinner |

Italian families often eat together. Lunch and dinner time may change depending on the region (in Southern Italy people usually eat later): Lunch can be served between noon and 2 PM, dinner between 7:30 PM and 9:30 PM.

---

**2**

**10** **Ascolto | In trattoria** WB 7·8                                          12 (◖▶

**a.** *Close the book, listen to the recording, then work with a partner and share information on the conversation.*

**b.** *Listen to the conversation again and underline in the list the things ordered by the woman and the boy. Then compare your answers with those of a classmate.*

> gli spaghetti · la coca cola · l'arrosto · le tagliatelle · i tortellini · lo spezzatino
> il minestrone · gli affettati misti · il risotto · i peperoni · le patatine fritte · le arance
> la minestra · l'insalata · gli spinaci · il vino · l'acqua minerale · la cotoletta

**11** **Riflettiamo | Articoli determinativi** WB 9

**a.** *Work with a partner. Put all the words from activity 10 into the table, then answer the questions below.*

| | singolare | plurale |
|---|---|---|
| maschile ♂ | | *gli spaghetti* |
| femminile ♀ | | *le tagliatelle* |

**1** Which of these are masculine articles (**articoli maschili**)? _____ , _____ , _____ , _____ , _____ .

**2** Which of these are feminine articles (**articoli femminili**)? _____ , _____ , _____ .

# buon appetito!

**b.** *Now complete the table with definite articles.*

|  | singolare | plurale |  |
|---|---|---|---|
| **maschile ♂** | ___ minestrone<br>___ risotto<br>___ vino | ___ tortellini<br>___ peperoni | singular: _____<br>plural: _____<br>before a consonant |
|  | ___ arrosto | ___ affettati misti | singular: _____<br>plural: _____<br>before a vowel |
|  | ___ spezzatino | ___ spaghetti<br>___ spinaci | singular: _____<br>plural: _____<br>before **s** + a consonant |
| **femminile ♀** | ___ minestra<br>___ coca cola | ___ tagliatelle<br>___ patatine fritte | singular: _____<br>plural: _____<br>before a consonant |
|  | ___ insalata<br>___ acqua minerale | ___ arance | singular: _____<br>plural: _____<br>before a vowel |

## 12 Esercizio scritto e orale | *Preferisci la carne o il pesce?*

**a.** *Work with a partner. Write the articles next to the nouns below, as in the example.*

> Esempio:
> _la_ carne/_il_ pesce

__ panna cotta/__ fragole     __ acqua/__ birra     __ pollo/__ bistecca

__ spaghetti/__ tagliatelle     __ tortellini/__ lasagne     __ spinaci/__ patatine

__ minestrone/__ risotto     __ gelato/__ macedonia     __ bruschetta/__ affettati misti

__ insalata/__ peperoni     __ arrosto/__ cotoletta     __ vino bianco/__ vino rosso

**b.** *Work with a different partner. In turn ask each other questions as in the example, using the words set out at point* **a.** *above.*

> Esempio:
> ■ Prendi **la** carne o **il** pesce?
> ▼ Prendo **la** carne.

# buon appetito!

**13** **Esercizio scritto e orale** | *Da bere...*

*Choose from the list in the previous activity the dishes that you want to order and write them in the menu below. Then work with a partner and compare what you have chosen, as in the example, taking turns.*

| | |
|---|---|
| Da bere: _____ <br><br> Per antipasto: _____ <br><br> Per primo: _____ <br><br> Per secondo: _____ <br><br> Per contorno: _____ <br><br> Per dessert: _____ | Esempio: <br> ■ Da bere vorrei la birra, e tu? <br> ▼ Io prendo il vino bianco. <br><br> ■ Per primo vorrei le lasagne, e tu? <br> ▼ Anch'io prendo le lasagne. <br><br> ■ Per secondo vorrei la carne, e tu? <br> ▼ Io prendo il pesce. |

**14** **Lettura** | **Messaggio per Marco**

*Read the message from Francesca.*

Ciao Marco, bentornato!
Io sono a un concerto con un'amica e torno tardi.
Se vuoi fare uno spuntino prendi le cose nel frigorifero: un formaggio francese molto buono, un avocado, un'arancia e una coca cola... Mi dispiace non è molto ma è sufficiente per un panino; sul tavolo c'è un po' di pane.
In alternativa c'è una pizzeria molto buona a Piazza Dante. Con 15 € prendi un antipasto (bruschetta, supplì o crocchetta), una pizza, una birra e mangi in un'atmosfera molto familiare e rilassante!
Buonanotte
Francesca

**15** **Riflettiamo** | **Articoli indeterminativi singolari** WB 11

**a.** *Read Francesca's message again and find the words shown in the table, then complete the table with the appropriate indefinite articles (**articoli indeterminativi**), as in the example.*

| maschile ♂ | femminile ♀ |
|---|---|
| \_\_\_\_\_ concerto <br> \_\_\_\_\_ spuntino <br> \_\_\_\_\_ formaggio <br> \_\_\_\_\_ avocado <br> \_\_\_\_\_ panino <br> \_\_\_\_\_ antipasto | un' amica <br> \_\_\_\_\_ arancia <br> \_\_\_\_\_ coca cola <br> \_\_\_\_\_ pizzeria <br> \_\_\_\_\_ pizza <br> \_\_\_\_\_ birra <br> \_\_\_\_\_ atmosfera |

**b.** *Now compare your results with those of a classmate, then answer the following questions:*

**1** What is the difference between the masculine indefinite article and the feminine indefinite article before a word which begins with a vowel?

**2** What is the indefinite article which comes before a word that begins with "s" followed by a consonant?

# buon appetito!

**16** **Esercizio scritto | Articoli indeterminativi** WB 11

*Work with a partner. In 3 minutes write as many words which correspond to the four indefinite articles as you can.*

| un | |
|---|---|
| uno | |
| una | |
| un' | |

**17** **Ascolto | *Il conto, per favore!*** WB 12·14    13

**a.** *Close the book, listen to the recording, then work with a partner and share information on the conversation.*

**b.** *Listen to the conversation again, then complete it with the words in the list.*

| per cortesia | grazie | per favore | scusi! | grazie |

● _____

■ Si, dica.

● Mi porta ancora mezza minerale,_____?

■ Certo, signora. Desidera ancora qualcos'altro? Come dessert abbiamo gelato, macedonia, frutta fresca o il tiramisù, molto buono.

● No, _____, va bene così. Ah, un momento, magari un caffè!

■ Corretto?

● Sì, _____. E poi il conto, _____.

■ D'accordo.

**c.** *Look at the four expressions that you have just inserted and answer the following questions:*

**1** Which one does the lady use to say thanks? _____

**2** Which ones does she use to make a polite request? _____ _____

**3** Which one does she use to get the waiter's attention in a polite manner? _____

---

**per favore = per cortesia = per piacere**

**Prego** means **you are welcome** and is used as a reply when someone says **Grazie (thank you)**.
It can also be used to:
- politely ask for something: **Il conto, prego!** In this case **prego** is a more formal synonym of **per favore**

- ask someone to repeat: **Prego? Puoi ripetere?**
- politely answer **yes**:

  ● Posso prendere il libro?
  ■ Prego.

# buon appetito!

**18**  **Esercizio orale | Al bar**

*Work with a partner. In turns one of you will play the customer in a caffè (A) and improvise a dialogue following the instructions, ordering something from the list below. The other will play the waiter and will answer giving the lines of B.*

| | | | |
|---|---|---|---|
| una macedonia | un limoncello | un sorbetto al limone | un caffè |
| una grappa | una panna cotta | un'aranciata | una coca cola |
| un cappuccino | un tiramisù | una bottiglia d'acqua | un gelato |

A = Cliente
B = Cameriere

A: [*Calls the waiter*]
B: Sì, dica.
A: [*Orders several items from among those in the box above*]

B: Certo. Desidera qualcos'altro?
A: [*Answers no, asks for the check, and thanks the waiter*]
B: D'accordo.

> In Italian restaurants service is usually included in the bill. It is not compulsory to leave a tip (**mancia**), though customers usually do so to show that they have enjoyed their meal. When service is not included, tip is usually 10%. In some regions restaurants may also have cover charge (**coperto**).

**19**  **Ascolto | Numeri da 20 a 100**    14

**a.** *Fill in the missing numbers.*

| | | | | | |
|---|---|---|---|---|---|
| 20 | venti | 29 | _____ | 60 | sessanta |
| 21 | ventuno | 30 | trenta | 68 | _____ |
| 22 | _____ | 31 | trentuno | 70 | settanta |
| 23 | ventitré | 32 | trentadue | 74 | settantaquattro |
| 24 | _____ | 35 | _____ | 80 | ottanta |
| 25 | venticinque | 40 | quaranta | 81 | _____ |
| 26 | _____ | 46 | _____ | 90 | novanta |
| 27 | _____ | 50 | cinquanta | 93 | _____ |
| 28 | ventotto | 57 | _____ | 100 | cento |

> Numbers drop their last vowel before adding -**uno** or -**otto**:
> **quarantuno, ottantotto**
>
> When three is the last digit of a larger number, it has an accent:
> **trentatré, novantatré**

**b.** *Now listen and check.*

**20**  **Ascolto | *Che numero è?*** WB 15·16·17    15

*Listen and mark the numbers that you hear.*

23    67
    33  77  91
81  50      24
15      42  5

**21** **Esercizio orale | Serie di numeri** WB 15·16·17

*Read the numbers out loud. Which numbers follow in the sequences?*

1. 5   15   25   ____
2. 10   20   30   ____
3. 44   33   22   ____
4. 100   90   80   ____
5. 50   51   52   ____

**22** **Esercizio orale | *Quanto costa?***

**a.** *Work in pairs. Complete your list asking your partner the prices that you do not know. Remember to put in the indefinite articles.*

> Esempio:
> ■ Quanto costa **una** coca cola?
> ▼ **Una** coca cola costa 2 euro e 20.

**a**
### BAR IL GIARDINO
#### LISTA PREZZI

| | |
|---|---|
| Caffè | euro _____ |
| Cappuccino | euro _1,50_ |
| Tè | euro _2,10_ |
| Latte macchiato | euro _____ |
| Coca cola | euro _2,20_ |
| Sprite | euro _2,20_ |
| Aranciata | euro _2,20_ |
| Spremuta d'arancia | euro _3,00_ |
| Cornetto | euro _____ |
| Aperitivo | euro _____ |
| Panino | euro _____ |
| Pizzetta | euro _2,40_ |

**b**
### BAR IL GIARDINO
#### LISTA PREZZI

| | |
|---|---|
| Caffè | euro _1,00_ |
| Cappuccino | euro _____ |
| Tè | euro _____ |
| Latte macchiato | euro _1,70_ |
| Coca cola | euro _2,20_ |
| Sprite | euro _2,20_ |
| Aranciata | euro _____ |
| Spremuta d'arancia | euro _____ |
| Cornetto | euro _1,10_ |
| Aperitivo | euro _4,40_ |
| Panino | euro _3,30_ |
| Pizzetta | euro _____ |

**b.** *Now, in turn, give your orders and then ask for the check.*

> The submultiples of the Euro are Eurocents (**centesimi**).
> In Italian the word euro has no plural ending:
> **un euro → due euro**

# glossario

| | | |
|---|---|---|
| 1 | Che cos'è questo? | What is this? |
| 1 | birra | beer |
| 1 | gelato | ice cream |
| 1 | formaggio | cheese |
| 1 | acqua | water |
| 1 | fragola | strawberry |
| 1 | cornetto | croissant |
| 1 | patatine fritte | French fries |
| 1 | pomodoro | tomato |
| 1 | torta | cake, pie |
| 3 | Io prendo… | I'll have… |
| 3 | caffè macchiato | coffe with a drop of milk |
| 3 | Anch'io vorrei… | I would like to have… too. |
| 3 | tè al limone | lemon tea |
| 3 | crema | cream, custard |
| 3 | marmellata | jam, jelly, marmalade |
| 3 | Lei che cosa prende? | What will you have? (*formal*) |
| 3 | latte | milk |
| 3 | Che cosa prendi? | What will you have? (*informal*) |
| 5 | tramezzino | club sandwich |
| 6 | questo | this (*masculine*) |
| 6 | quello | that (*masculine*) |
| 6 | panino | sandwich |
| 6 | prosciutto | ham |
| 6 | pasta | pastry |
| 6 | cioccolato | chocolate |
| 8 | ristorante | restaurant |
| 8 | prezzo fisso | fixed price |
| 8 | antipasti | starter, appetizer |
| 8 | affettati | cold cuts |
| 8 | verdura | vegetables, greens |
| 8 | melone | melon |
| 8 | primi piatti | first courses |
| 8 | brodo | broth, stock, bouillon |
| 8 | fungo | mushroom |
| 8 | frutti di mare | seafood |
| 8 | secondi piatti | second courses |
| 8 | carne | meat |
| 8 | bistecca | steak |
| 8 | manzo | beef |
| 8 | pollo | chicken |
| 8 | arrosto | roast |
| 8 | vitello | veal |
| 8 | pesce | fish |
| 8 | trota | trout |
| 8 | sogliola | sole |
| 8 | calamari fritti | fried squids |
| 8 | contorno | side dish |
| 8 | insalata | salad |
| 8 | purè di patate | mashed potatoes |
| 8 | spinaci | spinach |
| 8 | burro | butter |
| 8 | peperoni | peppers |
| 8 | alla griglia | grilled |

| | | |
|---|---|---|
| 8 | frutta | fruit |
| 8 | macedonia | fruit salad |
| 10 | arancia | orange |
| 10 | minestra | soup |
| 10 | vino | wine |
| 10 | acqua minerale | mineral water |
| 12 | Preferisci…? | Do you prefer…? |
| 12 | preferire | to prefer |
| 12 | o | or |
| 12 | vino bianco | white wine |
| 12 | vino rosso | red wine |
| 13 | Da bere vorrei… | I'll drink… |
| 14 | messaggio | message |
| 14 | Bentornato/a! | Welcome back! |
| 14 | concerto | concert |
| 14 | amica | (*female*) friend |
| | amico | (*male*) friend |
| 14 | Torno tardi. | I'll come home later. |
| 14 | tornare | to go/come back |
| 14 | Vuoi… | You want… |
| 14 | fare uno spuntino | to eat a snack |
| 14 | cosa | thing |
| 14 | frigorifero | refrigerator |
| 14 | molto buono | very good |
| 14 | Mi dispiace. | I am sorry. |
| 14 | Non è molto. | It's not a lot. |
| 14 | sufficiente | enough |
| 14 | c'è | there is |
| 14 | pane | bread |
| 14 | supplì | fried rice ball |
| 14 | crocchetta | croquette |
| 14 | mangiare | to eat |
| 14 | rilassante | relaxing |
| 14 | Il conto, per favore! | The bill, please. |
| 14 | Scusi! | Excuse me! (*formal*) |
| 14 | Scusa! | Excuse me! (*informal*) |
| 14 | Mi porta… ? | Can you bring… ? |
| 14 | per cortesia | please |
| 14 | Certo! | Of course!, Sure! |
| 14 | Desidera ancora qualcos'altro? | Would you like anything else? |
| 14 | No, grazie, va bene così. | No, thank you, I'll be just fine. |
| 14 | Un momento! | Just a moment! |
| 14 | magari | maybe |
| 14 | caffè corretto | coffee with a drop of liquor |
| 14 | D'accordo. | Fine., Ok. |
| 14 | aranciata | orange juice |
| 14 | bottiglia | bottle |
| 14 | cameriere | waiter |
| 14 | Quanto costa? | How much is…? |
| 14 | latte macchiato | glass of milk with a few drops of coffee |
| 14 | spremuta d'arancia | freshly squeezed orange juice |

# grammatica

## Sostantivi - Nouns

**Genere - Gender**

*Most nouns that end in -o are masculine, whereas most nouns ending in -a are feminine. The -e ending can be found both in masculine and feminine nouns.*

| maschile ♂ | femminile ♀ |
|---|---|
| libro | casa |
| signore | pensione |
| *exceptions:* | *exceptions:* |
| cinema, problema | radio, moto |

| | | numero - number | |
|---|---|---|---|
| | | singolare | plurale |
| maschile ♂ | | negozio | negozi |
| | | ponte | ponti |
| femminile ♀ | | ragazza | ragazze |
| | | notte | notti |

## Pronomi dimostrativi - Demonstratives: *questo* and *quello*

**Questo/a** *refers to people/objects who/which are close to the speaker.*
**Quello/a** *refers to people/objects who/which are far away from the speaker.*
*They both agree in gender and number with the person/object to whom/which they refer.*

Questo è Federico.
Quella è Maria.

## Articoli - Articles

*Articles agree in gender and number with the nouns to which they refer.*
*Their form changes depending on the initial letter of the noun.*

## Articoli determinativi - Definite articles

| | maschile ♂ | | femminile ♀ | |
|---|---|---|---|---|
| | singolare | plurale | singolare | plurale |
| *before a consonant* | il gelato | i gelati | la camera | le camere |
| *before a vowel* | l'amico | gli amici | l'amica | le amiche |
| *before s + consonant* | lo straniero | gli stranieri | | |
| *before z* | lo zaino | gli zaini | | |
| *before ps* | lo psicologo | gli psicologi | | |
| *before y* | lo yogurt | gli yogurt | | |

## Articoli indeterminativi - Indefinite articles

| | maschile ♂ | femminile ♀ |
|---|---|---|
| *before a consonant* | un gelato | una camera |
| *before a vowel* | un amico | un'amica |
| *before s + consonant* | uno straniero | |
| *before z* | uno zaino | |
| *before ps* | uno psicologo | |
| *before y* | uno yogurt | |

# caffè culturale

**Ristorante, trattoria, o...?**

1 *Read the following descriptions, then match them with the appropriate photograph.*

**1** ☐ Piccolo spazio all'aperto dove prendi un panino o una pizza in modo veloce.

**2** ☐ Locale dove prendi un gelato.

**3** ☐ Locale dove mangi la pizza.

**4** ☐ Dove mangiare un pasto completo (primo, secondo, contorno, ecc.).

**5** ☐ Per fare colazione, prendere un caffè o qualcosa da bere/da mangiare in pochi minuti.

**6** ☐ È come il ristorante, ma più semplice ed economico.

**7** ☐ Locale economico per mangiare o prendere qualcosa di caldo e già pronto.

**a** ristorante

 **b** bar

**c** gelateria

**d** chiosco

**e** rosticceria

**f** trattoria

**g** pizzeria

**1** *The title of this episode means "A fast lunch". Write four Italian words that are related to lunch time, then watch the video and check if you can find any of them in the conversation.*

| **1** | **2** | **3** | **4** |
|---|---|---|---|

**2** *What does Matteo refer to when he says* **un primo***? Choose the correct answer.*

> Mah, io prendo un primo.

**3** *What do Federico and Matteo order? Check the box with the correct answers.*

da mangiare

- **1** spaghetti ai frutti di mare
- **2** spaghetti al pomodoro
- **3** pizza quattro stagioni
- **4** pizza Margherita
- **5** cotoletta alla milanese
- **6** pollo allo spiedo

da bere

- **1** acqua naturale
- **2** acqua gasata
- **3** birra in bottiglia
- **4** birra piccola

**4** **Allora** *and* **dai** *are two commonly used expressions. Insert them in the appropriate sentences, then watch the episode again and check your answers.*

**1** Sì, _____!

Ok.

**2** _____…
L'antipasto no. O un primo, o un secondo. Vediamo…

_____ due birre. In bottiglia, eh! E anche un litro d'acqua.

**3** Bene, _____ le pizze sono due.

> **Allora** is a high frequency word: it can be used when one needs time to think over before starting to talk, or wants to sum up what has been said so far.

**1** **Ascolto** | **Presentare qualcuno** WB 1·2      19

**a.** *Close the book, listen to the recording, then work with a partner and share information on the conversation.*

**b.** *Now listen to the recording and complete the conversation with the expressions in the list.*

| E questo è | questa è | Benissimo | Piacere | Come stai | Anch'io, grazie |
|---|---|---|---|---|---|

● Ehi, ciao, Guido. _____?

■ _____. E tu?

● _____. Senti, _____ Eva,
una mia amica spagnola, di Siviglia.
_____ Guido, un mio amico.

■ Ciao!

▼ _____!

● Sai, Eva parla molto bene l'italiano.

■ Ah, sì? Io invece purtroppo non parlo lo spagnolo!

**2** **Riflettiamo** | **Presente indicativo: terza persona singolare** WB 3

**a.** *Find in the previous conversation the coniugated forms of the following verbs and complete the table.*

|  | parlare | essere |
|---|---|---|
| io |  |  |
| tu |  | sei |
| lei/lui |  |  |

**b.** *Work with a partner. Complete the table with the missing forms.*

**3** **Esercizio orale - *Chi è?*** WB 4

*Take turns introducing the people in the photographs, as in the example.*

Esempio:
■ Questa è Eva, una mia amica spagnola di Siviglia.
▼ Piacere.
■ Eva parla bene l'italiano.

Eva - Siviglia
*parlare*
bene l'italiano

Sonia - Mosca
*lavorare*
a Roma

Peter - Berlino
*amare*
lo sport

Annie - Parigi
*studiare*
economia

Jack - Londra
*essere*
architetto

# io e gli altri

## 4 Giochiamo | *Parla inglese?*

*Work with a partner. Choose one of the people shown below without telling your partner whom you have chosen. Your partner has three chances to find out what language the person speaks, and then must guess which person it is.*

Esempio: ▼ Parla l'italiano?
■ No.
▼ Parla il russo?
■ Sì.
▼ Parla il francese?
■ No.
▼ È Aja?
■ No, è Dimitri.

| lingue del mondo | |
|---|---|
| l'arabo | l'olandese |
| il cinese | il polacco |
| il coreano | il portoghese |
| il croato | il russo |
| il danese | il serbo |
| l'ebraico | lo spagnolo |
| il francese | lo svedese |
| il giapponese | il tedesco |
| il greco | l'ungherese |
| l'inglese | _____ |
| l'italiano | _____ |
| il norvegese | _____ |

Mi chiamo Aja, sono di Tel Aviv, parlo l'ebraico, l'inglese e il russo.

Mi chiamo Dimitri, sono di Mosca, parlo il russo, l'arabo e il cinese.

Mi chiamo Junko, sono di Tokio, parlo il giapponese, il cinese e l'inglese.

Mi chiamo Luc, sono di Parigi, parlo il francese, l'arabo e il russo.

Mi chiamo Wong, sono di Hong Kong, parlo il cinese, l'italiano e il giapponese.

Mi chiamo Anna, sono di Milano, parlo l'italiano, il francese e l'arabo.

3

## 5 Lettura | *Che lavoro fa?*

**a.** *Match the photographs with the descriptions below.*

**a** Bianca Parigini è un architetto, lavora in uno studio importante di Venezia. Il lunedì e il mercoledì organizza tour guidati per studenti di arte di molte università. Conosce molto bene la sua città e il sabato normalmente visita altre città italiane con gli amici. Ha 31 anni, è sposata e ha due figli.

**b** Alma Visconti è un medico chirurgo, lavora in un ospedale pubblico di Roma. Il martedì e il mercoledì va a Napoli, dove insegna all'università, e torna a Roma il giovedì mattina. Per andare a Napoli prende sempre il treno, perché detesta guidare. È sposata e ha due figli.

**c** Maurizio Iotti ha 40 anni, è avvocato e vive a Palermo. Viaggia molto per lavoro. Quando è a Palermo il venerdì pratica vari sport come il tennis e il calcio. Il sabato e la domenica normalmente parte con la famiglia e passa il fine settimana in campagna.

**d** Dario Valentini fa il parrucchiere in un centro estetico di Torino. Il mercoledì segue un corso di massaggio shiatsu. Sogna di aprire un centro Shiatsu a Teramo, la sua città d'origine. È appassionato di film francesi e il venerdì segue anche un corso di storia del cinema.

**b.** *Read the descriptions again and then complete the following sentences.*

Il lunedì Bianca _____

Il martedì Alma _____

Il mercoledì Dario _____

Il giovedì Alma _____

Il venerdì Dario _____

Il sabato Bianca _____

<u>La</u> domenica Maurizio _____

---

Words which have a graphic accent on the last syllable (**università**, **città**, etc.), words which end with a consonant (**film**, **sport**, etc.) as well as any other foreign word remain unchanged in the plural form:

Maurizio pratica due **sport**.
Il sabato Bianca visita altre **città** italiane.

Some professions such as **architetto**, **medico**, **avvocato**, **giudice** are always masculine, even when referring to a woman:

Bianca Parigini è **un architetto**.
Alma Visconti è **un medico**.

3

# io e gli altri

**6** **Riflettiamo | Presente indicativo: terza persona singolare** WB 5·6

**a.** *In the texts of activity 5 find the verbs shown in the table and write the conjugated forms next to the corresponding infinitive (**infinito**).*

| - are | | -ere | | -ire | |
|---|---|---|---|---|---|
| lavorare<br>viaggiare | _____<br>_____ | conoscere<br>prendere | _____ | partire<br>seguire | _____ |

**b.** *Work with a partner. Complete the first table on regular verbs, then read the texts of activity 5 again, find the third singular person of irregular verbs **avere**, **essere**, **fare**, **andare** and complete the second table.*

| | verbi regolari | | | | verbi irregolari | | | |
|---|---|---|---|---|---|---|---|---|
| | -are | -ere | -ire | | avere | essere | fare | andare |
| io | -o | -o | -o | | ho | sono | faccio | vado |
| tu | -i | -i | -i | | hai | sei | fai | vai |
| lei/lui | | | | | | | | |

**c.** *Read the texts on Bianca and Maurizio again, focus on how people's age is indicated and answer the question:*
Which verb is used to say how old someone is? _____

**7** **Riflettiamo | *Cosa fa...?***

*Work with a partner: one is **Studente A**, the other **Studente B**. Read your own instructions (**Studente B** sees next page).*

> **Studente A**
> Ask **Studente B** information on what Giulia does during the week and then complete her agenda as in the example. Then answer **Studente B**'s questions on Carlo's week.

> Esempio:
> ■ Cosa fa Giulia il martedì?
> ▼ Il martedì insegna fisica all'università.

| Carlo – studente, abita a Firenze | | Giulia – professoressa, abita a Roma | |
|---|---|---|---|
| lunedì | *partire* per Bologna | lunedì | |
| martedì | *seguire* un corso di cinema | martedì | Insegna fisica all'università. |
| mercoledì | *studiare* fotografia | mercoledì | |
| giovedì | *lavorare* in un pub | giovedì | |
| venerdì | *tornare* a Firenze | venerdì | |
| sabato | *fare sport* o *andare* al cinema | sabato | |
| domenica | *studiare* e poi *vedere* gli amici | domenica | |

**Studente B**
Ask **Studente A** information on what Carlo does during the week and then complete his agenda as in the example. Then answer **Studente A**'s questions on Giulia's week.

Esempio:
- Cosa fa Carlo il giovedì?
- ▼ Il giovedì lavora in un pub.

| Carlo – studente, abita a Firenze | | Giulia – professoressa, abita a Roma | |
|---|---|---|---|
| lunedì | | lunedì | *andare* a Firenze per lavoro |
| martedì | | martedì | *insegnare* fisica all'università |
| mercoledì | | mercoledì | *lavorare* al laboratorio di fisica |
| giovedì | Lavora in un pub. | giovedì | *tornare* a Roma |
| venerdì | | venerdì | *seguire* un corso di fotografia |
| sabato | | sabato | *fare* sport, *andare* al cinema o teatro |
| domenica | | domenica | *preparare* le lezioni |

## 8 Riflettiamo | Preposizioni WB 9

*Complete the table with the words in the list.*

città    paese, regione e città    paese, regione

| | esempio | regola |
|---|---|---|
| va/ torna | in Italia in Sicilia | in + _____ |
| | a Firenze a Roma | a + _____ |

| | esempio | regola |
|---|---|---|
| parte | per Bologna per l'Italia per **la** Sicilia | per + (articolo) _____ |

## 9 Ascolto | *Faccio la segretaria.*    20 (◄►

**a.** *Close the book, listen to the recording, then work with a partner and share information on the conversation.*

**b.** *Listen to the conversation again and complete the transcript by putting listed sentences in the correct order.*

In uno studio fotografico.    E tu che lavoro fai?    No, faccio la segretaria.    Sei insegnante?

Io sono impiegata in un'agenzia pubblicitaria. E tu dove lavori?

No, io lavoro in una scuola di lingue.

- ● Siete di qui?
- ■ No, siamo di Napoli, ma abitiamo qui a Bologna.
- ● Ah, di Napoli! E che cosa fate di bello? Studiate?
▼ ▲ _____

- ● _____
- ▲ _____
- ● _____
- ■ _____
▼ ● _____

# io e gli altri

## 10 Esercizio orale | Articoli determinativi e sostantivi

*Work with a partner. Improvise a short conversation as in the example.*

Esempio:
Anna/segretaria - Mario/fotografo
■ Anna, che lavoro fai?
▼ Faccio **la segretaria**. E tu Mario?
■ Io sono fotografo.

- ■ Che lavoro fai ?
- ▼ **Faccio la** segretaria. / **Sono (una)** segretaria.

→ **fare** + definite article + profession
→ **essere** + (indefinite article) + profession

Paolo/insegnante - Rosa/impiegata
Sara/farmacista - Marco/attore
Filippo/studente - Laura/cantante
Chiara/scrittrice - Pietro/ingegnere
Sergio/medico - Sonia/professoressa
Teresa/operaia - Dario/dentista
Claudio/commesso - Rita/traduttrice

Io sono studente.
Io non lavoro, sono pensionato.
Io lavoro tanto, sono casalinga.

## 11 Riflettiamo | Sostantivi WB 10

*Complete the table with professions of activity 10.*

| femminile ♀ | maschile ♂ |
| --- | --- |
| commessa | |
| | impiegato |
| | operaio |
| | cantante |
| insegnante | |

| femminile ♀ | maschile ♂ |
| --- | --- |
| | professore |
| studentessa | |
| attrice | |
| | scrittore |
| | traduttore |
| dentista | |
| | farmacista |

3

## 12 Lessico | Posti di lavoro WB 11

*Working in small groups match workplaces with corresponding pictures. The group which finishes first wins.*

**1** un negozio
**2** un ufficio postale
**3** un ristorante
**4** un'officina
**5** una banca
**6** un ufficio
**7** una fabbrica
**8** una farmacia

**a**

**b**

**c**

**d**

**e**

**f**

**g**

**h**

## 13 Esercizio orale | *Chi sono?*

*Work with a partner. Take turns introducing people shown in the photographs, making sentences as in the example.*

Esempio: Francesco/25/Firenze/operaio

Questo è Francesco, ha 25 anni, è di Firenze, fa l'operaio/è operaio, lavora in una fabbrica.

Antonio/51/
Napoli/farmacista

Mariangela/35/
Roma/insegnante

Alberta/42/
Milano/infermiera

Luisa/21/
Venezia/commessa

## 14 Parliamo | Presentazioni

*Work with a partner. Make up names, nationalities, ages, professions and any other relevant information on people shown in the pictures. Then work with a different classmate and give him/her information on the same people, as in the example.*

Esempio:

Questo è il mio amico Samuel. È francese, di Marsiglia, ma abita a Parigi. Ha 28 anni. Insegna matematica all'università. Parla francese, inglese e un po' di spagnolo. Ama viaggiare e conoscere persone nuove.

3

# io e gli altri

**15**  **Scriviamo | Presentazioni**

*In groups of three write a dialogue in which a boy or a girl introduces a foreign friend to another Italian friend. Then present the dialogue to the rest of the class.*

**16**  **Ascolto | I numeri da 100 in poi** WB 12        21 ◀))
*Listen to the recording and fill in the blank spaces.*

| | | |
|---|---|---|
| 100 cento | 101 centouno | 112 _____ |
| 200 duecento | 250 duecentocinquanta | 290 duecentonovanta |
| 800 ottocento | 900 novecento | 933 _____ |
| 1.000 mille | 2.000 _____ | 10.000 diecimila |
| 1.000.000 un milione | 2.000.000 due milioni | 1.000.000.000 un miliardo |
| 2.000.000.000 due miliardi | | |

**17**  **Combinazioni | Date famose**

*How do you say these dates in Italian? Read them out loud, then write them next to the corresponding events.*

| 1492 | 1776 | 1789 | 1915 | 1939 | 1989 | 1994 | 2002 |

**1** Inizia la Prima Guerra Mondiale. _____
**2** Scoppia la Rivoluzione francese. _____
**3** L'euro diventa la moneta europea. _____
**4** Inizia la Seconda Guerra Mondiale. _____

**5** Finisce l'apartheid in Sud Africa. _____
**6** Crolla il muro di Berlino. _____
**7** Cristoforo Colombo scopre
il continente americano. _____

**18**  **Ascolto | Una straniera in Italia**        22 ◀))
**a.** *Close the book, listen to the recording, then work with a partner and share information on the conversation.*
**b.** *Listen again to the conversation and check the box with the correct answer.*

**1** Valeria è
una collega di Franco. **a** ☐
un'amica di Franco. **b** ☐

**2** È
spagnola. **a** ☐
argentina. **b** ☐

**3** È di
Buenos Aires. **a** ☐
Cordoba. **b** ☐

**4** È a Urbino
per visitare la città. **a** ☐
per studiare l'italiano. **b** ☐

**5** Studia l'italiano
per motivi di lavoro
e perché ama la lingua. **a** ☐
perché adesso abita
e lavora in Italia. **b** ☐

**6** Licia lavora
in banca. **a** ☐
in ospedale. **b** ☐

**7** Franco lavora
in banca. **a** ☐
in proprio. **b** ☐

# io e gli altri

## 19 Riflettiamo | Conversazioni formali e informali WB 13

**a.** *Listen to the conversation again and underline the appropriate expression.*

- ● Sanchez... allora **tu sei/Lei** è spagnola?
- ■ No, no, sono argentina.
- ● Ah, e di dove?
- ■ Di Cordoba.
- ● Ah, bella l'Argentina. Sa, io ho uno zio a Buenos Aires.
- ■ Ah, davvero?
- ● Eh sì. E **Lei/tu** come mai **è/sei** qui in Italia?
- ■ Per migliorare il mio italiano. Frequento un corso qui a Urbino.
- ● Ma come per migliorare il **tuo/Suo** italiano? **Tu/Lei** lo **parla/parli** benissimo!
- ■ Grazie, ma non è così. Ho ancora tanto da imparare!

**b.** *In this dialogue Licia and Valeria are speaking in a **formal** manner. When you speak to someone in a formal manner you do not use the second person singular.*
*Which person do you use?*

> The **"she"** form (**Lei**) is used to formally address unknown adults and elderly people, regardless of their gender (it is thus used with men, too). It is not commonly used with (elderly) relatives.
> When talking to each other, young people generally use the **tu** form even in formal contexts.

**3**

## 20 Esercizio scritto | Riscrittura WB 14

*Work with a partner. Rewrite the conversation of activity 9, changing the conversation from informal to formal.*

- ■ Io lavoro in una scuola di lingue. _____
- ● Sei insegnante? _____
- ■ No, faccio la segretaria. _____
- ● E tu che lavoro fai? _____
- ▲ Io sono impiegata in un'agenzia pubblicitaria. E tu dove lavori? _____
- ● In uno studio fotografico. _____

## 21 Lettura | *Come va?* WB 15

**a.** *Which of these situations are formal ( F ) and which are informal ( I )?*

**b.** *What do you say when you ask someone how they are?*

| formale | |
|---|---|
| informale | |

The verb **stare** is used to express how one is feeling, both physically and psychologically.

| stare | |
|---|---|
| io | sto |
| tu | stai |
| lui/lei | sta |

**c.** *Write the answers from point* **a.** *in the correct order, from the most positive to the most negative.*

☺ _____

☺ _____

☺ _____

☹ _____

## 22 Esercizio orale | *Come stai?* WB 15

*Go round the classroom and ask your classmates how they are. Ask both formally and informally, alternating the two forms.*

## 23 Parliamo | *Piacere!* WB 15

*Work with a partner. Improvise a conversation in which an adult person introduces him/herself to his/her new neighbor. The two people do not know each other so the conversation must be formal.*

# glossario

| | | | | | |
|---|---|---|---|---|---|
| 1 | presentare | to introduce | 7 | fare | to do, to make |
| 1 | qualcuno | someone, somebody | 7 | preparare | to prepare |
| 1 | Come stai? | How are you? (informal) | 9 | segretario/a | secretary |
| 1 | benissimo | very well | 9 | qui | here |
| 1 | Parla molto bene l'italiano. | He/She speaks Italian very well. | 9 | Che cosa fate di bello? | What are you up to? |
| 1 | purtroppo | unfortunately | 9 | scuola di lingue | language school |
| 3 | Chi è? | Who is that/he/she? | 9 | scuola | school (does not apply to university) |
| 3 | amare | to love | 9 | impiegata/o | clerk, employee |
| 5 | importante | important | 9 | agenzia pubblicitaria | publicity agency |
| 5 | lunedì | Monday | 10 | fotografo/a | photographer |
| 5 | martedì | Tuesday | 10 | farmacista | pharmacist |
| 5 | mercoledì | Wednesday | 10 | attore | actor |
| 5 | giovedì | Thursday | 10 | attrice | actress |
| 5 | venerdì | Friday | 10 | cantante | singer |
| 5 | sabato | Saturday | 10 | scrittrice | writer (feminine) |
| 5 | domenica | Sunday | | scrittore | writer (masculine) |
| 5 | organizzare | to organize, to plan | 10 | ingegnere | engineer |
| 5 | studente | (male) student | 10 | operaia/o | (factory) worker |
| | studentessa | (female) student | 10 | dentista | dentist |
| 5 | università | university | 10 | commesso/a | sales assistant |
| 5 | conoscere | to know, to meet (for the first time) | 10 | traduttrice | translator (feminine) |
| 5 | città | city, town | | traduttore | translator (masculine) |
| 5 | normalmente | normally, usually, generally | 12 | posto di lavoro | workplace |
| 5 | Ha 31 anni. | She is 31 years old. | 12 | negozio | shop, store |
| | Quanti anni hai? | How old are you? | 12 | ufficio postale | post office |
| 5 | anno | year | 12 | officina | auto repair shop |
| 5 | avere | to have | 12 | ufficio | office |
| 5 | sposata/o | married | 12 | fabbrica | factory |
| 5 | figlio | son | 12 | farmacia | pharmacy |
| 5 | medico chirurgo | surgeon | 13 | infermiera/e | nurse |
| 5 | ospedale pubblico | public hospital | 14 | ma | but |
| 5 | Va a Napoli. | She goes to Naples. | 14 | matematica | mathematics |
| 5 | andare | to go | 14 | un po' di | a bit of, a little |
| 5 | insegnare | to teach | 16 | da… in poi | from… on |
| 5 | treno | train | 17 | famoso | famous |
| 5 | perché | because (also: why) | 17 | iniziare | to start, to begin |
| 5 | detestare | to hate | 17 | prima/seconda guerra mondiale | first/second world war |
| 5 | guidare | to drive | | | |
| 5 | avvocato | laywer, attorney | 17 | scoppiare | to break out |
| 5 | vivere | to live | 17 | diventare | to become |
| 5 | viaggiare | to travel | 17 | moneta | currency, coin |
| 5 | praticare sport | to play sports | 17 | finire | to finish, to end |
| 5 | calcio | soccer, football | 17 | crollare | to collapse, to fall (apart) |
| 5 | partire | to leave | 17 | muro | wall |
| 5 | passare | to spend | 17 | scoprire | to discover |
| 5 | fine settimana | weekend | 18 | straniera/o | stranger, foreigner |
| 5 | settimana | week | 18 | collega | colleague |
| 5 | campagna | countryside | 18 | adesso | now |
| 5 | parrucchiera/e | hairdresser | 18 | lavorare in proprio | to work as a freelancer, to be self-employed |
| 5 | centro estetico | beauty parlour/salon | 19 | zio | uncle |
| 5 | seguire un corso | to attend a course | | zia | aunt |
| 5 | sognare | to dream | 19 | Come mai? | How come? |
| 5 | aprire | to open | 19 | migliorare | to improve |
| 5 | È appassionato di… | He has a passion for… | 19 | Ho ancora tanto da imparare! | I still have a lot to learn! |
| 5 | storia del cinema | cinema history | | | |
| 7 | fisica | physics | 21 | Come sta? | How are you? (formal) |
| 7 | vedere | to see | 21 | oggi | today |
| 7 | e poi | and then | 21 | Sto proprio male. | I'm not doing well at all. |
| 7 | fare sport | to play sports | 21 | Come va? | How is it going? |
| | | | 21 | Non c'è male. | Not bad. |

3

# grammatica

## Presente indicativo (singolare) - Present tense (singular)

| verbi regolari | | | |
|---|---|---|---|
| | parlare | vedere | partire |
| io | parlo | vedo | parto |
| tu | parli | vedi | parti |
| lei/lui | parla | vede | parte |

| verbi irregolari | | | | |
|---|---|---|---|---|
| | andare | avere | essere | fare |
| io | vado | ho | sono | faccio |
| tu | vai | hai | sei | fai |
| lei/lui | va | ha | è | fa |

*The third singular person is used for formal address (with a capital "L": **Lei**).*

| informale | formale |
|---|---|
| Dove abiti? | Dove abita? |
| Come stai? | Come sta? |

## Nomi, particolarità - Nouns, special cases

Forme plurali - Plural forms

*All nouns that end with a stressed syllable or a consonant do not change in the plural form.*

| | singolare | plurale |
|---|---|---|
| maschile ♂ | caffè, film | caffè, film |
| femminile ♀ | città | città |

Nomi propri - Proper nouns

*Some nouns which refer to human beings and end in -e take the ending -essa in the feminine form.*
*Nouns which end in -tore in the masculine take the -trice ending in the feminine.*
*In some cases masculine and feminine forms are identical.*

*Some professions such as **architetto, avvocato, ingegnere, giudice, medico**, only have a masculine form, even if referring to a woman.*

| maschile ♂ | femminile ♀ |
|---|---|
| studente<br>attore<br>turista, collega | studentessa<br>attrice<br>turista, collega |
| Paolo è un **architetto** famoso. | Maria è un **architetto** famoso. |

## Preposizioni e destinazione - Prepositions and destination: *a, in, per*

*a* → *cities*

*in* → *countries and regions*
*When country names contain a plural word (such as **Stati Uniti, Filippine**, etc.) preposition **negli** for masculine and **nelle** for feminine is needed.*

*per* → *is used with verb **partire** (in this case country names are preceded by an article).*

Vado/Torno **a** Napoli.

Vado **in** Germania.
Torno **in** Sicilia.
Va **negli** Stati Uniti.
**Torna nelle** Filippine.

Domani parto **per la** Svezia.
Parto **per** New York.

# caffè culturale

## Notizie sull'Italia

**1** *What do you know about Italy's geography and demographics?*
*Test your knowledge!*

**a** Popolazione: ☐ 49 milioni   ☐ 60 milioni   ☐ 35 milioni

**b** Numero di regioni: ☐ 15   ☐ 20   ☐ 27

**2** *Put Italian major cities in order, from the most (1) to the least (10) populated. Then check your answer in Lezione 5 (page 72).*

☐ Milano          ☐ Roma          ☐ Genova
☐ Bologna         ☐ Torino        ☐ Catania
☐ Palermo         ☐ Firenze       ☐ Napoli
                  ☐ Bari

**3** *Complete Italy's map with the names of the above mentioned cities.*

**1** *Work with a classmate. Look at the screenshots and try to guess how the story goes. Then watch the episode and see if there are any differences and similarities between the video and your own version!*

**2** *Are the following sentences true or false? Watch the episode again and check your answers.*

| | | vero | falso |
|---|---|---|---|
| **1** | Federico è un ragazzo francese. | ☐ | ☐ |
| **2** | Federico telefona a Sebastian. | ☐ | ☐ |
| **3** | Federico parla l'inglese molto bene. | ☐ | ☐ |
| **4** | Laura è un'amica di Federico. | ☐ | ☐ |
| **5** | Laura cerca una camera. | ☐ | ☐ |

**3** *Watch the episode from 1'52" to 02'22" and then work with a partner: guess what Karen might be saying to Federico.*

■ Pronto? Sì, ciao, mi chiamo Federico. Telefono per l'annuncio...

▼ _____

■ Sì, abito in centro, sì.

▼ _____

■ Sì, sono italiano.

▼ _____

■ Ho 28 anni.

▼ _____

■ Studio e lavoro, sì. Sono...

▼ _____

■ Come? Be', sì, parlo inglese. Un po'…

**4** *Work with the same partner. Watch the same scene again: one of you will play Federico, the other one Karen. Work on pronunciation and get ready to read the scene out loud with the right intonation.*

L'annuncio 3

## 1 Lessico | Il tempo libero WB 1

*Write next to the pictures the number which corresponds to the activities below.*

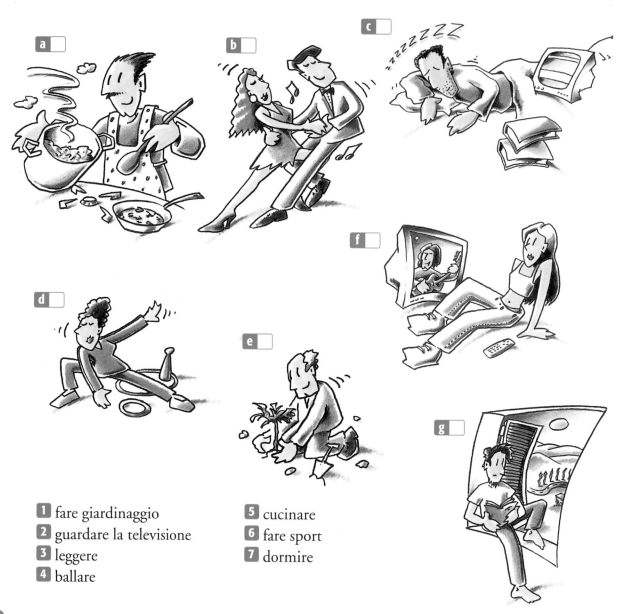

| | | |
|---|---|---|
| **1** fare giardinaggio | **5** cucinare |
| **2** guardare la televisione | **6** fare sport |
| **3** leggere | **7** dormire |
| **4** ballare | |

## 2 Ascolto | *Che cosa fai nel tempo libero?* WB 1                    25 ◀))

**a.** *Close the book, listen to the recording, then work with a partner and share information on the conversation.*

**b.** *Listen again and mark which activity is referred to in the conversation.*

| | |
|---|---|
| **a** ballare | **e** cucinare |
| **b** fare sport | **f** leggere |
| **c** fare giardinaggio | **f** guardare la televisione |
| **d** dormire | |

**3** **Trascrizione | Verbi irregolari** WB 2      25 ((►

*Listen to the conversation again and complete the transcription with the words in the list,*
*writing them in the correct order. Then compare your version with that of a classmate.*

● _____

    | libero? | fai | Che | tempo | cosa | nel |

■ _____

    | vado | in palestra. | faccio | di solito |

_____ E tu?

    | sport: | Io |

● Io invece sto quasi sempre a casa: _____

    | leggo | a lungo, | la TV. | dormo |

    | o | guardo |

_____

_____

**4** **Esercizio orale | Presente indicativo, verbi regolari e irregolari** WB 3

*Work with a partner. Take turns asking each other for information on the activities of one of these people*
*and then of your partner, as in the example.*

> Esempio: Marta - giocare a carte
> ■ Che cosa fa Marta nel tempo libero?
> ▼ Nel tempo libero Marta gioca a carte. E tu che cosa fai?
> ■ Io faccio una passeggiata.

Franco - andare al cinema

Gloria - scrivere un'e-mail

Sara - giocare a tennis

Daniele - fare una passeggiata

Giulia - fare la spesa

Paolo - ascoltare musica

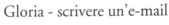
Pietro - andare in bicicletta

Marta - giocare a carte

# tempo libero

**5 Lettura | Un'e-mail da Berlino**

**a.** *Read the e-mail.*

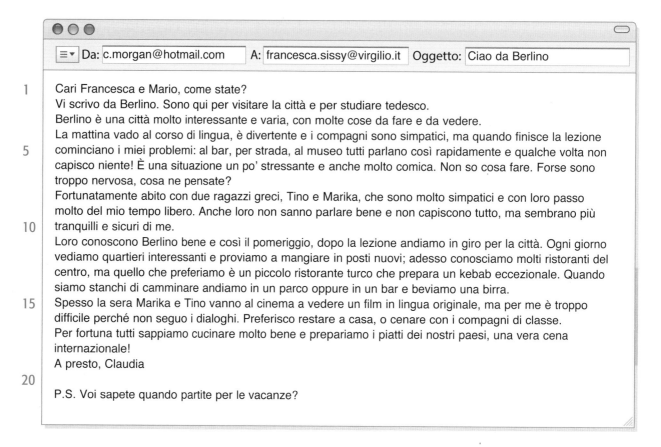

1 Cari Francesca e Mario, come state?
Vi scrivo da Berlino. Sono qui per visitare la città e per studiare tedesco.
Berlino è una città molto interessante e varia, con molte cose da fare e da vedere.
La mattina vado al corso di lingua, è divertente e i compagni sono simpatici, ma quando finisce la lezione
5 cominciano i miei problemi: al bar, per strada, al museo tutti parlano così rapidamente e qualche volta non
capisco niente! È una situazione un po' stressante e anche molto comica. Non so cosa fare. Forse sono
troppo nervosa, cosa ne pensate?
Fortunatamente abito con due ragazzi greci, Tino e Marika, che sono molto simpatici e con loro passo
molto del mio tempo libero. Anche loro non sanno parlare bene e non capiscono tutto, ma sembrano più
10 tranquilli e sicuri di me.
Loro conoscono Berlino bene e così il pomeriggio, dopo la lezione andiamo in giro per la città. Ogni giorno
vediamo quartieri interessanti e proviamo a mangiare in posti nuovi; adesso conosciamo molti ristoranti del
centro, ma quello che preferiamo è un piccolo ristorante turco che prepara un kebab eccezionale. Quando
siamo stanchi di camminare andiamo in un parco oppure in un bar e beviamo una birra.
15 Spesso la sera Marika e Tino vanno al cinema a vedere un film in lingua originale, ma per me è troppo
difficile perché non seguo i dialoghi. Preferisco restare a casa, o cenare con i compagni di classe.
Per fortuna tutti sappiamo cucinare molto bene e prepariamo i piatti dei nostri paesi, una vera cena
internazionale!
A presto, Claudia
20
P.S. Voi sapete quando partite per le vacanze?

**b.** *Work with a partner. Answer the following questions.*

**1** Dov'è Claudia? Che cosa fa?

**2** Quale problema ha Claudia?

**3** Perché Claudia non va al cinema con i suoi amici greci?

| Le parti del giorno |
| --- |
| **la mattina:** morning |
| **il pomeriggio:** afternoon |
| **la sera:** evening |
| **la notte:** night |

# tempo libero

**6 Riflettiamo | Presente indicativo: persone plurali** WB 4·5

**a.** *Find the following verbs in the e-mail that you have just read and write their conjugated forms next to the infinitive in the tables below. Numbers next to each verb refer to lines in the e-mail.*

| -are | | | |
|---|---|---|---|
| riga | infinito | presente | soggetto (persona) |
| 5 | **parlare** | _____ | terza plurale |
| 7 | **pensare** | _____ | seconda plurale |
| 17 | **preparare** | _____ | prima plurale |

| -ere | | | |
|---|---|---|---|
| riga | infinito | presente | soggetto (persona) |
| 11 | **conoscere** | _____ | terza plurale |
| 12 | **vedere** | _____ | prima plurale |

| -ire (primo tipo) | | | |
|---|---|---|---|
| riga | infinito | presente | soggetto (persona) |
| 16 | **seguire** | _____ | prima singolare |
| 21 | **partire** | _____ | seconda plurale |

| -ire (secondo tipo) | | | |
|---|---|---|---|
| riga | infinito | presente | soggetto (persona) |
| 4 | **finire** | _____ | terza singolare |
| 6 | **capire** | _____ | prima singolare |
| 9 | **capire** | _____ | terza plurale |
| 13 | **preferire** | _____ | prima plurale |

**b.** *Fill in the table with present tense endings of verbs belonging to the first, second and third conjugation.*

| | coniugazione presente dei verbi regolari | | | |
|---|---|---|---|---|
| | -are | -ere | -ire (primo tipo) | -ire (secondo tipo) |
| prima persona singolare **io** | | | | |
| seconda persona singolare **tu** | | | | -isci |
| terza persona singolare **lei/lui** | -a | | | |
| prima persona plurale **noi** | | | -iamo | |
| seconda persona plurale **voi** | | -ete | | -ite |
| terza persona plurale **loro** | | | -ono | |

# tempo libero

**7** **Esercizio orale | Persone plurali dei verbi regolari**

*Work with a partner. Together make up short conversations, as in the example.*

> Esempio: leggere - libro - giornale
> - Loro **leggono** un libro, e voi cosa **leggete**?
> ▼ Noi **leggiamo** il giornale.

mangiare - la lasagna - i tortellini
prendere - un caffè - un succo di frutta
preferire - la musica classica - il rock
preparare - un dolce - la pizza

studiare - francese - tedesco
scrivere - una lettera - un'e-mail
guidare - la macchina - la moto
seguire - un corso di arte - un corso di cucina

**8** **Riflettiamo | Avverbi di frequenza** WB 6·7

**a.** *Read Claudia's calendar.*

| lunedì | martedì | mercoledì | giovedì | venerdì | sabato/ domenica |
|---|---|---|---|---|---|
| studiare tedesco | andare in palestra | studiare tedesco | andare in palestra | studiare tedesco | andare in palestra |
| andare in palestra | | andare in palestra | | andare in palestra | teatro |

**b.** *Look at these sentences which describe Claudia's week: they contain adverbs (**avverbi**) which refer to the frequency of an action.*

Durante la settimana...

Claudia va **sempre** in palestra
Claudia **non** va **mai** al cinema.

Claudia studia **spesso** tedesco.
**Qualche volta** va a teatro, se non è stanca.

**c.** *Now write the following adverbs in descending order.*

| spesso | qualche volta | mai | sempre |

+ ......................................
......................................
......................................
- ......................................

**d.** *The adverb **sempre** is normally used after the verb.*
*When in a sentence there is the adverb **mai**, is the verb in the negative or affirmative form?*

# tempo libero

**9** **Esercizio scritto |** *Sempre, spesso o mai* WB 7

*Indicate how often you do these activities. Use* **sempre**, **spesso**, **mai** *and* **qualche volta**, *as in the example.*

> Esempio: fare ginnastica
> Non faccio mai ginnastica./Faccio sempre ginnastica.

| | | |
|---|---|---|
| usare Facebook | andare a teatro | giocare a tennis |
| cucinare | leggere il giornale | studiare la notte |
| guardare la tv | andare a sciare | passare le vacanze con la famiglia |
| mangiare fuori | scrivere un'e-mail | |

**10** **Esercizio orale e scritto |** *Giochi spesso a tennis?*

**a.** *Work with a partner. Try to guess how often he/she does the above mentioned activities asking questions as in the example.*

> Esempio: ■ Giochi spesso a tennis?
> ▼ Sì, gioco spesso a tennis./No, non gioco mai a tennis.

**b.** *Write down the things that both you and your partner do, as in the example.*

> Esempio: Io e John e non giochiamo mai a tennis./Io e John giochiamo spesso a tennis.

**c.** *Now work with a different partner. Try to guess how often he/she and his/her previous partner do the activities mentioned in activity 9, as in the example. Remember to conjugate verbs in the plural form. Then switch roles.*

> Esempio: ■ **tu:** Per me tu e John non giocate mai a tennis.
> ▼ **il tuo compagno:** Sì, io e John non giochiamo mai a tennis./ No, io e John giochiamo spesso a tennis.

**4**

**11** **Ascolto | Intervista a uno studente italiano**

**a.** *Close the book, listen to the recording, then work with a partner and share information on the conversation.*

26 (( ▶

**b.** *Listen again to the recording, then fill in the blanks with information on the student.*

| | |
|---|---|
| Nome: | _____ |
| Età: | _____ |
| Città: | _____ |
| Facoltà: | _____ |

> **Principali facoltà nelle università italiane**
> **Giurisprudenza**: Law
> **Lettere e Filosofia**: Literature and philosophy
> **Economia**: Business
> **Scienze politiche**: Political sciences
> **Ingegneria**: Engineering
> **Architettura**: Architecture
> **Medicina**: Medicine

# tempo libero

## 12 Riflettiamo | Gli interrogativi WB 8·9

*Complete the conversation below with the sentences in the list. Then listen again to the conversation from activity 11 and check your answers.*

26

| Di che cosa hai paura? | Senti, e... Con chi abiti? Con la tua famiglia? Con amici? |

| Come è l'università a Catania? Come sono i tuoi professori ? | E fai sport? | Di dove sei? |

| Che cosa studi? | E nel tempo libero, quando non studi, che cosa fai? | Quanti anni hai? |

| Ah, interessante... E perché in Inghilterra? | Dove vai esattamente? | Come ti chiami? | Bello! |

**a** _____

Mi chiamo Francesco Rosi.

**b** _____

Ho 19 anni.

**c** _____

Sono siciliano, di Catania.

**d** _____

Studio ingegneria a Catania.

**e** _____

Mah, dipende dalla facoltà. La mia è piccola, ben organizzata e i professori sono molto preparati.

**f** _____

Mah, a me piace molto la musica... Suono la chitarra elettrica in un gruppo... E poi nel fine settimana vedo gli amici; il sabato sera andiamo al cinema e se non sono stanco, vado in discoteca.

**g** _____

No, sport... No... Non sono molto sportivo, gioco un po' a tennis... Ma poco, eh!

**h** _____

Naturalmente... Abito ancora con la mia famiglia... ma l'anno prossimo vado in Inghilterra per tre mesi, da solo.

**i** _____

Perché ho bisogno di migliorare l'inglese.

**l** _____

All'università di Coventry.

**m** _____

Sì, bello. Ho voglia di partire, ma ho anche un po' paura...

**n** _____

Be', sai, studiare in un altro paese... E poi l'inglese, io... io, ho paura di non capire quello che dicono i professori.

## 13 Combinazioni | Interrogativi WB 8·9

*Make questions and then match them with the corresponding answers, as in the example.*

**1** Come — abitano Carlo e Maria?
**2** Cosa — anni avete?
**3** Dove — andate a Venezia?
**4** Quanti — ti chiami?
**5** Qual — studiate?
**6** Quando — è il tuo numero di telefono?

È 06 55263752.
Io medicina e Giulia architettura.
Abitano a Milano.
Mi chiamo Anna.
Abbiamo 23 anni.
La prossima settimana.

## 14 Parliamo | *Cosa fai nel tempo libero?*

*Imagine that you are one of the people in the photographs. Think about this person's interests, what he/she does in his/her free time, what he/she studies or where he/she works. Then interview a classmate: ask each other questions in order to find out what person both you and he/she have chosen.*

## 15 Riflettiamo | Espressioni con il verbo *avere* WB 10

**a.** *Read these sentences taken from the interview of activity 11.*

Ho bisogno di migliorare l'inglese.

Ho voglia di partire...

... ho paura di non capire quello che dicono i professori.

*The expressions **avere bisogno di, avere voglia di** and **avere paura di** cannot be literally translated. Match them with their English equivalent expressions.*

**1** to need to _____  **2** to be afraid of _____  **3** to feel like _____

**b.** *Now complete the rule.*

After these expressions there can be either a noun (for example: **Ho voglia di un <u>caffè</u>, ho paura del <u>test</u>.**) or an _____ .

**c.** *Fill in the table with the following conjugated forms of **avere**.*

| abbiamo | hai | ho |
|---|---|---|
| avete | hanno | ha |

| avere | |
|---|---|
| io | |
| tu | |
| lui/lei | |
| noi | |
| voi | |
| loro | |

**4**

## 16 Esercizio scritto | Espressioni con il verbo *avere* WB 10

**a.** *Match expressions with photographs.*

**1** ☐ avere fame
**2** ☐ avere sete
**3** ☐ avere sonno
**4** ☐ avere freddo
**5** ☐ avere caldo
**6** ☐ avere fretta

**b.** *Work with a partner. Together make sentences using expressions **avere voglia di, avere bisogno di, avere paura di** as well as the new ones that you have just found, as in the example.*

> Esempio: Ho bisogno di un caffè perché ho sonno.

## 17 Esercizio scritto e orale | *Di che cosa...?*

**a.** *Write answers to the following questions.*

| Cosa fai nel tempo libero? | Di dove sei? | Di che cosa hai voglia adesso? | Di che cosa hai paura? |

**b.** *Now go round the classroom and ask your classmates the same questions. The activity lasts until one of the students finds someone who has at least three answers in common with him/her.*

## 18 Riflettiamo | Presente indicativo: il verbo *andare, fare, essere, stare* e *bere*

**a.** *Fill in the table with conjugated forms of verbs **andare, fare, essere, stare** and **bere** that you find in the e-mail of activity 5.*

|  | andare | bere | essere | fare | stare |
|---|---|---|---|---|---|
| prima persona singolare (**io**) |  | bevo |  |  |  |
| seconda persona singolare (**tu**) |  |  |  |  |  |
| terza persona singolare (**lei/lui**) |  | beve |  |  |  |
| prima persona plurale (**noi**) |  |  |  | facciamo | stiamo |
| seconda persona plurale (**voi**) | andate |  | siete | fate |  |
| terza persona plurale (**loro**) | vanno | bevono |  | fanno | stanno |

**b.** *Now try to complete the table with the remaining verb forms.*

# tempo libero

**19** **Esercizio orale | Presente dei verbi regolari e irregolari**

*Work with a partner. One student chooses a verb from the list and throws the dice: his/her classmate must conjugate that verb using the person indicated by the dice (see chart).*

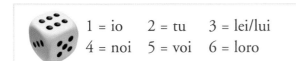

1 = io    2 = tu    3 = lei/lui
4 = noi   5 = voi   6 = loro

essere    seguire    avere    andare    stare

finire    conoscere    fare    bere

**20** **Scriviamo | Un'e-mail**

*Write an e-mail to an Italian friend about how you spend your days, what you do in your free time and during weekends.*

**21** **Riflettiamo | Uso dei verbi *sapere* e *conoscere*** WB 11

**a.** *The Italian equivalent of **to know** is either **sapere** or **conoscere**. Read the following sentences taken from the e-mail of activity 5.*

| sapere | |
|--------|--------|
| io | so |
| tu | sai |
| lui/lei | sa |
| noi | sappiamo |
| voi | sapete |
| loro | sanno |

Tutti sappiamo cucinare.    Loro non sanno parlare bene.

Conosciamo molti ristoranti.

Loro conoscono Berlino.    Non so cosa fare.

Voi sapete quando partite per le vacanze?

**b.** ***Sapere** is always followed by another verb or a sentence. What do we usually find after **conoscere**?*

**22** **Esercizio scritto | *Sapere o conoscere?*** WB 11

*Make up as many sentences as you can, as in the example.*

**1** Francesca, sai

**2** Conoscete

**3** Ragazzi, sapete

**4** Paolo, conosci

**5** Non troviamo i passaporti,

**6** Loro non conoscono

**a** un buon ristorante qui vicino?

**b** non sappiamo dove sono.

**c** Firenze.

**d** dov'è il cinema Ariston?

**e** Marie, la mia amica francese?

**f** quanto costa un biglietto per il concerto?

4

# tempo libero

## 23 Lettura | L'italiano per studenti WB 12

**a.** *Read the following texts and match each one of them with the personal profiles below.*

**1** ☐
Studio la lingua italiana per lavoro. Vorrei corrispondere con altre persone che studiano o parlano italiano. Nel tempo libero faccio sport, leggo libri e ascolto musica. La mia passione è la lirica, in particolare **mi piacciono** le opere di Rossini e Donizetti. Se **ti piace** l'opera italiana, scrivimi.

**2** ☐
Quando non insegno **mi piace** cucinare e fare sport. Studio italiano perché amo molto la cucina italiana e vado spesso in Toscana e in Piemonte per fare corsi di cucina regionale. Lo sport che preferisco è il calcio: ogni giovedì gioco nella squadra di professori del college. Nel fine settimana **mi piace** fare lunghe passeggiate in campagna.

**3** ☐
Studio economia e lingua italiana. L'Italia **mi piace** moltissimo e dopo l'università vorrei trovare lavoro a Venezia o a Firenze. Questa estate, ad agosto, penso di fare un viaggio in Sicilia, una regione che non conosco. Nel tempo libero **mi piace** andare al cinema, **mi piacciono** molto i film francesi. Vorrei corrispondere con studenti italiani. Ciao a tutti!

**a**
**Nome:** Adam
**Cognome:** Banks
**Età:** 31
**Indirizzo:** Inghilterra (Lancaster)
**E-mail:** a.banks@yahoo.uk
**Professione:** insegnante

**b**
**Nome:** Erika
**Cognome:** Reich
**Età:** 25
**Indirizzo:** Ungheria (Budapest)
**E-mail:** ereich@mail.com
**Professione:** studentessa

**c**
**Nome:** Jowita
**Cognome:** Pawowska
**Età:** 24
**Indirizzo:** Polonia
**E-mail:** everde@renet.pl
**Professione:** impiegata

**b.** *Who does what? Match sentences with people.*

|  | Adam | Erika | Jowita |
| --- | --- | --- | --- |
| **1** Studia italiano per lavoro. | ☐ | ☐ | ☐ |
| **2** Il giovedì fa sport. | ☐ | ☐ | ☐ |
| **3** Fa lunghe passeggiate in campagna. | ☐ | ☐ | ☐ |
| **4** Va spesso al cinema. | ☐ | ☐ | ☐ |
| **5** Nel tempo libero legge. | ☐ | ☐ | ☐ |
| **6** Non conosce la Sicilia. | ☐ | ☐ | ☐ |
| **7** Ama la cucina regionale. | ☐ | ☐ | ☐ |

**c.** *Whom would you like to do a language exchange with? Who do you think has similar tastes to your own? Choose one of the above mentioned persons and explain your choice to a classmate.*

**24** **Riflettiamo** | **Il verbo *piacere*** WB 13

**a.** *Look at people's profile in activity 23 and complete the sentences in the table.*

| piacere | |
|---|---|
| mi piacciono | |
| ti piace | |
| | cucinare |
| | fare lunghe passeggiate |
| | l'Italia |
| mi piace | |
| | i film francesi |

**b.** *Work with a partner. Read the sentences above and complete the rule with words in the list.*

| plural noun | verb in the infinitive | singular noun |
|---|---|---|

**1** **Mi/Ti piace** is followed by

**2** **Mi/Ti piacciono** is followed by

**25** **Esercizio orale** | ***Ti piace...?*** WB 14·15

*Interview one of your classmates. Find ot his/her likes and dislikes, as in the example.*

Esempio:
■ Ti piace/ti piacciono... ?
● No, non molto./No, affatto./No, per niente.
● Sì, abbastanza/Sì, molto/Sì, moltissimo.

il rap   i fumetti   la musica classica   il corso d'italiano   dormire a lungo

cucinare   i film di fantascienza   leggere a letto   i libri gialli   giocare a calcio

**26** **Scriviamo** | **Amici su internet** WB 16

*Find friends on the Internet. Choose one of the persons mentioned in activity 23, introduce yourself and write about your likes and dislikes.*

# glossario

| | | |
|---|---|---|
| 1 | tempo libero | free time |
| 1 | giardinaggio | gardening |
| 1 | guardare la televisione | to watch television |
| 1 | leggere | to read |
| 1 | ballare | to dance |
| 1 | cucinare | to cook |
| 1 | dormire | to sleep |
| 3 | Che cosa fai? | What do you do? |
| 3 | di solito | usually |
| 3 | palestra | gym |
| 3 | Sto a casa. | I am/stay at home. |
| 3 | (quasi) sempre | (almost) always |
| 4 | giocare (a) | to play (sports) |
| 4 | fare una passeggiata | to take a walk |
| 4 | scrivere | to write |
| 4 | fare la spesa | to shop (for groceries) |
| 4 | andare in bicicletta | to ride one's bicycle |
| 5 | interessante | interesting |
| 5 | mattina | morning |
| 5 | divertente | funny, entertaining |
| 5 | compagno/a | classmate |
| 5 | simpatico | nice |
| 5 | problema | problem |
| 5 | per strada | in the street |
| 5 | tutti | everybody, all |
| 5 | rapidamente | fast |
| 5 | qualche volta | sometimes |
| 5 | niente | nothing |
| 5 | situazione | situation |
| 5 | stressante | stressful |
| 5 | comico | funny, hilarious |
| 5 | Non so cosa fare. | I don't know what to do. |
| 5 | sapere | to know, to be able to |
| 5 | troppo nervoso | too nervous |
| 5 | pensare | to think |
| 5 | fortunatamente | luckily |
| 5 | tutto | everything, all |
| 5 | sembrare | to seem, to look like |
| 5 | tranquillo | calm, relaxed |
| 5 | sicuro | self-confident |
| 5 | pomeriggio | afternoon |
| 5 | dopo | after, later |
| 5 | prima | before, earlier |
| 5 | andare in giro | to hang around |
| 5 | ogni giorno | everyday |
| 5 | quartiere | neighbourhood |
| 5 | provare (a) | to try |
| 5 | piccolo | small, little |
| 5 | eccezionale | extraordinary, one of a kind |
| 5 | stanco | tired |
| 5 | camminare | to walk |
| 5 | parco | park |
| 5 | spesso | often |
| 5 | sera | evening |
| 5 | bere | to drink |
| 5 | difficile | difficult, hard |
| 5 | seguire | to follow |
| 5 | restare | to stay, to remain |
| 5 | cenare | to have dinner |
| 5 | per fortuna | luckily |
| 5 | paese | country |
| 5 | vero | real, true |
| 5 | cena | dinner |
| 5 | vacanza | holiday |
| 5 | notte | night |
| 7 | giornale | newspaper |
| 7 | succo di frutta | juice |
| 7 | dolce | cake, dessert |
| 7 | lettera | letter |
| 7 | macchina | car |
| 8 | teatro | theater |
| 8 | mai | never |
| 9 | usare | to use |
| 9 | mangiare fuori | to eat out |
| 9 | sciare | to ski |
| 11 | età | age |
| 11 | facoltà | department |
| 11 | attività | activity |
| 11 | progetto | project |
| 11 | il prossimo anno | next year |
| 12 | dipende | it depends |
| 12 | a me piace molto… | I like… a lot |
| 12 | suonare | to play (music) |
| 12 | naturalmente | of course |
| 12 | ancora | still |
| 12 | mese | month |
| 12 | da solo/a | alone |
| 12 | avere bisogno di | to need |
| 12 | esattamente | exactly |
| 12 | Bello! | Great!, Nice! |
| 12 | avere voglia di | to feel like |
| 12 | avere paura | to be afraid, to fear |
| 12 | capire | to understand |
| 12 | dire | to say |
| 16 | avere fame | to be hungry |
| 16 | avere sete | to be thirsty |
| 16 | avere sonno | to be sleepy |
| 16 | avere freddo | to be cold |
| 16 | avere caldo | to be hot |
| 16 | avere fretta | to be in a hurry |
| 22 | qui vicino | near here, nearby |
| 23 | Quanto costa? | How much does it cost? |
| 23 | biglietto | ticket |
| 23 | passaporto | passport |
| 23 | in particolare | in |
| 23 | Scrivimi. | Write to me. |
| 23 | squadra | team |
| 23 | moltissimo | a lot |
| 23 | trovare lavoro | to find a job |
| 23 | estate | summer |
| 23 | fare un viaggio | to go on a trip |
| 23 | regione | region |
| 25 | piacere | to like |
| 25 | mi piace/piacciono | I like |
| 25 | ti piace/piacciono | you like |
| 25 | affatto | at all |
| 25 | per niente | at all |
| 25 | abbastanza | enough, pretty well |
| 25 | fumetti | comics |
| 25 | fantascienza | science fiction |
| 25 | a letto | in bed |
| 25 | libro giallo | crime novel |

**.4**

# grammatica

## Presente indicativo - Present tense

| verbi regolari | abitare | prendere | dormire | capire |
|---|---|---|---|---|
| io | abit**o** | prend**o** | dorm**o** | cap**isco** |
| tu | abit**i** | prend**i** | dorm**i** | cap**isci** |
| lei/lui | abit**a** | prend**e** | dorm**e** | cap**isce** |
| noi | abit**iamo** | prend**iamo** | dorm**iamo** | cap**iamo** |
| voi | abit**ate** | prend**ete** | dorm**ite** | cap**ite** |
| loro | abit**ano** | prend**ono** | dorm**ono** | cap**iscono** |

| verbi irregolari | andare | avere | bere | essere | fare | stare |
|---|---|---|---|---|---|---|
| io | vado | ho | bevo | sono | faccio | sto |
| tu | vai | hai | bevi | sei | fai | stai |
| lei/lui | va | ha | beve | è | fa | sta |
| noi | andiamo | abbiamo | beviamo | siamo | facciamo | stiamo |
| voi | andate | avete | bevete | siete | fate | state |
| loro | vanno | hanno | bevono | sono | fanno | stanno |

## Interrogativi - Interrogatives

| | | | |
|---|---|---|---|
| Chi? | Chi sei? | Quali + *noun?* | Quali corsi frequenti? |
| (Che) cosa? | Che cosa studi? | Quanto? | Quanto costa il libro? |
| Che + *noun?* | Che giorno è oggi? | Quanto + *noun?* | Quanto tempo hai? |
| Come? | Come sta? | Quanta + *noun?* | Quanta carne compro? |
| Dove? | Dove abiti? | Quanti + *noun?* | Quanti anni hai? |
| Di dove? | Di dove sei? | Quante + *noun?* | Quante amiche hai? |
| Qual + *essere?* | Qual è il tuo indirizzo? | Quando? | Quando arrivate? |
| Quale + *noun?* | Quale corso frequenta? | Perché? | Perché non telefoni? |

## Sapere and conoscere

Both **sapere** and **conoscere** are the equivalent of the English verb **to know**, though they function differently.

Regular verb **conoscere** is followed by a direct object (a noun, a name etc.).

**Sapere**, which is irregular in the present tense, is usually followed by a sentence.

When **sapere** is followed by an infinitive, it means **to be able to**.

**Conosco** San Francisco molto bene.
**Conosci** un buon ristorante cinese?

**Sai** dove vanno in vacanza?
Non **so** come si chiama quel ragazzo.

Loro **sanno** parlare bene inglese.
Non **so** ballare.

| sapere | | | |
|---|---|---|---|
| io | so | noi | sappiamo |
| tu | sai | voi | sapete |
| lei/lui | sa | loro | sanno |

## Piacere

The subject of **piacere** is not the person who likes somebody/something, but the person or the thing that is liked. That is why **piacere** is conjugated in the third singular person when followed by a singular noun, whereas the verb is in the third plural person when followed by a plural noun. The person who likes somebody/something is expressed through an indirect pronoun (**mi, ti…**).

When **piacere** is followed by another verb, it is conjugated in the third singular person and the last verb is in the infinitive form.

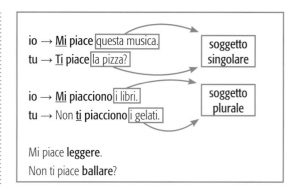

io → <u>Mi</u> piace questa musica.
tu → <u>Ti</u> piace la pizza? → soggetto singolare

io → <u>Mi</u> piacciono i libri.
tu → Non <u>ti</u> piacciono i gelati. → soggetto plurale

Mi piace **leggere**.
Non ti piace **ballare**?

# caffè culturale

## I luoghi più visitati d'Italia

**1** *Which are Italy's three most visited cities? Make a guess, then read the text below and check your answers.*

**1** ☐ Roma          **3** ☐ Torino          **5** ☐ Venezia

**2** ☐ Firenze       **4** ☐ Pompei          **6** ☐ Milano

**2** *Read the text, then match highlighted words with the photographs below.*

> Quali città italiane visitano i turisti stranieri? Roma su tutte, ma anche Firenze e Venezia. Cosa preferiscono vedere? A Roma il **Colosseo**, naturalmente, ma anche i Musei Vaticani, dove si trova la **Cappella Sistina**.
>
> A Firenze ogni giorno centinaia di turisti fanno la fila per entrare nella **Galleria degli Uffizi** e ammirare i capolavori dell'arte italiana del Rinascimento. Andare a Venezia significa invece visitare **Piazza San Marco** e la bellissima basilica.
>
> Il turismo c'è anche al nord, soprattutto a Milano, famosa per il suo **duomo** (ma anche per il Cenacolo di Leonardo) e a Torino, la città con il Museo Egizio più importante dopo quello del Cairo, in Egitto.
>
> Nell'Italia del Sud i turisti non vanno soltanto al mare, ma anche a **Pompei**, dove possono fare un vero viaggio nel tempo. Altro luogo famoso è la Reggia borbonica di Caserta, capolavoro del Barocco italiano: ha 1200 stanze e il suo parco è lungo 3 chilometri.

**1**

**2**

**3**

**4**

**5**

**6**

**3** *Which of the above mentioned cities do you already know or would like to visit? Discuss with a partner.*

# videocorso

**1** *Look at the screenshot before watching the episode, then answer the following questions. Then watch the video and check your answers.*

**a** Dove sono i due ragazzi?

**b** Cosa fanno?

**2** *Watch the episode again and complete the table below as in the examples.*

| attività | Laura dice che Federico... | Federico dice che... |
|---|---|---|
| **1** uscire con gli amici | // | |
| **2** fare sport | non fa mai sport. | |
| **3** cucinare | | non cucina spesso. |
| **4** stare su internet | | sta su Internet solo due o tre ore al giorno. |
| **5** decidere | ha sempre problemi a decidere. | decide sempre senza problemi. |

**3** *Look at the screenshots, read what Laura and Federico say, then answer the questions.*

**a** Sì. **Vabbe'**…

**1** Che cosa significa **vabbe'**?

**a** ☐ Non importa.
**b** ☐ Va bene.
**c** ☐ Non mi piace.

**b** Eh? **Boh**, direi spesso. Ma perché questa domanda?

**2** Che cosa significa **boh**?

**a** ☐ Non voglio.
**b** ☐ Non so.
**c** ☐ Non mi piace.

**c** Sì, per me… Un caffè. **Anzi** no, una birra. No, no, una birra no…

**3** Secondo te, perché Federico usa l'espressione **anzi**?

**a** ☐ Perché non ama il caffè.
**b** ☐ Perché cambia idea.
**c** ☐ Perché ama solo la birra.

# in giro per l'Italia

## 1 Parliamo | Il Bel Paese

a. *Work with a partner. Match the following places with the corresponding photographs.*

**1** Il golfo di Napoli

**4** La chiesa di Santa Maria del Fiore a Firenze

**2** Il castello di Federico II a Castel del Monte

**5** Il Colosseo a Roma

**3** Palazzo Ducale a Venezia

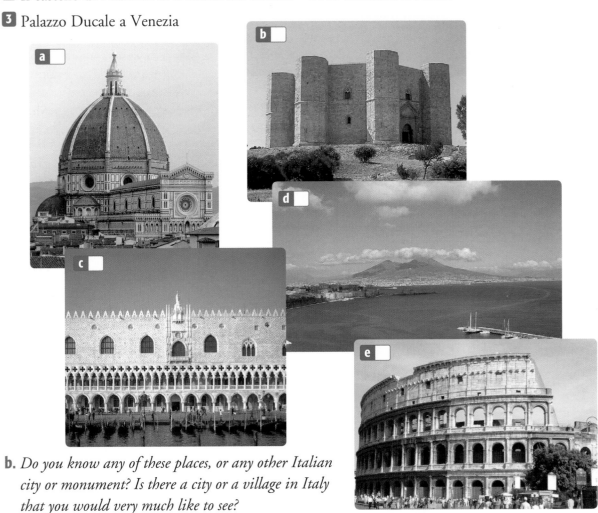

b. *Do you know any of these places, or any other Italian city or monument? Is there a city or a village in Italy that you would very much like to see?*

## 2 Lettura | Questionario: la vita in un'altra città WB 1

*Read the questionnaire on the quality of life of an Italian student who attends university far from home and complete it with the questions in the list.*

| | | |
|---|---|---|
| Con chi vivi? | Che cosa studi? | Come vai all'università e come giri per la città? |

| | |
|---|---|
| Molti dicono che Bologna è una città costosa, sei d'accordo? | Di dove sei? |

| | |
|---|---|
| Dove studi: a casa o in biblioteca? | Ti piace questa situazione? |

| | |
|---|---|
| Da quanto tempo vivi a Bologna? | Prendi spesso il treno? |

NIE98Z33

NOME: Stefania Ricci

**1** _____

Sono di Reggio Calabria.

**2** _____

Da tre anni.

**3** _____

Studio filosofia all'università.

**4** _____

Vivo con altre ragazze in un appartamento vicino al centro.

**5** _____

Sì, molto! L'appartamento è tranquillo e la mia camera è luminosa. Nel palazzo ci sono altri studenti: al primo piano abitano due ragazze spagnole e vicino a noi abitano tre ragazzi simpatici di Venezia. Qualche volta la sera usciamo insieme: a Bologna ci sono molti locali economici. In primavera e in estate, spesso, ceniamo insieme in terrazza: abbiamo una terrazza spaziosa.

**6** _____

Dipende. Quando ho lezione rimango all'università e vado in biblioteca a studiare. Se no resto a casa.

Il nostro appartamento è silenzioso: due di noi, Paola e Francesca, lavorano, fanno le commesse in un negozio Benetton, escono la mattina e tornano a casa la sera; Maria studia medicina e va all'università tutti i giorni.

**7** _____

Di solito vado in bicicletta o in autobus. Le biciclette sono tante a Bologna: la città è abbastanza piccola ed è comodo usare la bicicletta, quando non piove; in inverno, però, preferisco andare a piedi.

**8** _____

Solo quando torno a casa. Di solito vado in Calabria in treno. I miei genitori quando vengono a trovarmi a Bologna prendono l'aereo, ma per me è caro.

**9** _____

Sì, tutto è più caro qui a Bologna, gli appartamenti, i negozi, i supermercati, anche il cinema. I miei genitori pagano l'affitto della mia stanza e mi danno 500 € al mese, ma non mi bastano mai.

**5**

## 3 Riflettiamo | Presente dei verbi irregolari WB 2

**a.** _Fill in the table with present tense (**presente indicativo**) forms of the irregular verbs that you find in the previous questionnaire._

| | | | dare | dire | rimanere | uscire | venire |
|---|---|---|---|---|---|---|---|
| **singolare** | prima persona | io | do | dico | | esco | |
| | seconda persona | tu | | dici | | esci | vieni |
| | terza persona | lei/lui | dà | | rimane | | viene |
| **plurale** | prima persona | noi | | | | | |
| | seconda persona | voi | date | dite | rimanete | uscite | |
| | terza persona | loro | | | | | |

**b.** _Now complete the previous table with the following verb forms._

venite    dai    rimaniamo    diciamo    rimangono    diamo

vengo    esce    veniamo    dice    rimani

**4** Ascolto | **Viaggio di lavoro**  29 ((•

*a. Close the book, listen to the recording, then work with a partner and share information on the conversation.*

*b. Work with the same partner. Choose the correct option, then listen again and check your answers.*

**1** La donna va spesso a Napoli
per lavoro. **a** [ ]
perché ha la famiglia a Napoli. **b** [ ]

**5** Di solito la donna e Maria a Napoli
vanno in un bed & breakfast. **a** [ ]
affittano un appartamento. **b** [ ]

**2** Napoli è una città
piccola e tranquilla. **a** [ ]
bella e caotica. **b** [ ]

**6** Giovanni ha un appartamento
in centro, grande e rumoroso. **a** [ ]
in centro, piccolo e tranquillo. **b** [ ]

**3** Maria è
una cliente della donna. **a** [ ]
una collega della donna. **b** [ ]

**7** In genere la sera a Napoli la donna e Maria
escono. **a** [ ]
vanno a casa di Giovanni. **b** [ ]

**4** Giovanni è
un collega. **a** [ ]
un amico di Maria. **b** [ ]

**8** Nel fine settimana a Napoli la donna
va al mercato. **a** [ ]
visita mostre e musei. **b** [ ]

| city | population | city | population |
|---|---|---|---|
| 1 Roma | ± 2.6 millions | 6 Genova | ± 600 000 |
| 2 Milano | ± 1.3 millions | 7 Bologna | ± 400 000 |
| 3 Napoli | ± 950 000 | 8 Firenze | ± 350 000 |
| 4 Torino | ± 900 000 | 9 Bari | ± 300 000 |
| 5 Palermo | ± 650 000 | 10 Catania | ± 300 000 |

> Italy has approximately 60 million inhabitants, of which around 4.5 millions are of foreign origin. The list on the left shows the country's major cities.

**5**

**5** Trascrizione | **Presente dei verbi irregolari** WB 2-3  30 ((•

*Listen to the conversation again and complete the following sections with missing verbs.*

**1**

■ Quindi voi andate spesso in giro per lavoro.

▼ Be', sì abbastanza. Io e Maria _____ spesso a Napoli… _____ dei clienti lì.

**2**

■ È una città caotica…

▼ Eh sì, soprattutto se una persona _____ da una città piccola e tranquilla come la mia!

■ E di solito _____ lì qualche giorno?

**3**

▼ Quando siamo fortunate i proprietari ci _____ la stanza con la vista sul mare…

**4**

■ E la sera _____?

▼ Sì, ogni tanto _____ con Giovanni…

**5**

■ Senti, e _____ anche delle visite quando siete lì o non avete tempo?

▼ Se _____ il fine settimana sì... Io preferisco mostre e musei; Maria _____ la mattina molto presto, va al mercato e compra di tutto. In estate _____ anche delle gite in barca: alcuni amici di Giovanni hanno la barca…

Be', è stupendo, la prossima volta vogliamo vedere Capri!

## 6 Esercizio orale | Presente dei verbi irregolari WB 2·3

*Work with a partner. One student throws the dice and moves his/her token clockwise starting from the **Via!** box. He/She must conjugate the verb shown by the box using the person indicated by the dice (see central chart). The other student checks whether the sentence is correct, then also throws the dice, moves to a new box and makes a sentence. Both students keep on playing following the chart clockwise until the teacher says **Stop!***

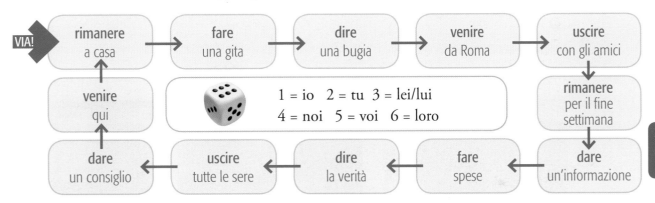

## 7 Riflettiamo | Preposizioni semplici: *a* o *in*? WB 4

**a.** *Read again this part of the questionnaire and choose the preposition that you think is correct.*

**7** Come vai all'università e come giri per la città?

Di solito vado **a/in** bicicletta o **a/in** autobus. Le biciclette sono tante **a/in** Bologna: la città è abbastanza piccola ed è comodo usare la bicicletta, quando non piove; **a/in** inverno, però, preferisco andare **a/in** piedi.

**8** Prendi spesso il treno?

Solo quando torno **a/in** casa. Di solito vado **a/in** Calabria in treno.

**b.** *Now compare your answers with a partner's and then check them together reading the questionnaire in activity 2 again. Then complete the table on prepositions.*

| | | bicicletta. |
|---|---|---|
| | | macchina. |
| | | motorino. |
| Vado all'università Torno a casa | _____ | treno. |
| | | aereo. |
| | | autobus. |
| | _____ | piedi. |

## 8 Esercizio scritto e orale | *Come vai a casa?*

**a.** *Write a few sentences to explain how you go to the following places as well as to three other places of your choice, as in the example*

> Esempio: Vado a casa in bicicletta.

| | |
|---|---|
| a casa | a Capri |
| all'università | al supermercato |
| in Italia | _____ |
| a Tokyo | _____ |
| a mensa | _____ |
| in palestra | |

**b.** *Now go round the classroom and ask your classmates how they go to the above mentioned places. You need to ask at least eight different students.*

## 9 Lettura | *Che posto è?* WB 5

*Match the following photographs with the descriptions below.*

**a** ☐ È una piazza importante in una città medievale. C'è una fontana antica ed elegante. Ci sono grandi ombrelloni bianchi. C'è un negozio con le tende verdi. C'è una torre alta. C'è una bancarella.

**d** ☐ Ci sono palazzi rinascimentali, sulle facciate ci sono affreschi eleganti. Al pianterreno c'è un caffè famoso. Sullo sfondo c'è una cupola gialla e verde.

**b** ☐ È un paese sul mare. Ci sono edifici piccoli e pittoreschi. C'è un grande albero. Ci sono un po' di barche.

**e** ☐ È una zona industriale, c'è un grande negozio con un'insegna gialla, c'è un prato, ci sono alberi, c'è qualche macchina parcheggiata.

**c** ☐ È un quartiere popolare, ci sono edifici moderni, ci sono molti balconi, ma sui balconi non ci sono piante. Non ci sono molte persone in giro.

**f** ☐ È una grande piazza. C'è una chiesa importante. Ci sono palazzi antichi. Ci sono persone sedute fuori nei bar. C'è molta luce, non c'è traffico, è un posto piacevole e rilassante.

# in giro per l'Italia

## 10 Riflettiamo | *C'è / Ci sono* WB 6-7

*Look at the following sentences taken from activity 9, then complete the rule on **c'è** and **ci sono**.*

| C'è un negozio con le tende verdi. | non c'è traffico | Non ci sono molte persone in giro. |

| C'è una fontana antica ed elegante. | C'è una torre alta. | Ci sono un po' di barche. |

| ci sono molti balconi |

**1** **c'è/non c'è** is used with _____

**2** **ci sono/non ci sono** is used with _____

## 11 Esercizio orale | *C'è / Ci sono* WB 6-7

*Work with a partner. Take turns saying what there is or what there isn't in your town. If you use the correct form of **c'è** or **ci sono** you win one point, otherwise you lose a point. The winner is the person who has the most points when the teacher signals the end of the game.*

## 12 Riflettiamo | Aggettivi

**a.** *Work with a partner. Fill in the following table with all adjectives that you find in the texts of activity 9, as in the examples.*

| maschile ♂ | | femminile ♀ | |
|---|---|---|---|
| singolare | plurale | singolare | plurale |
| famoso | grandi | medievale | |

**b.** *Now you can figure out how Italian adjectives function. Work with a partner and together try to complete the following tables on the two groups of adjectives.*

| aggettivi del primo tipo | | |
|---|---|---|
| | maschile ♂ | femminile ♀ |
| singolare | -o | |
| plurale | | -e |

When an adjective refers to several both masculine and feminine entities, it is always used in the masculine plural form:

Pietro è italian**o**. + Chiara è italian**a**. → Pietro e Chiara sono italian**i**.

| aggettivi del secondo tipo | | |
|---|---|---|
| | maschile ♂ | femminile ♀ |
| singolare | | |
| plurale | | |

## 13   Esercizio scritto | Articoli, sostantivi, aggettivi   WB 8-9

*Combine words matching given nouns with the appropriate definite article (left column) and adjective (right column), as in the example. Some adjectives can be used with different nouns.*

| gli<br>i<br>~~il~~<br>il<br>l'<br>la<br>le<br>lo | _____il_____ teatro _____romano_____<br>_____ negozio _____<br>_____ palazzi _____<br>_____ piazze _____<br>_____ stadio _____<br>_____ ombrellone _____<br>_____ affreschi _____<br>_____ fontana _____ | antichi<br>barocchi<br>elegante<br>famose<br>nazionale<br>rinascimentale<br>~~romano~~<br>verde |

## 14   Esercizio scritto e orale | Aggettivi   WB 10

**a.** *Match adjectives with their opposites choosing from the following list.*

| basso | brutto | lungo | rilassante | piccolo | tranquillo |

antico/moderno      bello/_____      _____/stressante
famoso/sconosciuto    alto/_____      _____/caotico
grande/_____      _____/corto

**5**

**b.** *Work with a partner. Use three adjectives to describe each of the following places (do not mention their names!). Your partner must guess which place you are describing.*

Le colonne di San Lorenzo
(Milano)

I faraglioni
(Capri)

Il museo MAXXI
(Roma)

Piazza del Campo
(Siena)

La torre di Pisa

Il ponte di Calatrava
(Venezia)

**15** **Scriviamo** | *Com'è la vita nella vostra città?*

*Imagine that you are a part-time journalist. You must make a list of questions for a survey on the quality of life in the city where you and your classmates all study.*

**16** **Parliamo** | **Interviste ai passanti** WB 10-11

*The teacher forms two groups: journalists and people to interview. Imagine that you all are in the street. After the teacher says* **Via!** *each journalist chooses a person passing by and starts asking him/ her the questions that he/she prepared in activity 15. When the teacher says* **Cambio!** *all students switch roles: those who are now journalists choose another person (not the one whom they were talking to) and interview him/her.*

**17** **Lettura** | **Indicazioni per la Fontana di Trevi** WB 12

**a.** *Look at the map and read the corresponding street directions.*

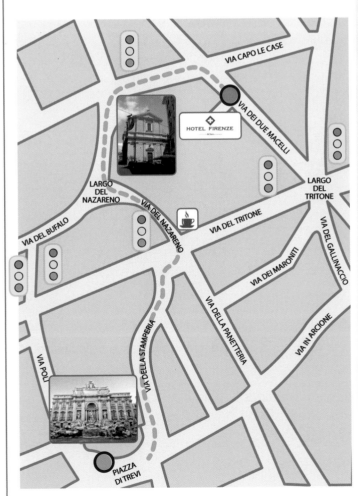

Indicazioni per andare a piedi dall'hotel Firenze alla fontana di Trevi a Roma.

Dall'hotel Firenze, vai a sinistra su Via dei Due Macelli.

Giri alla prima strada a sinistra, Via Capo le Case.

Quando arrivi a una piccola piazza con una chiesa, giri a sinistra.

Vai dritto fino a Largo del Nazareno.

Giri a sinistra in via del Nazareno.

Vai dritto fino all'incrocio con Via del Tritone, sulla sinistra c'è un bar, sulla destra il semaforo.

Al semaforo attraversi Via del Tritone.

Davanti a te ci sono due strade, prendi quella a destra, Via della Stamperia.

Vai dritto fino a Piazza di Trevi. La Fontana di Trevi è sulla destra.

**b.** *Read previous street directions again and match the words in the list with the pictures below.*

| attraversare | strada | destra | dritto | incrocio | semaforo | sinistra |
|---|---|---|---|---|---|---|

**1** _____

**2** la prima _____
   a destra

**3** _____

**4** _____ la piazza

**5** andare_____

**6** girare a _____

**7** girare a _____

## 18 Esercizio scritto e orale | Indicazioni per la Fontana di Trevi WB 12

*Work with a partner. One of you (**Studente A**) reads the instructions below, the other (**Studente B**) goes to the next page.*

**Studente A**

**a.** Write down an alternative itinerary from hotel Firenze to Fontana di Trevi in the map on the left.

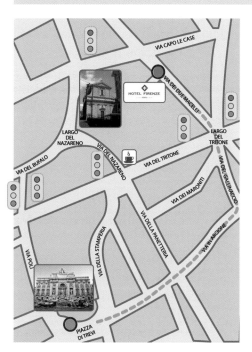

il mio itinerario alternativo

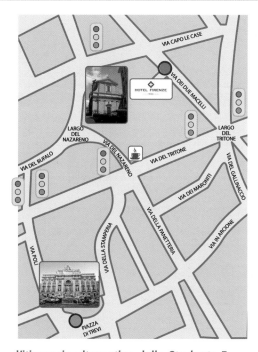

l'itinerario alternativo dello Studente B

**b.** Read your alternative itinerary to **Studente B**, who has to depict it in his/her own map on the next page. Then switch roles: **Studente B** reads his/her own alternative itinerary while you depict it in the map on the right above.

**Studente B**

**a.** Write down an alternative itinerary from hotel Firenze to Fontana di Trevi in the map on the left.

il mio itinerario alternativo

l'itinerario alternativo dello Studente B

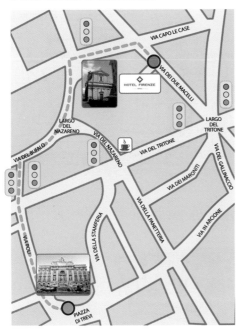

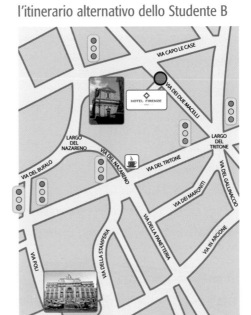

**b. Studente A** reads his/her alternative itinerary while you depict it in your map on the right. Then switch roles: you read your own alternative itinerary while **Studente A** depicts it in his/her own map (on the previous page).

## 19 Esercizio orale | *Scusa, dov'è...?* WB 13

*Work with a partner.* **Studente A** *reads this page.* **Studente B** *reads the next page.*

**Studente A**
You are at the train station. Ask how to get to the following places and use the map to follow street directions provided by **Studente B**.

| Scusa/scusi means both |
| I'm sorry and Excuse me! |

| formale | Scusa! |
| informale | Scusi! |

 **1** un supermercato  **2** una libreria  **3** un hotel  **4** un cinema

Esempio:

■ Scusa, c'è un
   supermercato qui vicino?
◆ Sì, giri a...

**Studente B**
You are at the train station. Ask how to get to the following places and use the map to follow street directions provided by **Studente A**.

| **1** una farmacia | **2** una banca | **3** un ospedale | **4** un ufficio del turismo |

Esempio:

■ Scusa, c'è un
  supermercato qui vicino?
◆ Sì, giri a…

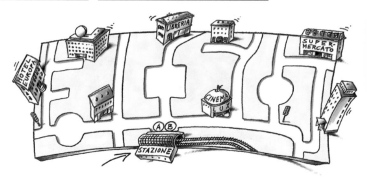

## 20 Esercizio scritto | Preposizioni WB 14

**a.** *Look at the picture and combine sentence parts as in the example.*

**1** L'ufficio postale è
**2** La chiesa è
**3** Il distributore è
**4** Il parcheggio è
**5** Il bar è
**6** La fermata dell'autobus è

**a** fra il museo e il teatro.
**b** di fronte al supermercato.
**c** davanti alla scuola.
**d** all'angolo.
**e** accanto alla banca.
**f** dietro la stazione.

**Altri negozi**
**alimentari:** deli
**cartoleria:** stationery store
**edicola:** news-stand
**ferramenta:** hardware store
**fioraio:** florist
**fruttivendolo:** fruit shop
**macelleria:** butcher shop
**pescheria:** fish shop

**b.** *Now, still looking at the previous picture, complete the sentences with the expressions in the list.*

| di fronte/davanti | accanto/vicino | fra/tra | dietro |

**1** La banca è _____ l'ufficio postale e il bar.
**2** Il teatro è _____ alla chiesa.
**3** Il museo è _____ alla chiesa.
**4** Il distributore è _____ alla scuola.
**5** La stazione è _____ il teatro.
**6** La fontana è _____ al museo.
**7** La fermata dell'autobus è _____ al supermercato.

## 21 Lettura | *Che ora è?* WB 15

*Match the following sentences with the corresponding clocks, as in the example.*

**1** È mezzogiorno./
~~È mezzanotte.~~

**2** Sono le due e mezza.

**3** Sono le tre meno venti.

**4** Sono le due e un quarto.

**5** È l'una.

**6** Sono le due.

**7** Sono le due e venticinque

**8** Sono le tre meno un quarto.

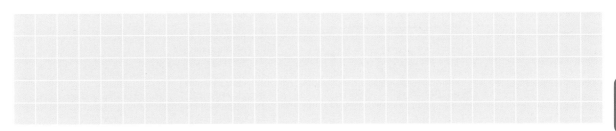

| a | b | c | d | e | f | g | h 1 |
|---|---|---|---|---|---|---|---|

## 22 Riflettiamo | Dire l'ora

*Look at the sentences in activity 21 again. Some of them have a singular verb, some others a plural verb. Discuss with a partner and together try to find out why.*

**5**

## 23 Esercizio scritto | *E adesso che ore sono?* WB 16

*Write the time.*

| **1** | **2** | **3** | **4** |
|---|---|---|---|

---

To ask for the time both **Che ora è?** and **Che ore sono?** are commonly used.

In Italian AM and PM abbreviations are unusual. When the context is not clear enough and one needs to specify which part of the day time refers to, some expressions might be helpful:

• **di mattina** (from sunrise to noon)

• **di pomeriggio** (from 1 PM to sunset)

• **di sera** (from sunset to midnight)

• **di notte** (from 1 AM to sunrise)

2 AM = le due **di notte** - 2 PM = **le due di pomeriggio**
10 AM = le dieci **di mattina** - 10 PM = le dieci **di sera**

# glossario

| | | |
|---|---|---|
| 1 | golfo | gulf |
| 1 | castello | castle |
| 1 | palazzo | palace, building |
| 1 | chiesa | church |
| 2 | Da quanto tempo…? | For how long…? |
| 2 | Da tre anni. | For three years. |
| 2 | ragazza | girl |
| | ragazzo | boy |
| 2 | vicino a | close, next to |
| 2 | camera | room |
| 2 | appartamento | apartment |
| 2 | luminoso | bright |
| 2 | al primo piano | on the first floor |
| 2 | uscire | to go out |
| 2 | insieme | together |
| 2 | locale | bar, club |
| 2 | economico | cheap |
| 2 | primavera | spring |
| 2 | estate | summer |
| | autunno | fall, autumn |
| | inverno | winter |
| 2 | terrazza | terrace |
| 2 | spazioso | wide, big, spacious |
| 2 | biblioteca | library |
| 2 | avere lezione | to have/to go to class |
| 2 | rimanere | to stay, to remain |
| 2 | silenzioso | quite, silent |
| 2 | tutti i giorni | everyday |
| 2 | girare per la città | to go/walk round the city |
| 2 | comodo | comfortable, handy, practical |
| 2 | piove | it rains |
| 2 | andare a piedi | to walk (to), to go by foot |
| 2 | i miei genitori | my parents |
| 2 | venire | to come |
| 2 | prendere l'aereo | to fly to, to take the plane |
| 2 | caro | expensive |
| 2 | costoso | expensive |
| 2 | essere d'accordo (con) | to agree with |
| 2 | supermercato | supermarket |
| 2 | pagare l'affitto | to pay the rent |
| 2 | stanza | room |
| 2 | dare | to give |
| 2 | al mese | every month, per month |
| 2 | bastare | to be enough, to suffice |
| 4 | donna | woman |
| | uomo | man |
| 4 | bello | beautiful |
| 4 | caotico | chaotic, messy |
| 4 | sporco | dirty |
| 4 | sorella | sister |
| | fratello | brother |
| 4 | cliente | client, customer |
| 4 | affittare | to rent |
| 4 | rumoroso | noisy, loud |
| 4 | in genere | in general, generally, usually |
| 4 | passeggiare | to take a walk, to stroll |
| 4 | mercato | market |
| 4 | mostra | exhibition |
| 5 | quindi | so, therefore |
| 5 | lì | there |
| 5 | ogni tanto | now and then, every once in a while |
| 5 | soprattutto | most of all, above all |
| 5 | qualche | some, a few |
| 5 | fare una gita | to go on a trip, to make an excursion |
| 5 | barca | boat |
| 5 | alcuni | some |
| 5 | stupendo | wonderful |
| 5 | la prossima volta | next time |
| 5 | fortunato | lucky |
| 5 | proprietario | landlord |
| 5 | vista sul mare | sea view |
| | mare | sea |
| 6 | bugia | lie |
| 6 | fare spese | to go shopping |

| | | |
|---|---|---|
| 6 | verità | truth |
| 6 | consiglio | advice |
| 7 | motorino | scooter, moped |
| 8 | mensa | mess hall, cafeteria |
| 9 | piazza | square |
| 9 | fontana | fountain |
| 9 | antico | ancient, old |
| 9 | grande | big |
| 9 | ombrellone | (big) umbrella, parasol |
| 9 | tenda | curtain |
| 9 | verde | green |
| 9 | torre | tower |
| 9 | alto | high |
| 9 | bancarella | stand, stall |
| 9 | paese | small town, village |
| 9 | ci sono | there are |
| 9 | edificio | building |
| 9 | albero | tree |
| 9 | popolare | (lower) middle class |
| 9 | balcone | balcony |
| 9 | pianta | plant |
| 9 | rinascimentale | from the Renaissance |
| 9 | facciata | façade |
| 9 | affresco | fresco |
| 9 | pianterreno | ground floor |
| 9 | sullo sfondo | on the background |
| 9 | cupola | dome |
| 9 | giallo | yellow |
| 9 | zona industriale | industrial zone |
| 9 | insegna | sign |
| 9 | prato | lawn |
| 9 | parcheggiato | parked |
| 9 | seduto | sitting |
| 9 | luce | light |
| 9 | traffico | traffic |
| 9 | piacevole | nice, pleasant |
| 13 | stadio | stadium |
| 14 | basso | low, short |
| 14 | brutto | ugly |
| 14 | lungo | long |
| 14 | sconosciuto | unknown |
| 14 | corto | short |
| 14 | ponte | bridge |
| 14 | colonna | column |
| 15 | vita | life |
| 16 | intervista | interview |
| 16 | passante | pedestrian |
| 17 | indicazioni | street directions |
| 17 | Vai a sinistra. | Go (to the) left. |
| 17 | girare | to turn |
| 17 | la prima strada a sinistra | first street on the left |
| 17 | arrivare | to arrive, to get to |
| 17 | Vai dritto. | Go straight. |
| 17 | fino a | until, up/down to |
| 17 | incrocio | intersection |
| 17 | sulla destra | on the right |
| 17 | semaforo | traffic light |
| 17 | attraversare | to cross, to go across |
| 17 | davanti a | in front of, opposite |
| 19 | libreria | bookshop |
| 19 | ufficio del turismo | tourist office |
| 20 | distributore | gas station |
| 20 | stazione | station |
| 20 | parcheggio | parking lot |
| 20 | fermata dell'autobus | bus stop |
| 20 | fra/tra | between |
| 20 | di fronte a | in front of, opposite |
| 20 | all'angolo | on the corner |
| 20 | accanto a | next to, by |
| 20 | dietro | behind |
| | sopra | on, over |
| | sotto | under |
| 21 | Che ora è? | What time is it? |
| 23 | Che ore sono? | What time is it? |

# grammatica

## Presente indicativo: verbi irregolari - Present tense: irregular verbs

| | | | dare | dire | rimanere | uscire | venire |
|---|---|---|---|---|---|---|---|
| singolare | prima persona | io | do | dico | rimango | esco | vengo |
| singolare | seconda persona | tu | dai | dici | rimani | esci | vieni |
| singolare | terza persona | lei/lui | dà | dice | rimane | esce | viene |
| plurale | prima persona | noi | diamo | diciamo | rimaniamo | usciamo | veniamo |
| plurale | seconda persona | voi | date | dite | rimanete | uscite | venite |
| plurale | terza persona | loro | danno | dicono | rimangono | escono | vengono |

## Preposizioni - Prepositions: *a, in*

*Preposition **a** (with or without articles) indicates one's destination and/or the place where one is.*

| | il | lo | la | l' | i | gli | le |
|---|---|---|---|---|---|---|---|
| + a | al | allo | alla | all' | ai | agli | alle |

*Preposition **in** is used before some places such as **biblioteca, chiesa, centro, farmacia, pizzeria** and **ufficio**.*

*Preposition **in** also indicates means of transportation used to reach or leave a place.*

Vado **a** casa./Sono **a** casa.
Vai **a** scuola./Sei **a** scuola.
Cristina va **all'**università.
Vieni **al** cinema stasera?

Vado **in** biblioteca.
Abito **in** centro.

Vado a casa **in** bicicletta o **in** autobus.

*But:*
Torno a casa **a** piedi.

## C'è / Ci sono

*The verb **esserci** indicates the presence of something or somebody in a place and is usually followed by a singular or plural subject.*

**C'è** una fontana antica.
Oggi non **c'è** traffico.
Nell'appartamento **ci sono** tre balconi.

## Aggettivi - Adjectives

*Italian adjectives agree in gender and number with the nouns to which they refer.*

**il** ristorante costos**o** → **i** ristoranti costos**i**
**la** pensione costos**a** → **le** pensioni costos**e**
**il** museo interessant**e** → **i** musei interessant**i**
**la** chiesa interessant**e** → **le** chiese interessant**i**

*Plural forms of adjectives ending in **-co** and **-go** usually take an extra **h**.*

*Most adjectives ending in **-co** and stressed on the second to last syllable do not take the extra **h**.*

baroc**co** → baroc**chi**        baroc**ca** → baroc**che**
lun**go** → lun**ghi**        lun**ga** → lun**ghe**

tipi**co** → tipi**ci**        tipi**ca** → tipi**che**

### Aggettivi del primo tipo

| | singolare | plurale |
|---|---|---|
| maschile | -o | -i |
| femminile | -a | -e |

### Aggettivi del secondo tipo

| | singolare | plurale |
|---|---|---|
| maschile + femminile | -e | -i |

## Una strada, molti nomi!

**1** *Insert the three following words under their matching photographs.*

| vicolo | piazza | via |
| --- | --- | --- |

**1** corso

**2** largo

**3**

**4**

**5** viale

**6**

**2** *Mettere in piazza and fare piazza pulita are two Italian expressions. What do you think they might mean? Try to guess their meaning, then read the text below and check your answer.*

### La piazza

Da sempre in Italia la piazza non è solo uno spazio fisico, ma anche sociale, il vero cuore della città: le persone infatti vanno in piazza per incontrare gli amici, per un appuntamento, per bere un caffè, per chiacchierare; ma anche per protestare o festeggiare, vendere e comprare. Non esiste una città italiana senza una piazza importante: dal foro degli antichi Romani alla piazza come centro politico e religioso del Rinascimento, l'Italia ha una vera tradizione culturale legata alla piazza; non a caso la parola "piazza" è presente in molti modi di dire, come: "fare piazza pulita" (eliminare ogni elemento di disturbo, annientare, liberare da ogni ostacolo) o "mettere in piazza" (rivelare a tutti un fatto privato e riservato, screditare o squalificare qualcuno pubblicamente).

**1** *Look at the screenshots before watching the episode and insert the sentences in the list under their matching scenes. Please note that some sentences can be matched with different screenshots. Then watch the episode and check your answers.*

| **1** | Senta, scusi: sa dov'è un ristorante qui vicino? |

| **2** | Ma sei sicuro? Dove siamo? |

| **3** | Allora, Vale, adesso dove andiamo? |

| **4** | No, qui è tutto vicino anche a piedi. |

| **5** | Non può sbagliare, il ristorante si chiama "La cantina di Bacco". |

| **6** | Vedo che sulla strada c'è anche una bella chiesa del Trecento. |

sentence(s):     sentence(s):     sentence(s):

**2** *Are the following sentences true or false? Watch the episode again and check your answers.*

|  | vero | falso |
|---|:---:|:---:|
| **1** Il museo civico ha un orario continuato. | ☐ | ☐ |
| **2** A Matteo non piace usare le mappe. | ☐ | ☐ |
| **3** Matteo e Laura hanno fame. | ☐ | ☐ |
| **4** Matteo e Federico sbagliano strada una volta. | ☐ | ☐ |
| **5** Federico non sa usare bene il tablet. | ☐ | ☐ |
| **6** Matteo e Federico vogliono visitare una chiesa. | ☐ | ☐ |
| **7** Le indicazioni del passante non sono chiare. | ☐ | ☐ |

**3** *Watch the episode again from 03'14" to 03'32" and indicate on the map how Federico and Matteo can get to the restaurant "La cantina di Bacco" according to the man's directions.*

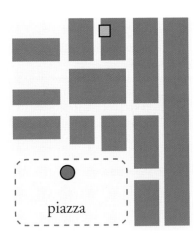

piazza

⬤ Matteo e Federico

◻ Ristorante "La cantina di Bacco"

**La seconda a destra**

**5**

**1 Lessico | *Che cosa significa?*** WB 1·2

*Match the words to the pictures.*

**1** ☐ camera singola
**2** ☐ camera doppia
**3** ☐ cani ammessi
**4** ☐ parcheggio
**5** ☐ televisione in camera
**6** ☐ aria condizionata
**7** ☐ doccia
**8** ☐ bagno
**9** ☐ frigobar

**2 Lettura | L'albergo ideale** WB 3

**a.** *Read the descriptions of the hotels and answer the questions on the next page.*

Firenze

**Residenza Apostoli**
Borgo Santi Apostoli, 8
50123 FIRENZE
Tel. 055/288432
web: www.residenzapostoli.it

In posizione ottimale per
visitare la città a piedi e fare
compere in centro. 10 camere
doppie o matrimoniali, 1 tripla
e 1 singola, tutte con bagno
e aria condizionata. Bambini
sotto i due anni gratis.
Doppia   € 120
Singola   € 114
Tripla    € 145

**Villa Carlotta**
Via Michele di Lando, 3
50125 FIRENZE
Tel. 055/2336134
web: www.hotelvillacarlotta.it

Tra il Giardino di Boboli e
Palazzo Pitti. 32 camere con
bagno o doccia, telefono, TV e
frigobar. Giardino. Ristorante.
Cucina toscana e internazionale.
Parcheggio privato.
Cani ammessi.
Camera Doppia   € 240
Camera Singola   € 170

**Istituto suore di Santa Elisabetta**
Viale Michelangiolo, 46
50125 FIRENZE
Tel. 055/6811884

Elegante villa in un quartiere
residenziale. 35 camere singole,
doppie e triple, alcune con bagno.
Colazione compresa. € 30 a
persona. Orario di rientro: ore 22.00.
Parcheggio, sala TV, sala riunioni,
cappella. Aperto tutto l'anno.

# in albergo

*You want to spend three or four days in Florence. Which hotel do you prefer? Why?*

Preferisco l'hotel ☐☐☐☐☐☐☐☐☐☐ perché:

non è caro. ☐                è possibile portare animali. ☐
è tranquillo. ☐               ha il ristorante. ☐
è in centro. ☐               ha l'aria condizionata. ☐
ha il garage. ☐              _____ ☐

**b.** *Compare your answers with those of a partner, as in the examples.*

Esempio:
- ■ Io preferisco l'hotel... E tu?
- ◆ Io invece preferisco l'hotel...

Esempio:
- ■ Io preferisco l'hotel... E tu?
- ◆ Anch'io.
- ■ Ah, bene. E perché?
- ◆ Perché...

## 3 Lettura | E-mail all'albergo WB 4·5
*Read the e-mail and match the photographs with corresponding words in the text, as in the example.*

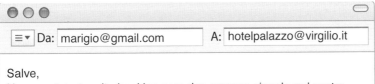

≡▾ Da: marigio@gmail.com    A: hotelpalazzo@virgilio.it

Salve,
Ho prenotato tramite booking.com due camere singole nel vostro albergo dal 27 agosto al 4 settembre (numero di prenotazione: 818974641). Vi scrivo per avere qualche informazione e fare alcune richieste.

Entro che ora dobbiamo lasciare le camere il 4 settembre? Possiamo lasciare le valigie alla reception fino alle 6 di sera? Se possibile, vogliamo passare la giornata in spiaggia prima di tornare a Milano.

Leggo sulla prenotazione che la colazione è inclusa nel prezzo della camera: potete darci qualche informazione su che cosa servite per colazione?

Vedo che i cani sono ammessi nel vostro albergo. Possono accedere anche all'area intorno alla piscina? Dobbiamo pagare un extra per il cane?

Se è possibile, la mia amica può avere una camera con il balcone?

Posso pagare con l'American Express o devo utilizzare la stessa carta di credito usata per la prenotazione su booking.com?

Cordiali saluti, Marilena Gioberti

## 4 Riflettiamo | Verbi servili WB 6·7·8

**a.** *Read the previous e-mail again and find the verbs indicated in the table below. Then match the infitive forms with their English translation.*

| can | must/to have to | want |
|---|---|---|

| | dovere (significa _____) | potere (significa _____) | volere (significa _____) |
|---|---|---|---|
| io | devo | posso | voglio |
| tu | devi | puoi | vuoi |
| lei\lui | deve | può | vuole |
| noi | dobbiamo | possiamo | vogliamo |
| voi | dovete | potete | volete |
| loro | devono | possono | vogliono |

**b.** *As shown in the e-mail, these verbs are often followed by* _____

## 5 Esercizio orale | Filetto dei verbi servili WB 9

*Work with a partner: one of you is **Studente A**, the other **Studente B**. One student chooses a case and then throws the dice: he/she must make up a sentence conjugating the verb in the box (**dovere**, **potere** or **volere**) and using the person indicated by the dice (see chart below). If the sentence is correct, he/she marks that box with a letter ("X" for **Studente A**, "O" for **Studente B**). Then **Studente B** throws the dice and makes a sentence, too. Marked boxes cannot be used anymore. The goal is to mark three boxes in a full row (horizontally, vertically or diagonally).*

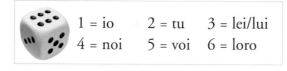

1 = io   2 = tu   3 = lei/lui
4 = noi   5 = voi   6 = loro

Esempio:

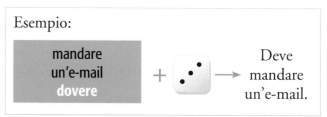

mandare un'e-mail **dovere** + 🎲 → Deve mandare un'e-mail.

| pagare con carta di credito **potere** | pagare un extra per il cane **dovere** | una camera con il balcone **volere** | avere un documento di identità **dovere** |
|---|---|---|---|
| lasciare la stanza entro le 11:00 **dovere** | tornare in questo albergo **volere** | portare il cane in piscina **potere** | lasciare la valigia alla reception **potere** |
| parlare con il direttore **volere** | avere una camera singola **potere** | arrivare entro mezzanotte **dovere** | una camera con l'aria condizionata **volere** |
| prenotare on-line **potere** | cambiare stanza **volere** | prenotare una stanza **dovere** | fare colazione entro le 10 **potere** |

# in albergo

## 6 Combinazioni | Verbi servili WB 9

*Form as many sentences as you can, as in the example.*

| | | |
|---|---|---|
| **1** Scusi, | vuole prenotare | quanto viene la stanza? |
| **2** La signora | possono lasciare | la stanza entro le 10. |
| **3** I clienti | deve fare | la prenotazione. |
| **4** (voi) | posso sapere | una camera per due notti. |
| **5** Il signore | dobbiamo mandare | in macchina. |
| **6** (noi) | voglio viaggiare | verso le 9. |
| **7** Per la conferma noi | vogliamo arrivare | le valigie alla reception. |
| **8** (io) | dovete lasciare | un fax. |

## 7 Ascolto | *Ho un problema con la stanza.*                    32 (◖▶

a. *Close the book, listen to the recording, then work with a partner and share information on the conversation.*

b. *Listen to the phone call again and complete the sentences choosing the correct options.*

**1** Il signore è nella stanza
doppia   **a**     330. **d**
singola   **b**   numero   430. **e**
matrimoniale   **c**     530. **f**

**2** Il signore resta in albergo
fino a domenica. **a**
fino a domani. **b**
fino a dopodomani. **c**

**3** Nella stanza del signore l'aria condizionata
va solo al massimo. **a**
va solo al minimo. **b**
non funziona. **c**

**4** Il portiere dell'albergo manda un tecnico
stasera. **a**
domani mattina. **b**
domani pomeriggio. **c**

**5** Nella camera del signore il televisore
non funziona. **a**
si sente, ma non si vede niente. **b**
si vede bene, ma non si sente. **c**

**6** Al signore non piace la sua stanza perché è
piccola. **a**
rumorosa. **b**
buia. **c**

**7** Il signore stasera
resta nella sua camera. **a**
va in un'altra stanza matrimoniale. **b**
va in una stanza doppia. **c**

**8** Domani a mezzogiorno il signore
deve tornare in albergo
per cambiare stanza. **a**
non deve tornare in albergo
per cambiare stanza. **b**

---

| | | | |
|---|---|---|---|
| **oggi:** today | **oggi pomeriggio:** this afternoon | **domani mattina/domattina:** | **domani sera:** tomorrow |
| **domani:** tomorrow | **stasera:** this evening, tonight | tomorrow morning | evening/night |
| **dopodomani:** the day after | **stanotte:** tonight | **domani pomeriggio:** | **domani notte:** tomorrow |
| tomorrow | | tomorrow afternoon | night |
| **stamattina:** this morning | | | |

**8 Combinazioni | *Che cos'è?*** WB 10

*Match the words below with corresponding pictures, as in the examples. Ask the teacher the meaning of any unknown words.*

**1** [ ] l'armadio    **6** [ ] il tavolo    **11** [ ] il portacenere
**2** [ ] la lampada    **7** [ ] la carta igienica    **12** [ ] la valigia
**3** [ ] la sedia    **8** [*n*] il phon    **13** [ ] il cuscino
**4** [ ] l'asciugamano    **9** [*o*] il termosifone    **14** [ ] la saponetta
**5** [ ] il letto    **10** [ ] la coperta

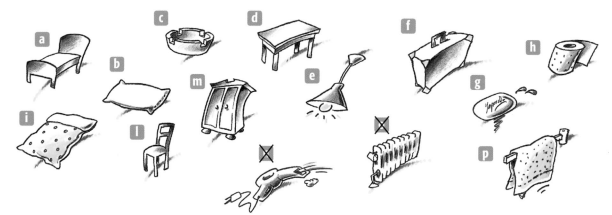

**9 Giochiamo | *Che cosa c'è?*** WB 10

*Look at the picture for 30 seconds, then close the book. What is there in the room? Do you remember the names of the objects in Italian?*

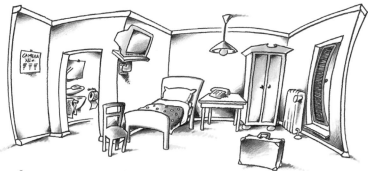

**10 Riflettiamo | *Bene e male*** WB 11

*Look at the following sentences taken from the conversation of activity 7 and focus on highlighted words **bene** and **male**. Then work with a partner and together complete the rule below.*

| l'aria condizionata non funziona **bene** | il televisore è rotto, si vede **bene** ma si sente **male** |

| ho paura di dormire **male** |

**1** In these sentences **bene** and **male** refer to
- adjectives. **a** [ ]
- nouns. **b** [ ]
- verbs. **c** [ ]

**2** **Bene** and **male** are
- adjectives. **a** [ ]
- adverbs. **b** [ ]
- nouns. **c** [ ]

**6**

## 11 Combinazioni | *Problemi, problemi...* WB 12

*Look at the following pictures: what would you say in Italian in these circumstances? Combine sentence parts as in the example.*

**1** Non c'è
**2** Il televisore
**3** Nel bagno non ci sono
**4** Qui non è possibile
**5** È possibile
**6** Posso avere

**a** ancora una coperta?
**b** gli asciugamani.
**c** avere un portacenere?
**d** l'acqua calda.
**e** chiudere bene la finestra.
**f** non funziona.

## 12 Parliamo | Un cliente scontento WB 12

*Work with a partner. **Studente A** is the customer. **Studente B** is the receptionist. Something is missing or does not work in A's room.*

## 13 Scriviamo | Informazioni su un albergo

*Write an e-mail to one of the hotels of activity 2 and ask for further information on accommodation and any other thing that you may want to know.*

## 14 Trascrizione | Chiedere e dare informazioni

33 ((►

*Listen to a part of the conversation of activity 7 and complete the following transcription.*

● Ma a che ora _____ tornare _____ _____ per andare nella _____ stanza?

■ _____ _____ è pronta a _____, ma se _____ restare fuori, _____ preparare le _____ e pensiamo _____ a _____.

● Ah, perfetto. E un'ultima cosa _____, a che ora _____ lasciare _____ _____ _____?

■ Entro _____ _____.

## 15 Esercizio orale | Verbi servili

*Work with a partner. Repeat the following conversation changing the subject as in the example. Then switch roles.*

Noi /Voi

● A che ora dobbiamo tornare in albergo?
■ A mezzogiorno, ma se volete restare in giro potete preparare le valigie.

1 Loro/Loro
2 Lui/Lui
3 Lei (formale)/Io
4 Voi/Noi
5 Io/Lei (formale)
6 Tu/Io

> Esempio: Io/Tu
> ● A che ora devo tornare in albergo?
> ■ A mezzogiorno, ma se vuoi restare in giro puoi preparare le valigie.

## 16 Ascolto | *A che ora?*                                    34 (◦▶

*Listen to the recording and complete the following conversations with the times. Then match them with the corresponding pictures.*

1 ■ Scusi, a che ora parte il prossimo autobus per Montecassino?
● All' _____

2 ■ Quando arriva il treno da Perugia?
● Alle _____

3 ■ A che ora comincia l'ultimo spettacolo?
● Alle _____

4 ■ A che ora chiude il museo?
● A _____

## 17 Riflettiamo | *A che ora?* WB 13-14

*Complete the tables below with the times from activity 16.*

| a | _____ mezzanotte |
|---|---|
| all' (= a + l') | _____ |

| alle (= a + le) | due |
|---|---|
| | tre |
| | sei |
| | nove |

**Preposition *a* combines with definite articles**

| | il | lo | la | l' | i | gli | le |
|---|---|---|---|---|---|---|---|
| a | al | allo | alla | all' | ai | agli | alle |

## 18 Esercizio orale | *E da voi?*

*In small groups compare these opening hours with those in your country. Are there any differences?*

Biblioteca nazionale centrale di Roma

Dal Lunedì
al Venerdì
8.30 - 19.00

Sabato
8.30 - 13.30

**ORARIO FARMACIA**

| | Mattino |
|---|---|
| Ore | 8.30- 12.15 |
| | **Pomeriggio** |
| Ore | 15.30-19.15 |

**Banca di Roma**

Orario di Sportello

| dal Lunedì al Venerdì | 08.05 - 13.00 |
|---|---|
| | 14.30 - 16.00 |

Sabato Chiuso

**6**

SUPERMERCATO

L-S:  9:00 - 20:00

D:    9:00 - 14:00

**Poste**italiane

Ufficio Postale
Orario d'apertura
Lun. - Ven. 8:30 - 13:30
Sab. 8:30 - 12:15

## 19 Lessico | I mesi WB 15

*Read the following hotel description, look for the names of months in Italian and insert them in the table on the right.*

| Hotel Centrale Napoli *** Tariffe per le camere | bassa stagione | alta stagione |
|---|---|---|
| | dal 07 gennaio al 31 marzo | dal primo aprile al 30 giugno |
| | dal primo luglio al 31 agosto | dal primo settembre al 2 novembre |
| | dal 3 novembre al 28 dicembre | dal 29 dicembre al 6 gennaio |
| singola | € 80 | € 90 |
| matrimoniale | € 120 | € 130 |
| tripla | € 140 | € 150 |

*Nel prezzo delle stanze sono compresi la colazione e il parcheggio custodito per le auto. Si accettano tutte le carte di credito.*

**I dodici mesi**

1 _____
2 febbraio
3 _____
4 _____
5 maggio
6 _____
7 _____
8 _____
9 _____
10 ottobre
11 _____
12 _____

## 20 Esercizio orale | Le stagioni WB 15

*Match with each season places to go on vacation and activities that you can do there. Then interview a partner. Discuss what you like to do at the different times of the year, as in the example.*

Esempio: ■ Dove vai in vacanza in inverno?
　　　　 ▼ Vado in montagna.
　　　　 ■ E cosa fai?
　　　　 ▼ Scio e faccio snowboard. E tu?
　　　　 ■ Io...

| Dove vai? | Attività | |
|---|---|---|
| al mare | fare fotografie | passeggiare |
| in campagna | fare snowboard | prendere il sole |
| in montagna | fare spese | sciare |
| in campeggio | fare surf | visitare musei |
| a Roma | fare trekking | |
| a New York | mangiare al ristorante | |
| in Australia | nuotare | |
| in Messico | | |

## 21 Lettura | Un'e-mail dalle vacanze

**a.** *Read the following e-mail.*

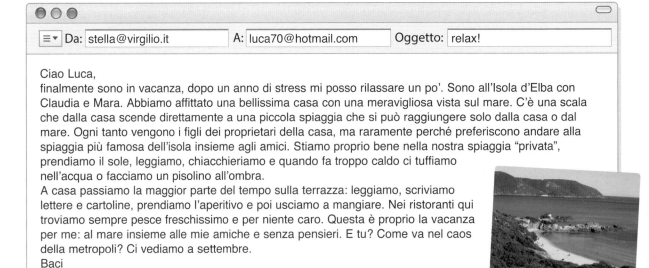

Da: stella@virgilio.it　A: luca70@hotmail.com　Oggetto: relax!

Ciao Luca,
finalmente sono in vacanza, dopo un anno di stress mi posso rilassare un po'. Sono all'Isola d'Elba con Claudia e Mara. Abbiamo affittato una bellissima casa con una meravigliosa vista sul mare. C'è una scala che dalla casa scende direttamente a una piccola spiaggia che si può raggiungere solo dalla casa o dal mare. Ogni tanto vengono i figli dei proprietari della casa, ma raramente perché preferiscono andare alla spiaggia più famosa dell'isola insieme agli amici. Stiamo proprio bene nella nostra spiaggia "privata", prendiamo il sole, leggiamo, chiacchieriamo e quando fa troppo caldo ci tuffiamo nell'acqua o facciamo un pisolino all'ombra.
A casa passiamo la maggior parte del tempo sulla terrazza: leggiamo, scriviamo lettere e cartoline, prendiamo l'aperitivo e poi usciamo a mangiare. Nei ristoranti qui troviamo sempre pesce freschissimo e per niente caro. Questa è proprio la vacanza per me: al mare insieme alle mie amiche e senza pensieri. E tu? Come va nel caos della metropoli? Ci vediamo a settembre.
Baci
Stella

**b.** *Do you like Stella's vacation? Share your views with a partner.*

## 22 Scriviamo | *Saluti da...*

*Imagine that you are enjoying a perfect vacation and write a short e-mail to an Italian friend to tell him/her how it is going.*

# in albergo

## 23 Riflettiamo | Preposizioni articolate WB 16·17·18·19

**a.** *In Stella's e-mail find prepositions **a**, **da**, **di**, **in** and **su** used in combination with definite articles (see example) and insert them in the table below.*

> Esempio:  Sono **all'**Isola d'Elba… (all' = a + l')

|    | il | lo | la | l' | i | gli | le |
|----|----|----|----|----|----|----|----|
| a  |    |    |    | all' |    |    |    |
| da |    |    |    |    |    |    |    |
| di |    |    |    |    |    |    |    |
| in |    |    |    |    |    |    |    |
| su |    |    |    |    |    |    |    |

**b.** *Work with a partner. Complete the previous table with the missing prepositions.*

## 24 Ascolto | In vacanza, ma non in albergo WB 20

35 (◖▶

**a.** *Close the book, listen to the recording, then work with a partner and share information on the conversation.*

**b.** *Which of the following things will the caller have if she rents the apartment?*

lettino singolo

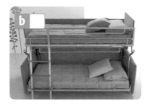

letto a castello

letto matrimoniale

terrazza

balcone

biciclette

posto auto

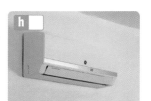

aria condizionata

lavatrice

lavastoviglie

televisore

frigorifero

**c.** *Listen to the phone call again and take note of the information that the caller and the owner of the apartment get from each other.*

# glossario

| | | |
|---|---|---|
| 1 | camera singola | single bedroom |
| 1 | camera doppia | double bedroom |
| 1 | bagno | bathroom, lavatory |
| 1 | doccia | shower |
| 1 | cani ammessi | dogs allowed |
| 1 | aria condizionata | air conditioning |
| 2 | albergo | hotel |
| 2 | in posizione ottimale | ideally located |
| 2 | fare compere | to go shopping |
| 2 | camera matrimoniale | double bedroom |
| 2 | camera tripla | triple bedroom |
| 2 | bambino | child, baby |
| 2 | gratis | free (of charge) |
| 2 | giardino | garden |
| 2 | quartiere residenziale | residential area |
| 2 | colazione compresa | breakfast included |
| 2 | a persona | per person |
| 2 | orario di rientro | closure time |
| 2 | sala riunioni | meeting hall |
| 2 | cappella | chapel |
| 2 | aperto tutto l'anno | open all year round |
| 2 | possibile | possible |
| 2 | portare | to bring |
| 2 | animale | animal |
| 3 | richiesta | demand, request |
| 3 | Salve! | Hello!, Hi! |
| 3 | prenotare | to book, to make a reservation |
| 3 | tramite | through, by |
| | gennaio | January |
| | febbraio | February |
| | marzo | March |
| | aprile | April |
| | maggio | May |
| | giugno | June |
| | luglio | July |
| | agosto | August |
| | settembre | September |
| | ottobre | October |
| | novembre | November |
| | dicembre | December |
| | prenotazione | reservation |
| 3 | Entro che ora...? | By what time...? |
| 3 | dovere | to have to, must |
| 3 | lasciare | to leave, to let |
| 3 | potere | to be able to, can |
| 3 | valigia | suitcase |
| 3 | volere | want |
| 3 | passare la giornata | to spend the day |
| 3 | spiaggia | beach |
| 3 | servire | to serve |
| 3 | accedere | to have access |
| 3 | intorno | around |
| 3 | piscina | swimming pool |
| 3 | pagare un extra | to pay extra an additional fee |
| 3 | pagare | to pay |
| 3 | stesso | same |
| 3 | carta di credito | credit card |
| 3 | Cordiali saluti. | Yours sincerely… |
| 5 | mandare | to send |
| 5 | documento di identità | ID |
| 5 | direttore | director (masculine) |
| | direttrice | director (feminine) |
| 5 | cambiare | to change |
| 6 | Quanto viene? | How much is it? |
| 6 | conferma | confirmation |
| 6 | Verso le 9. | At around 9. |

| | | |
|---|---|---|
| 7 | domani | tomorrow |
| 7 | dopodomani | the day after tomorrow |
| 7 | solo | only |
| 7 | Non funziona. | It's not working. |
| 7 | portiere | concierge |
| 7 | tecnico | repairman |
| 7 | stasera | tonight |
| 7 | sentire | to hear |
| 7 | buio | dark |
| 8 | armadio | wardrobe |
| 8 | asciugamano | towel |
| 8 | carta igienica | toilet paper |
| 8 | coperta | blanket |
| 8 | cuscino | pillow |
| 8 | lampada | lamp |
| 8 | phon | hair dryer |
| 8 | portacenere | ashtray |
| 8 | saponetta | soap bar |
| 8 | termosifone | heater |
| 10 | bene | well |
| 10 | male | bad, badly |
| 10 | televisore | TV set |
| 10 | rotto | broken |
| 11 | caldo | hot, warm |
| 11 | chiudere | to close |
| 12 | scontento | unhappy, unsatisfied |
| 14 | A che ora? | At what time? |
| 14 | pronto | ready |
| 14 | Perfetto! | Great!, Awesome! |
| 14 | ultimo | last |
| 16 | cominciare | to start, to begin |
| 16 | spettacolo | show |
| 19 | tariffa | price |
| 20 | stagione | season |
| 20 | montagna | mountain |
| 20 | campeggio | camping site |
| 20 | fare trekking | to go hiking |
| 20 | nuotare | to swim |
| 20 | prendere il sole | to sunbathe, to get a tan |
| 21 | finalmente | at last |
| 21 | rilassarsi | to relax |
| 21 | isola | island |
| 21 | meraviglioso | wonderful |
| 21 | scala | steps |
| 21 | scendere | to go down(stairs) |
| 21 | direttamente | directly |
| 21 | raggiungere | to reach |
| 21 | raramente | rarely |
| 21 | Stiamo proprio bene. | We feel great. |
| 21 | chiacchierare | to chat |
| 21 | Fa troppo caldo. | It's too hot. |
| 21 | tuffarsi | to dive |
| 21 | fare un pisolino | to take a nap |
| 21 | all'ombra | in the shade |
| 21 | la maggior parte del tempo | most of the time |
| 21 | cartolina | postcard |
| 21 | prendere l'aperitivo | to drink an aperitif |
| 21 | senza pensieri | carelessly |
| 21 | Ci vediamo! | I'll see you! |
| 21 | bacio | kiss |
| 22 | saluti | greetings |
| 24 | letto a castello | bunk bed |
| 24 | posto auto | parking space |
| 24 | lavastoviglie | dishwasher |
| 24 | lavatrice | washing machine |

6

# grammatica

## Verbi servili - Modal verbs

*Modal verbs **dovere (must/to have to)**, **potere (can)** and **volere (want)** are often followed by infinitives. They all have irregular forms in the present tense.*

**Devo** lavorare tutto il fine settimana.
Non **possiamo** venire a cena domani sera.
Renzo **vuole** comprare una casa a Venezia.

|       | dovere   | potere   | volere   |
|-------|----------|----------|----------|
| io    | devo     | posso    | voglio   |
| tu    | devi     | puoi     | vuoi     |
| lei/lui | deve   | può      | vuole    |
| noi   | dobbiamo | possiamo | vogliamo |
| voi   | dovete   | potete   | volete   |
| loro  | devono   | possono  | vogliono |

## Avverbi - Adverbs: *bene* and *male*

***Bene (well)** and **male (badly/bad)** are adverbs, i. e. they usually refer to verbs. They are the adverbial forms of adjectives **buono (good)** and **cattivo (bad)**, which refer to nouns.*

Rosa parla **bene** inglese.
Questo vino è **buono**.

Quando non sono a casa mia, dormo **male**.
Questo gelato è **cattivo**, non mi piace.

## Preposizioni articolate - Compound prepositions

*Prepositions **di, a, da, in, su** can combine with definite articles and form a single word.*

Vieni **al** cinema domani sera?
Non conosco gli orari **dei** negozi in Italia.
Lavoro **dalle** 9 **alle** 17, dal lunedì **al** venerdì.
**Nel** libro ci sono molti esercizi.
Voglio comprare un libro **sulla** storia italiana.

|     | il   | lo    | l'     | la    | i   | gli   | le    |
|-----|------|-------|--------|-------|-----|-------|-------|
| di  | del  | dello | dell'  | della | dei | degli | delle |
| a   | al   | allo  | all'   | alla  | ai  | agli  | alle  |
| da  | dal  | dallo | dall'  | dalla | dai | dagli | dalle |
| in  | nel  | nello | nell'  | nella | nei | negli | nelle |
| su  | sul  | sullo | sull'  | sulla | sui | sugli | sulle |

## Preposizioni - Prepositions: *a*

*Preposition **a**, whether combined with a definite article or not, is used to express at what time things happen or you do something.*

Ci vediamo **a** mezzogiorno.
Parto **alle** otto e mezza.
Il pranzo è **all'**una.

# caffè culturale

## Mancia e scontrino: come funziona?

**1** *Complete the following texts with the sentences in the list.*

**1** In Italia nessuno chiede la mancia,

**2** È quel piccolo pezzo di carta

**3** Non esce. Aspetta.

**4** quelle monete sono per i baristi e le bariste.

### a

### La mancia

Siete in un albergo, prendete la chiave alla reception; un ragazzo prende la vostra valigia. Arrivate alla camera, il ragazzo mette la valigia dentro la stanza. _____ Cosa? La mancia, naturalmente. Quanto? Qualche euro può andare bene (dipende anche dalla categoria dell'albergo).

Più tardi, avete fame. Decidete di andare al ristorante. La cameriera è gentile, veloce, brava. Alla fine, mentre pagate, pensate: "Devo lasciare la mancia?". _____ _____ ma tutti la accettano con piacere. Anche nei bar? Di solito la mancia è per i camerieri che servono ai tavoli, ma a volte nei bar potete trovare un piccolo piatto con delle monete. Potete mettere qualche centesimo, se volete: _____.

### b

### Lo scontrino

In Italia il caffè o il cappuccino si prendono al bar, in piedi e velocemente. Ma prima di consumare dovete fare lo scontrino alla cassa. Che cos'è lo scontrino? _____ _____ che ricevete al momento di pagare: quindi prima pagate, poi prendete lo scontrino, infine mettete lo scontrino sul bancone del bar e chiedete cosa volete. Strano? Forse, ma in Italia è una cosa normale.

**2** *Do you usually leave a tip in bars, restaurants and hotels in your country? Does tipping differ from what you now know about Italy?*

1 *Before watching the episode, match each of the following sentences with the corresponding screenshot. Then watch the video and check your answers.*

Abbiamo una camera grande, luminosa!

Sì, c'è una camera libera?

1 ☐

2 ☐

2 *Watch the episode again, then indicate who mentions what.*

|  | Laura | Federico |  |  | Laura | Federico |
|---|---|---|---|---|---|---|
| 1 camera grande | ☐ | ☐ | 5 due bagni | ☐ | ☐ |
| 2 terzo piano | ☐ | ☐ | 6 piscina | ☐ | ☐ |
| 3 vasca con l'idromassaggio | ☐ | ☐ | 7 vista sul mare | ☐ | ☐ |
| 4 panorama bellissimo | ☐ | ☐ | 8 giardino | ☐ | ☐ |

3 *Look at the above mentioned things again and focus on what Federico says: when is he telling the truth, when is he lying?*

4 *Watch the first part of the episode again (from 0'50" to 01'40") and then imagine what the hotel manager might be saying to Federico on the phone.*

■ Pronto? Senta, per quell'offerta sul vostro sito…

▼ _____

■ Sì, c'è una camera libera?

▼ _____

■ Eh, una doppia…

▼ _____

■ Benissimo.

▼ _____

■ Allora prenoto per la settimana dal 10 al 17.

▼ _____

■ Sì, sì. Ma dobbiamo pagare subito?

▼ _____

■ Ah, ok… Ma… è proprio sicuro, solo 245 euro per due persone e per l'intera settimana?

■ _____

▼ Colazione compresa?

■ _____

▼ Ah, va bene. Be', perfetto. Allora grazie. Buona giornata!

_____

# 1 Lettura | Tante idee per il fine settimana WB 1

NIE17M11

# un fine settimana

**a.** *Read the following travel brochures and match them with the photographs on the previous page. Please note that two photographs do not correspond to any brochure.*

**a** **Toscana: da Pisa a Livorno**
due giorni in Vespa per scoprire la costa e la campagna toscana – visita a due fattorie per degustazione di cibo e vino locale – pernottamento in hotel 3*

**b** **Corvara (BZ)**
escursioni sulle Dolomiti con guida alpina – livello di difficoltà medio– mezza pensione in albergo a gestione familiare – cucina tipica – possibilità di escursioni a cavallo

**c** **Sicilia**
crociere in barca a vela da venerdì pomeriggio a domenica pomeriggio – partenze da Palermo con minimo 4 partecipanti – a bordo skipper/ cuoco – soste per bagni e visite a paesi caratteristici

**d** **Lombardia in bici**
da Milano a Milano con soste e visite guidate a Pavia e Parma – tappe giornaliere di circa 40 km su strade con poco traffico – sistemazione in ostello – cena in trattoria

**e** **Assisi**
fine settimana di yoga e meditazione in convento – cucina vegetariana e vegana – passeggiate in montagna e nei dintorni – a scelta corsi di musica e danza indiana

**f** **Venezia**
in albergo 2 * – il pacchetto per il fine settimana include: prima colazione e 1 cena (menu proposto dal nostro chef) – 1 biglietto di 24 ore per visitare 4 musei a scelta – parcheggio privato gratuito

**7**

**b.** *Among the above mentioned travel options find the ideal vacation for someone who:*

**1** ☐ è molto sportivo e ama la buona cucina.

**2** ☐ va volentieri in montagna.

**3** ☐ è stressato, odia i posti dove c'è molta gente e ama il silenzio e la natura.

**4** ☐ ama il mare e fare immersioni.

**5** ☐ non è molto sportivo, ma ama la natura e il buon vino.

**6** ☐ ama l'arte e la cucina raffinata.

## 2 Parliamo | Un fine settimana a...
*Which of the above mentioned travel options would you prefer for a free week end? Why? Discuss your choice with a partner.*

# un fine settimana

**3** **Lettura | Consigli di viaggio** WB 2

**a.** *Read the following post taken from an on line forum for travellers.*

## Camminare a Venezia

Il mese scorso sono tornata a Venezia con il mio ragazzo: ho trovato un'offerta online molto conveniente per un fine settimana in una delle mie città preferite.

Siamo partiti sabato mattina presto (da Milano in treno sono circa 2 ore e mezzo), e appena siamo arrivati, abbiamo lasciato le valigie in albergo e siamo andati subito in giro per la città.

La prima cosa che abbiamo visitato sono gli antichi mercati del pesce di Rialto. È una parte molto vivace e molto autentica di Venezia. Poi siamo saliti su un vaporetto per andare a vedere il nuovo ponte di vetro dell'architetto Calatrava: a me è piaciuto tantissimo ma Giulio, il mio ragazzo, l'ha trovato troppo moderno per una città come Venezia.

La sera siamo stati a cena in un "bacaro" (una tipica osteria veneziana) vicino all'albergo: solo piatti di pesce, tavoli all'aperto, atmosfera informale... molto carino.

Domenica abbiamo fatto ancora un giro per le strade del centro: passeggiare per i vicoli deserti, senza macchine, osservare i canali è veramente un'esperienza unica!

Tutto perfetto... Peccato che improvvisamente è arrivato un temporale molto forte.

Per ripararci dalla pioggia e dal vento, siamo entrati nella famosissima Basilica di San Marco, insieme a molti altri turisti bagnati. È una chiesa strana: anche se è un luogo molto turistico, l'interno è buio e cupo, e ho sentito molti commenti negativi per la scarsa illuminazione. Secondo me invece è un posto magico e misterioso.

Comunque a causa della pioggia e del vento abbiamo anticipato la nostra partenza; nel pomeriggio siamo tornati a Milano dove abbiamo trovato temperature molto calde e un sole splendido!

Anche se non abbiamo avuto molta fortuna con il tempo, è stato un bel fine settimana: Venezia è sempre speciale e consiglio di visitarla soprattutto a chi ama camminare! Daniela

**b.** *Look at the following pictures: which one does not correspond to the text that you have just read?*

**1** □  **2** □  **3** □  **4** □

**c.** *Now match the previous pictures with the following sentences.*

**a** □ Fa caldo!   **b** □ Tira vento!   **c** □ Fa freddo!   **d** □ Piove!

---

**Che tempo fa?** = What's the weather like?   **fa bel tempo:** the weather is fine   **fa brutto tempo:** the weather is bad
**c'è il sole:** it's sunny   **nevica:** it's snowing

# un fine settimana

## 4 Riflettiamo | Il passato prossimo WB 3·4

**a.** *Read the following excerpts taken from the forum post of activity 3.*

| | | | |
|---|---|---|---|
| Tutto perfetto… Peccato che improvvisamente è arrivato un temporale molto forte. | È una chiesa strana: anche se è un luogo molto turistico, l'interno è buio e cupo, e ho sentito molti commenti negativi per la scarsa illuminazione. | Comunque a causa della pioggia e del vento abbiamo anticipato la nostra partenza… | Anche se non abbiamo avuto molta fortuna con il tempo, è stato un bel fine settimana… |

*Now find in the previous paragraphs the verbs which correspond to the following infinitives, as in the example.*

**1** arrivare → _____

**2** sentire → _____

**3** anticipare → *abbiamo anticipato*

**4** avere → _____

**5** essere → _____

**b.** *In Italian past events can be expressed through **passato prossimo**, a past tense which is formed by two words: the first one is called **ausiliare** (auxiliary), the second **participio passato** (past participle). Look at the previous examples again and then complete the rule on **passato prossimo**.*

**1** The **passato prossimo** can have two different auxiliary verbs. Which ones?
Present tense of _____ or _____ + past participle.

**2** Regular past participles are formed as follows:
**a** arrivare → arriv_____     **b** avere → av\_\_\_\_\_     **c** sentire → sent_____

**c.** *Read the on line post of activity 3 again and look for more **passato prossimo** verbs. Then complete the following table, as in the examples.*

| verbi con l'ausiliare *essere* | passato prossimo |
|---|---|
| tornare | |
| partire | |
| arrivare | *siamo arrivati* |
| andare | |
| salire | |
| piacere | |
| stare | |
| arrivare | |
| entrare | |
| tornare | |
| essere | *è stato* |

| verbi con l'ausiliare *avere* | passato prossimo |
|---|---|
| trovare | |
| lasciare | |
| visitare | |
| trovare | |
| fare | *abbiamo fatto* |
| sentire | *ho sentito* |
| anticipare | *abbiamo anticipato* |
| trovare | |
| avere | *abbiamo avuto* |

**d.** *Some verbs have a **participio passato** which agrees with the subject pronoun. What is their auxiliary?* _____

**Essere** and **stare** have the same past participle.
**Fare** and **piacere** have an irregular past participle: fare → ho **fatto**   piacere → è **piaciuto**

7

**5** **Combinazioni | Passato prossimo** WB 3·4
*Match sentences parts, as in the example.*

**1** Il mese scorso Daniela è

**2** A Daniela i mercati di pesce sono

**3** A Giulio il ponte di Calatrava non è

**4** La sera hanno

**5** Daniela e Giulio hanno

**6** Daniela e Giulio sono

**7** Daniela ha

**a** piaciuto molto.

**b** tornati a Milano domenica.

**c** cenato in un ristorante di pesce.

**d** visitato la Chiesa di San Marco.

**e** passato un bel fine settimana.

**f** piaciuti molto.

**g** tornata a Venezia.

**6** **Esercizio scritto | *Che cosa hanno fatto?***
*Match the pictures with the verbs in the table. Then work with a partner: together use those verbs and write sentences in **passato prossimo**. You can use any subject pronoun and name, as in the example.*

| verbi con *avere* | | verbi con *essere* |
|---|---|---|
| **1** dormire | **5** giocare a tennis | **9** stare al mare |
| **2** fare una passeggiata | **6** ascoltare la musica | **10** andare in bicicletta |
| **3** fare la spesa | **7** giocare a carte | **11** partire |
| **4** lavorare al computer | **8** ~~ballare~~ | **12** andare al cinema |

**a** **b** **c** **d** **e** **f** 8

**g** **h** **i** **l** **m** **n**

Esempio: Maria e Carlo **hanno ballato** il tango.

**7** **Esercizio orale | *Che cosa hanno fatto?***
*Work with a partner. One student chooses one of the previously mentioned verbs, then throws the dice. The other student must conjugate that verb using the **passato prossimo** and the subject pronoun indicated by the number on the dice (see chart). If the number is even, you must use a feminine subject, if it is uneven, a masculine one. If the number is 3, you can choose either the feminine or the masculine form.*

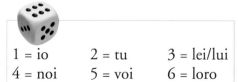

| | | |
|---|---|---|
| 1 = io | 2 = tu | 3 = lei/lui |
| 4 = noi | 5 = voi | 6 = loro |

**8** **Ascolto** | *E domenica?*

37 (◖

**a.** *Close the book, listen to the recording, then work with a partner and share information on the conversation.*

**b.** *Now listen again to the conversation and number the following pictures, as in the examples. The pictures are not in order.*

Lui dice:

Lei dice:

**9** **Riflettiamo** | **Participi irregolari** WB 5·6

**a.** *The following sentences are taken from the previous conversation. Indicate whether they refer to the man's or the woman's weekend. Then match each sentence with one of the previous pictures, still following provided examples.*

|  |  | donna | uomo |
|---|---|---|---|
| **a** ☐ Abbiamo preso il sole tutto il giorno. | | ☐ | ☐ |
| **b** 1 Siete partiti presto? | | ☐ | ☐ |
| **c** ☐ Il pomeriggio ho letto un po'... | | ☐ | ☐ |
| **d** 2 Ho messo in ordine la casa. | | ☐ | ☐ |
| **e** ☐ Abbiamo fatto anche un giro in gommone. | | ☐ | ☐ |
| **f** ☐ Dopo è venuto Luca e con lui ho fatto una passeggiata in centro. | | ☐ | ☐ |
| **g** ☐ Siamo arrivati lì verso le 9. | | ☐ | ☐ |
| **h** ☐ Sono rimasta a casa tutto il giorno. | | ☐ | ☐ |
| **i** ☐ ... e ho visto un film alla TV. | | ☐ | ☐ |
| **l** ☐ Abbiamo fatto subito il bagno. | | ☐ | ☐ |
| **m** ☐ La mattina ho fatto colazione tardi... | | ☐ | ☐ |

**b.** *Read the previous sentences again and find all* **passato prossimo** *forms of the infinitives indicated in the table below, as in the example.*

| infinito | passato prossimo | | infinito | passato prossimo | |
|---|---|---|---|---|---|
| prendere leggere vedere mettere fare | _____ _____ _____ _____ abbiamo | _____ _____ _____ _____ fatto | venire rimanere essere | _____ _____ _____ | _____ _____ _____ |

**c.** *Past participles of verbs in the table above are* **a** ☐ *regular.*

                                                          **b** ☐ *irregular.*

> **Altri participi irregolari**
>
> | | | | |
> |---|---|---|---|
> | aprire | → ho **aperto** | bere | → ho **bevuto** |
> | chiudere | → ho **chiuso** | dire | → ho **detto** |
> | nascere | → sono **nato/a** | rispondere | → ho **risposto** |
> | scrivere | → ho **scritto** | vivere | → ho **vissuto** |

**d.** *Verbs which express a state use the auxiliary* **essere***:*

stare → sono stato/a                  rimanere → sono rimasto/a

restare → sono restato/a            essere → sono stato/a

*The auxiliary* **essere** *is also used with high frequency verbs which refer to movement. Look at the sentences in activity 9 again, find the three verbs that express movement and write them in the table below, both in the* **infinitive** *and in the* **passato prossimo** *form.*

| infinito | passato prossimo |
|---|---|
| | |
| | |
| | |

> **Altri verbi di movimento che usano *essere***
>
> andare → **sono** andato/a
>
> tornare → **sono** tornato/a
>
> entrare → **sono** entrato/a
>
> uscire → **sono** uscito/a

# un fine settimana

## 10 Esercizio Orale | Passato prossimo WB 7·8·9

*Work with a partner. Repeat the following conversation changing the subject pronouns as in the example, then switch roles.*

Voi (maschile)/Noi
- ■ E siete partiti presto come al solito, eh?
- ◆ Sì, però siamo arrivati lì verso le nove. Così abbiamo fatto subito il bagno e poi abbiamo preso il sole.

> Esempio:
>
> Tu (femminile)/Io
> - ■ E sei partita presto come al solito, eh?
> - ◆ Sì, però sono arrivata lì verso le nove. Così ho fatto subito il bagno e poi ho preso il sole.

1 Loro (maschile)/Loro
2 Lui/Lui
3 Lei (formale)/Io (maschile)

4 Voi (femminile)/Noi
5 Lei/Lei
6 Tu (maschile)/Io

## 11 Esercizio orale e scritto | *Che cosa hanno fatto?* WB 10·11·12

*Work with a partner (**Studente A** and **Studente B**). **Studente A** fills in the blue boxes, **Studente B** the white boxes, writing sentences with the verbs in the list below (they must conjugate them in the passato prossimo).*
*Then **Studente A** asks a question (for instance: **Cosa hanno fatto Giorgia e Sara la mattina?**) and **Studente B** answers using his/her sentence (for instance: **Hanno letto il giornale.**). **Studente A** writes the answer in his/her corresponding empty box. Then **Studente B** asks a question and **Studente A** answers, etc. When the table is complete, both students check all sentences together and make any necessary correction.*

| andare | leggere | fare | mangiare | visitare | vedere |

| giocare | rimanere | cucinare | studiare | stare | prendere |

|  | Claudia | Giorgia e Sara | Piero | Lucia e Marco |
|---|---|---|---|---|
| la mattina |  |  |  |  |
| il pomeriggio |  |  |  |  |
| la sera |  |  |  |  |

# un fine settimana

## 12 Esercizio orale | *Quando...?* WB 13

*Read these expressions. Ask your teacher any words that you don't understand.*

| stamattina | prima della lezione | ieri | l'altro ieri | ieri sera | giovedì scorso |

| due settimane fa | il mese scorso | la settimana scorsa | un anno fa | mai | dopo la lezione |

*Now interview a classmate: take turns asking and answering using the above mentioned expressions (you may ask the teacher if you need other expressions), as in the example.*

> Esempio: mangiare una pizza
> ■ Quando hai mangiato una pizza?
> ◆ Ieri sera.

| | | |
|---|---|---|
| fare una passeggiata | fare una festa | scrivere un'e-mail |
| vedere un film al cinema | rimanere a casa tutto il giorno | dire una bugia |
| andare a sciare | fare un esame | prendere l'aereo |
| prendere un gelato | stare sveglio fino a tardi | vivere all'estero |
| leggere un libro | visitare un museo | cenare in un ristorante |

## 13 Giochiamo | Bingo

*Who, among your classmates, did these activities last summer? You can ask only one question per person. When someone answers **sì**, write his/her name in the box which corresponds to the chosen activity. The winner is the student who fills in four boxes (diagonally, horizontally or vertically).*

> Esempio: andare al cinema
> ■ La scorsa estate sei andato/a al cinema?
> ◆ Sì./No.

| fare fotografie | pranzare in un ristorante tipico | stare in un campeggio | visitare musei |
|---|---|---|---|
| _____ | _____ | _____ | _____ |
| lavorare | andare in montagna | fare un viaggio in bicicletta | stare al mare |
| _____ | _____ | _____ | _____ |
| visitare un altro paese | affittare un appartamento | andare a vedere una mostra | fare sport |
| _____ | _____ | _____ | _____ |
| fare un corso d'italiano | partire con un gruppo di amici | restare a casa | giocare a tennis |
| _____ | _____ | _____ | _____ |

7

# un fine settimana

## 14 Parliamo - Un fine settimana

*Imagine that you are one of your classmates. Using any non confidential information that you have on him/her, imagine what you did last week end, where you went, etc. Then interview another classmate and, through his/her answers, try to guess which student he/she chose. Then answer his/her own questions.*

## 15 Lettura | *Già, appena, non ancora* WB 14

**a.** *Read the folowing e-mail and underline the verbs in the passato prossimo.*

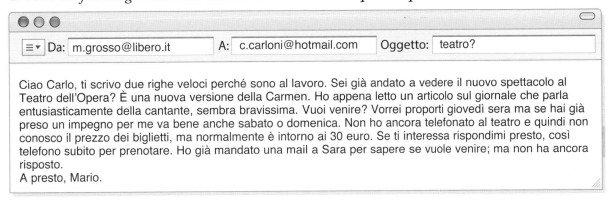

Da: m.grosso@libero.it    A: c.carloni@hotmail.com    Oggetto: teatro?

Ciao Carlo, ti scrivo due righe veloci perché sono al lavoro. Sei già andato a vedere il nuovo spettacolo al Teatro dell'Opera? È una nuova versione della Carmen. Ho appena letto un articolo sul giornale che parla entusiasticamente della cantante, sembra bravissima. Vuoi venire? Vorrei proporti giovedì sera ma se hai già preso un impegno per me va bene anche sabato o domenica. Non ho ancora telefonato al teatro e quindi non conosco il prezzo dei biglietti, ma normalmente è intorno ai 30 euro. Se ti interessa rispondimi presto, così telefono subito per prenotare. Ho già mandato una mail a Sara per sapere se vuole venire; ma non ha ancora risposto.
A presto, Mario.

**b.** *Between the auxiliary and the past participle you may find the words **già**, **appena** and (in negative sentences) **ancora**. Work with a partner and answer the following questions.*

**1** Which word expresses an action which has just happened?

_____

**2** Which word expresses an action which has already happened?

_____

**3** Which word expresses an action which has not yet happened but will happen?

_____

## 16 Esercizio orale | *Già, appena, non ancora* WB 14

*Work with a partner. Improvise short conversations, using a different subject pronoun in every first question (**tu, lui, lei, voi, loro**), as in the examples.*

| Esempi: | |
|---|---|
| guardare la TV | arrivare a scuola |
| ■ Hai già guardato la TV? | ■ Siete già arrivati/e scuola? |
| ◆ Sì, ho appena guardato la TV. | ◆ Sì, siamo appena arrivati/e. |
| ◆ No, non ho ancora guardato la TV. | ◆ No, non siamo ancora arrivati/e. |

| | | |
|---|---|---|
| finire i compiti | tornare a casa | prendere l'autobus |
| andare a teatro | visitare il Messico | parlare con il professore |
| preparare la cena | partire per le vacanze | leggere il libro |
| telefonare ai genitori | fare colazione | stare in palestra |
| vedere il film | mettere in ordine la stanza | sentire le ultime notizie |

7

# un fine settimana

**17** Ascolto | *Vorrei qualche informazione.*                                    38 ◄))

a. *Close the book, listen to the recording, then work with a partner and share information on the conversation.*

b. *Now listen to the recording again and select the correct answers.*

**1** La ragazza vuole

   un biglietto per Napoli. **a** ☐

   un biglietto per Sperlonga. **b** ☐

   delle informazioni per Sperlonga. **c** ☐

**3** La ragazza prende il treno da Roma delle ore

   6:30. **a** ☐

   7:15. **b** ☐

   8:30. **c** ☐

**2** La ragazza vuole partire

   la mattina. **a** ☐

   il pomeriggio. **b** ☐

**4** Il biglietto del treno da Roma a Fondi costa

   8 euro. **a** ☐

   8,90 euro. **b** ☐

   90 euro. **c** ☐

**18** Riflettiamo | *Ci vuole, ci vogliono* WB 15                                    38 ◄))

a. *Now listen again to the conversation and underline the correct option.*

**1** Scusi quanto tempo **ci vuole/ci vogliono** con il treno?

**2** Mah, **ci vuole/ci vogliono** un'ora e mezzo.

**3** Va bene, e senta... Quanto tempo **ci vuole/ci vogliono** da Fondi a Sperlonga con il bus?

**4** Mah, **ci vuole/ci vogliono** trenta minuti.

b. *The expressions* **ci vuole** *and* **ci vogliono** *are used to express the time necessary to complete an action. They are the equivalent of* **it takes**. *Look at sentences 2 and 4: Which words do these expressions refer to?*

**19** Parliamo | In un'agenzia di viaggi

*Work with a partner (**Studente A** and **Studente B**). **Studente A** works in a travel agency, **Studente B** is a customer. Read your own instructions and improvise a conversation.*

**Studente A**
Use the table below to provide the customer with required information.

| destinazioni | itinerario | orari | prezzi | mezzo |
|---|---|---|---|---|
| Milano - Elba | Milano - Elba | 9:30 – 10:30<br>12:15 – 13:15 | 190 euro | aereo |
| Milano - Elba | Milano - Piombino | 12:15 – 16:49<br>13:10 – 17:49 | 33,07 euro | treno |
|  | Piombino - Elba | 11:30 – 12:30<br>16:30 – 17:30 | 5 euro    passeggero<br>19 euro    posto auto | traghetto |
| Milano - Cagliari | Milano - Cagliari | 10:15 – 11:40<br>15:15 – 16:40 | 263 euro | aereo |
| Milano - Cagliari | Milano - Genova | 11:10 – 12:43<br>13:10 – 14:43 | 12,86 euro | treno |
|  | Genova - Cagliari | 17:00 – 13:00<br>21:00 - 17:00 | 68,17 euro | traghetto |

# un fine settimana

| destinazioni | itinerario | orari | prezzi | mezzo |
|---|---|---|---|---|
| Milano - Capri | Milano - Napoli | 8:55 – 10:20<br>10:20 – 11:45 | 191 euro | aereo |
| | Napoli - Capri | 10:00 – 10:40<br>12:00 – 12:40 | 5 euro | traghetto |
| Milano - Capri | Milano - Napoli | 10:00 – 16:30<br>11:20 – 19:39 | 48,50 euro | treno |
| | Napoli - Capri | 10:00 – 10:40 | 8,40 euro | traghetto |

**Studente B**

You are in Milan, but you want to go to the beach. Go to a travel agency and ask for information on how to reach the island of Elba, Cagliari or Capri. Ask how long it takes, the price and times for departure and arrival. Use the map below.

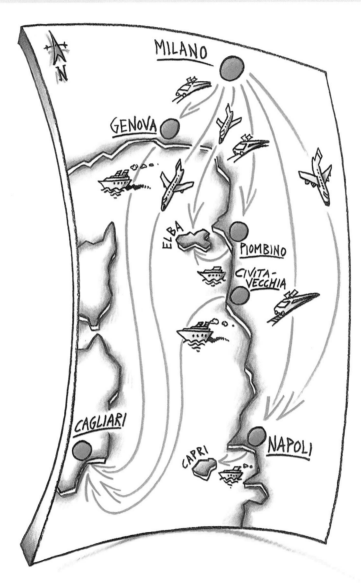

## 20 Scriviamo | Un fine settimana

*Imagine that you have a blog. Write a post on a weekend that you spent in a special place.*

# glossario

| | | |
|---|---|---|
| 1 | idea | idea |
| 1 | scoprire | to discover, to find out |
| 1 | costa | coast |
| 1 | fattoria | farm |
| 1 | degustazione | tasting |
| 1 | cibo | food |
| 1 | pernottamento | accomodation |
| 1 | crociera | cruise |
| 1 | barca a vela | sail boat |
| 1 | partenza | departure |
| 1 | partecipante | registered person |
| 1 | a bordo | on board |
| 1 | cuoco | cook |
| 1 | sosta | halt |
| 1 | caratteristico | picturesque |
| 1 | convento | convent |
| 1 | nei dintorni | in the surroundings |
| 1 | a scelta | of one's choice |
| 1 | danza | dance |
| 1 | pacchetto | package |
| 1 | includere | to include |
| 1 | gratuito | free (of charge) |
| 1 | escursione | excursion |
| 1 | guida | guide |
| 1 | livello di difficoltà | difficulty level |
| 1 | mezza pensione | half pension |
| 1 | a gestione familiare | family run |
| 1 | cavallo | horse |
| 1 | tappe giornaliere | daily stop-over |
| 1 | circa | about, approximately |
| 1 | strada | street, road |
| 1 | sistemazione | accomodation |
| 1 | ostello | hostel |
| 1 | sportivo | sporty |
| 1 | volentieri | gladly, with pleasure |
| 1 | odiare | to hate |
| 1 | posto | place |
| 1 | gente | people |
| 1 | silenzio | silence |
| 1 | natura | nature |
| 1 | fare immersioni | to go scuba diving |
| 1 | raffinato | refined, sophisticated |
| 3 | il mese scorso | last month |
| 3 | il mio ragazzo | my boyfriend |
| 3 | la mia ragazza | my girlfriend |
| 3 | offerta | offer |
| 3 | conveniente | cheap, affordable |
| 3 | presto | early |
| 3 | tardi | late |
| 3 | subito | straight away, immediately |
| 3 | vivace | lively |
| 3 | autentico | authentic |
| 3 | salire | to get on |
| 3 | vaporetto | ferry boat (in Venice) |
| 3 | vetro | glass |
| 3 | piatto | dish, recipe |
| 3 | all'aperto | in the open air |
| 3 | carino | nice |
| 3 | i vicoli deserti | empty alleys |
| 3 | senza | without |
| 3 | osservare | to observe, to watch, to look at |
| 3 | canale | canal |
| 3 | veramente | really |

| | | |
|---|---|---|
| 3 | un'esperienza unica | one of a kind experience |
| 3 | Peccato che… | Too bad (that…) |
| 3 | improvvisamente | suddenly |
| 3 | temporale | storm |
| 3 | forte | strong, violent |
| 3 | ripararsi | to take shelter |
| 3 | pioggia | rain |
| 3 | vento | wind |
| 3 | entrare | to go in, to enter |
| 3 | bagnato | wet |
| 3 | strano | strange, weird |
| 3 | luogo | place |
| 3 | interno | interior |
| 3 | cupo | dark, gloomy |
| 3 | commento | comment |
| 3 | scarso | inadequate, insufficient |
| 3 | illuminazione | lighting |
| 3 | Secondo me… | In my opinion… |
| 3 | comunque | anyway, however |
| 3 | a causa di | because of |
| 3 | anticipare | to hasten |
| 3 | anche se | even if |
| 3 | avere fortuna | to be lucky |
| 3 | tempo | weather |
| 3 | consigliare | to suggest, to recommend |
| 3 | Fa caldo. | It is hot. |
| 3 | Tira vento. | It is windy. |
| 3 | Fa freddo. | It is cold. |
| 9 | mettere in ordine | to tidy, to clean up |
| 9 | gommone | rubber boat |
| 9 | fare il bagno | to swim |
| 10 | come al solito | as usual |
| 10 | così | so, therefore |
| 12 | stamattina | this morning |
| 12 | l'altro ieri | the day before yesterday |
| 12 | ieri | yesterday |
| 12 | due settimane fa | two weeks ago |
| 12 | parlare al telefono | to speak on the phone |
| 12 | fare una festa | to throw a party |
| 12 | fare un esame | to take a exam |
| 12 | stare sveglio fino a tardi | to stay up late |
| 12 | vivere all'estero | to live abroad |
| 15 | riga | line |
| 15 | già | already |
| 15 | Ho appena letto… | I have just read… |
| 15 | giornale | newspaper |
| 15 | entusiasticamente | enthusiastically |
| 15 | bravissimo | very good, very talented |
| 15 | proporre | to propose, to suggest |
| 15 | Se hai già preso un impegno… | If you have already decided to do something else… |
| 15 | per me va bene | it works just fine for me |
| 15 | intorno (a) | around, approximately |
| 15 | Se ti interessa… | If you're interested… |
| 15 | rispondere | to answer |
| 16 | finire i compiti | to finish one's homework |
| 16 | le ultime notizie | latest news |
| 18 | Ci vuole/vogliono… | It takes… |
| 18 | Quanto tempo ci vuole? | How long does it take? |
| 19 | agenzia di viaggi | travel agency |
| 19 | mezzo | means (of transportation) |
| 19 | traghetto | ferry boat |

7

# grammatica

## Passato prossimo

*Passato prossimo is a compound tense, i. e. it is formed by two words: the first is either **essere** or **avere** conjugated in the present tense (**ausiliare**, the auxiliary), the second is the past participle of the verb (**participio passato**).*

*Past participles of regular verbs ending in **-are** end in **-ato**; those of verbs ending in **-ere** end in **-uto**; those of verbs ending in **-ire** end in **-ito**.*

*Many verbs have an irregular past participle.*

**Sono tornato** a casa a mezzanotte.

ausiliare | participio passato

**Abbiamo comprato** un chilo di pane.

mangi**are** → mangi**ato**
av**ere** → av**uto**
part**ire** → part**ito**

| participi passati irregolari - irregular past participles | | | |
|---|---|---|---|
| aprire | ho **aperto** | nascere | sono **nato/a** |
| bere | ho **bevuto** | prendere | ho **preso** |
| chiudere | ho **chiuso** | rimanere | sono **rimasto/a** |
| conoscere | ho **conosciuto** | rispondere | ho **risposto** |
| dire | ho **detto** | scrivere | ho **scritto** |
| essere | sono **stato/a** | stare | sono **stato/a** |
| fare | ho **fatto** | vedere | ho **visto** |
| leggere | ho **letto** | venire | sono **venuto/a** |
| mettere | ho **messo** | vivere | ho **vissuto** |

**7**

### Ausiliare - Auxiliary: *avere* or *essere*?

*When the auxiliary is **avere**, the past participle does not change.*

*When the auxiliary is **essere**, the past participle agrees in gender and number with the subject.*

***Avere** is used with verbs which can be followed by a direct object (transitive verbs).*

***Essere** is used with many verbs which express:*
- *movement: **andare, arrivare, entrare, partire, tornare, uscire, venire***
- *state: **essere, stare, restare, rimanere***
- *change: **crescere, diventare, nascere, morire***

*The verb **piacere** also has **essere** as an auxiliary.*

Daniela **ha** mangiato la pizza.
Daniela e Piero **hanno** mangiato la pizza.

Martina **è** andat**a** a Genova.
Martina e Cristiano **sono** andat**i** a Genova.

**Hanno** comprato **un libro**.

Elena è **andata** in Canada.

Ieri sera **siamo rimasti** a casa.
Giorgio **è nato** nel 1992.

La lezione di scienze mi **è piaciuta** molto.
Ti **sono piaciuti** i libri?

## Avverbi di tempo - Adverbs of time

*Adverbs of time **ancora** (in negative sentences), **appena**, **già**, when used in combination with a verb in the **passato prossimo**, are usually placed between the auxiliary and the past participle.*

**Non** avete **ancora** telefonato al medico?
Sono **appena** tornata a casa.
Abbiamo **già** fatto la spesa.

# caffè culturale

**Dove andiamo in vacanza?**

**1** *Write the words in the list under their matching pictures.*

| mare | montagna | lago | collina | isola |
| --- | --- | --- | --- | --- |

| **1** | **2** | **3** | **4** | **5** |
| --- | --- | --- | --- | --- |

**2** *Read the following text, then complete the table below with words in the list.*

I turisti che visitano l'Italia possono scegliere tra molte opzioni: natura, spiagge, città d'arte, piccoli paesi antichi, teatri greci e romani, castelli medievali.

**Mare** - 7500 chilometri di spiagge, alcune località marine famose in tutto il mondo: la costiera amalfitana in Campania, le Cinque Terre in Liguria e le spiagge della Sardegna.
**Montagna** - Nella catena delle Alpi a nord troviamo il Monte Bianco, 4807 metri.
La catena degli Appennini invece attraversa tutta l'Italia da nord a sud e non ha solo montagne, ma anche i due grandi vulcani italiani: il Vesuvio vicino a Napoli e l'Etna, ancora attivo, in Sicilia.
**Lago** - Tra i paesi del Mediterraneo, l'Italia è quello con più laghi: famoso quello di Garda, ma anche il lago di Como e il lago Maggiore attirano sempre turisti da tutto il mondo.
**Collina** - Il 42% del territorio italiano è in collina, dove si fa l'uva per i famosi vini italiani (come il Chianti). In collina si trovano anche molte città d'arte e borghi storici (per esempio San Gimignano, Arezzo) e castelli medievali come Castel del Monte, in Puglia.
**Isole** - La Sicilia (comprese le Eolie e le Egadi) e la Sardegna su tutte, ma anche l'isola d'Elba, Capri, Ischia, Procida, Ponza, l'isola del Giglio: i mari più limpidi e le spiagge più famose sono sulle isole, veri paradisi.

| Eolie | Chianti | San Gimignano | Monte Bianco | Garda | Ischia | Cinque Terre |
| --- | --- | --- | --- | --- | --- | --- |

| mare | lago | isole | montagna | collina |
| --- | --- | --- | --- | --- |
| | | | | |
| | | | | |
| | | | | |

# videocorso

**1** *Look at the following screenshots. What do you think Laura and Valentina did Sunday?*

Laura   Valentina

**2** *Make sentences in the* **passato prossimo** *matching words in the two columns below, then write them under the names of people portrayed in the previous screenshots.*

| | |
|---|---|
| fare | una rivista |
| mettere | al ristorante |
| mangiare | in ordine |
| leggere | una gita |

Laura

_____

_____

Valentina e Matteo

_____

_____

**3** *Now watch the episode and indicate whether the following sentences are true or false.*

| | vero | falso |
|---|:---:|:---:|
| **1** Laura non ha fatto colazione. | ☐ | ☐ |
| **2** La giornata di Laura è iniziata presto. | ☐ | ☐ |
| **3** Laura ha messo in ordine il bagno. | ☐ | ☐ |
| **4** Laura ha letto una rivista e poi ha dormito. | ☐ | ☐ |
| **5** Valentina e Matteo sono andati in campagna con degli amici. | ☐ | ☐ |
| **6** Valentina e Matteo hanno mangiato in un ristorante costoso. | ☐ | ☐ |

**4** *Complete Laura's and Valentina's sentences conjugating verbs in brackets in the* **passato prossimo**.

**1** Laura: (*Io - passare*) _____ la domenica a fare le pulizie e rimettere a posto la casa.

**2** Laura: Ma tu piuttosto, non (*andare*) _____ in campagna con Matteo?

**3** Valentina: … (*Noi - mangiare*) _____ davvero male, e non solo: (*noi - pagare*) _____ anche_____ tantissimo!

**4** Valentina: … veramente non (*essere*) _____ proprio una gita rilassante!

**5** Laura: E come (*voi - tornare*) _____ indietro?

**6** Valentina: Be', (*noi - fare*) _____ l'autostop… Insomma, (*noi - tornare*) _____ a casa solo poco fa…

## 1 Esercizio scritto | Lavori e orari WB 1

*Work with a partner and reconstruct sentences 1, 2 and 4, putting the words into the correct order.*
*Then match the five sentences with the photographs below.*

**1** _____

| a | di | Finisce | mezzanotte. | lavorare |

**2** _____

| 16 | alle | Lavora | 20. | dalle |

**3** A volte lavora anche la domenica.

**4** _____

| 17. | al | alle | venerdì | lunedì |

_____

| Lavora | dalle | dal | 9 |

**5** Comincia a lavorare alle tre e mezzo
del mattino.

## 2 Esercizio orale | *Quando lavori?* WB 1

*Go round the classroom and ask your classmates what their job is and when they work.*
*If you do not have a job or you do not like what you do, answer giving information*
*about your ideal job. Try to use the expressions below.*

| Quando lavori? | Da che ora a che ora…? |

| Quando cominci a… | Quando finisci di… |

| Che lavoro fai? | A che ora… |

When **finire** and **cominciare** are followed by
an infinitive, a preposition (**di** or **a**) is placed
between the two verbs:

Marta finisce **di** lavorare a mezzanotte.
Roberto comincia **a** lavorare alle 9:00.

**3** **Ascolto** | *Ti alzi presto la mattina?* WB 2                          39 (( ▶

**a.** *Close the book, listen to the recording, then work with a partner and share information on the conversation.*

**b.** *Listen to the conversation again and take note of any information that you have on Giovanni and Gabriella.*

| Giovanni |
| --- |
|  |

| Gabriella |
| --- |
|  |

**4** **Lettura** | **Saluti da Londra** WB 3

**a.** *Read the following e-mail.*

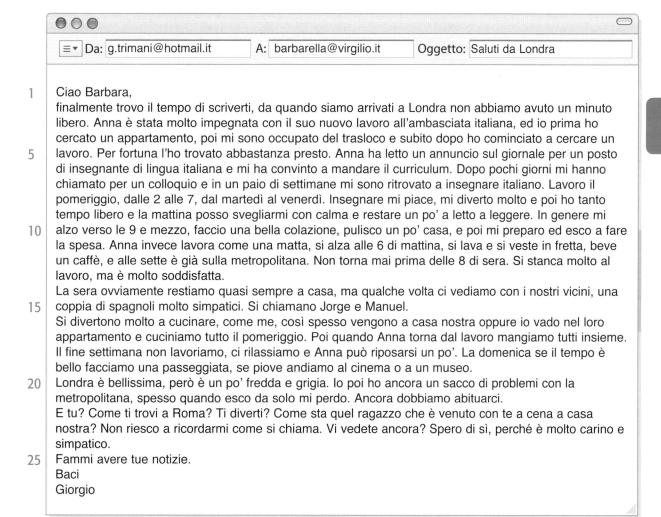

**Da:** g.trimani@hotmail.it    **A:** barbarella@virgilio.it    **Oggetto:** Saluti da Londra

1  Ciao Barbara,
finalmente trovo il tempo di scriverti, da quando siamo arrivati a Londra non abbiamo avuto un minuto
libero. Anna è stata molto impegnata con il suo nuovo lavoro all'ambasciata italiana, ed io prima ho
cercato un appartamento, poi mi sono occupato del trasloco e subito dopo ho cominciato a cercare un
5  lavoro. Per fortuna l'ho trovato abbastanza presto. Anna ha letto un annuncio sul giornale per un posto
di insegnante di lingua italiana e mi ha convinto a mandare il curriculum. Dopo pochi giorni mi hanno
chiamato per un colloquio e in un paio di settimane mi sono ritrovato a insegnare italiano. Lavoro il
pomeriggio, dalle 2 alle 7, dal martedì al venerdì. Insegnare mi piace, mi diverto molto e poi ho tanto
tempo libero e la mattina posso svegliarmi con calma e restare un po' a letto a leggere. In genere mi
10  alzo verso le 9 e mezzo, faccio una bella colazione, pulisco un po' casa, e poi mi preparo ed esco a fare
la spesa. Anna invece lavora come una matta, si alza alle 6 di mattina, si lava e si veste in fretta, beve
un caffè, e alle sette è già sulla metropolitana. Non torna mai prima delle 8 di sera. Si stanca molto al
lavoro, ma è molto soddisfatta.
La sera ovviamente restiamo quasi sempre a casa, ma qualche volta ci vediamo con i nostri vicini, una
15  coppia di spagnoli molto simpatici. Si chiamano Jorge e Manuel.
Si divertono molto a cucinare, come me, così spesso vengono a casa nostra oppure io vado nel loro
appartamento e cuciniamo tutto il pomeriggio. Poi quando Anna torna dal lavoro mangiamo tutti insieme.
Il fine settimana non lavoriamo, ci rilassiamo e Anna può riposarsi un po'. La domenica se il tempo è
bello facciamo una passeggiata, se piove andiamo al cinema o a un museo.
20  Londra è bellissima, però è un po' fredda e grigia. Io poi ho ancora un sacco di problemi con la
metropolitana, spesso quando esco da solo mi perdo. Ancora dobbiamo abituarci.
E tu? Come ti trovi a Roma? Ti diverti? Come sta quel ragazzo che è venuto con te a cena a casa
nostra? Non riesco a ricordarmi come si chiama. Vi vedete ancora? Spero di sì, perché è molto carino e
simpatico.
25  Fammi avere tue notizie.
Baci
Giorgio

**b.** *Do you prefer Anna's lifestyle or Giorgio's? Discuss with a partner.*

# vita quotidiana

**5** **Riflettiamo | Verbi riflessivi** WB 4·5

   **a.** *Read the previous e-mail again and find the conjugated forms of the verbs in the table below, as in the example.*

| riga | infinito | presente indicativo | soggetto |
|------|----------|---------------------|----------|
| 8 | divertirsi | *mi diverto* | |
| 9/10 | alzarsi | | io |
| 10 | prepararsi | | |
| 21 | perdersi | | |
| 22 | trovarsi | | tu |
| 22 | divertirsi | | |
| 11 | alzarsi | | |
| 11 | lavarsi | | lei/lui |
| 11 | vestirsi | | |
| 12 | stancarsi | | |
| 14 | vedersi | | noi |
| 18 | rilassarsi | | |
| 23 | vedersi | | voi |
| 15 | chiamarsi | | loro |
| 16 | divertirsi | | |

   **b.** *Complete the regular conjugations of the reflexive verbs (**verbi riflessivi**).*

| | alz**arsi** | perd**ersi** | divert**irsi** |
|------|----------|-----------|-------------|
| io | **mi** alzo | **mi** perdo | **mi** diverto |
| tu | | | **ti** diverti |
| lei/lui | **si** alza | **si** perde | |
| noi | **ci** alziamo | | |
| voi | | **vi** perdete | |
| loro | | | **si** divert**ono** |

**6** **Trascrizione | *E tu?***     40 (( ▶

   *Listen several times to the first part of the conversation of activity 3 and complete the following transcription.*

Gabriella: E tu _____ _____ _____?

Giovanni: _____ panettiere.

Gabriella: Ah, allora _____ _____ _____ _____ _____.

Giovanni: Be', sì, purtroppo sì, _____ _____ _____ _____ , perché

_____ _____ _____ _____ _____.

**7 Esercizio scritto | Una giornata normale** WB 6

*Work with a partner. Match the activities in the list with the pictures below, as in the example, then write what Massimo does during the day.*

1 addormentarsi
2 finire di lavorare
3 pranzare
4 ~~svegliarsi~~
5 fare colazione
6 guardare la TV
7 riposarsi
8 vestirsi

a 4  b  c  d

e  f  g  h

Massimo si sveglia alle...

**8 Esercizio orale | Verbi riflessivi** WB 6

*Work with a partner. Repeat the following conversation changing the subject pronouns as well as the time, as in the example. Then switch roles.*

> Esempio: Tu/Io - 3:30/4:00
> ■ A che ora ti svegli?
> ◆ Mi sveglio alle <u>tre e mezza</u>, perché comincio a lavorare alle <u>quattro</u>.

1 Loro/Loro - 7:00/8:15
2 Lui/Lui - 0:00/1:30
3 Voi/Noi - 9:30/11:00
4 Lei (formale)/Io - 6:45/7:30
5 Lei/Lei - 10:30/12:00
6 Voi/Noi - 8:15/9:00

**9 Esercizio orale | *A che ora...?*** WB 6

*Work with a partner. Interview him/her asking at what time he/she does the activities in the list below. If necessary, use adverbs such as **di solito, generalmente, sempre**, etc, as in the example.*

> Esempio: cominciare a studiare
> ■ Di solito a che ora cominci a studiare?
> ◆ Generalmente comincio a studiare alle 10:30.

svegliarsi          pranzare
fare colazione      cenare
fare sport          uscire con gli amici
finire di studiare/ addormentarsi
lavorare

## 10 Parliamo | La mia giornata WB 7·8

*Work with a partner. Choose one of these people without telling your classmate which one and describe his/her typical day. Your partner must guess which person you chose. Then switch roles.*

Luisa - baby sitter

Francesca - giornalista

Domenico - assistente di volo

Pietro - commesso

Alberto - tassista

## 11 Ascolto | Il sabato di Davide WB 7·8                                    41 (( ▶

**a.** *Close the book, listen to the recording, then work with a partner and share information on the conversation.*

**b.** *Listen again and put the following pictures in the correct order according to what Davide says.*

**c.** *Now answer the following questions, then compare them with those of a classmate.*

**1** Che altro fa Davide il sabato? _____

**2** E Angela come passa il sabato di solito? _____

# vita quotidiana

**12** **Riflettiamo | Posizione del pronome riflessivo** WB 9                    42 ((▶

*Listen again to the previous conversation and complete the following transcription putting the words in the lists into the correct order. Then compare your transcription with that of a classmate.*

Angela: … Ma_____            | ti | scusa, | alzi ? | quando |

Davide: Be', mai prima delle undici, di sabato. È chiaro, no?

Angela: Dici sul serio?

Davide: È chiaro,_____            | il | voglio | fine settimana! |
_____            | riposarmi | io |

Angela: Ma allora la mattina non fai niente?

Davide: Be', proprio niente no. Di solito_____            | a correre, | una tuta, | bevo |
_____            | mi | insomma… | vado |
_____            | un caffè, | infilo |

Angela: Ah, allora fai un po' di sport…

Davide: Eh, certo, poi _____            | una bella | torno | mi |
_____            | calda. | a casa, | faccio | doccia |

e intanto poi è quasi ora di… di pranzo.

**13** **Esercizio scritto | Verbi riflessivi** WB 9·10

*Complete the following excerpt of Giorgio's e-mail (see activity 4) conjugating reflexive verbs in brackets in the present tense.*

---

(…) Lavoro il pomeriggio, dalle 2 alle 7, dal martedì al venerdì. Insegnare mi piace, (*divertirsi*) _____
molto e poi ho tanto tempo libero e la mattina posso (*svegliarsi*) _____ con calma e restare un po'
a letto a leggere. In genere (*alzarsi*) _____ verso le 9 e mezzo, faccio una bella colazione, pulisco
un po' casa, e poi (*prepararsi*) _____ ed esco a fare la spesa. Anna invece lavora come una matta,
(*alzarsi*) _____ alle 6 di mattina, (*lavarsi*) _____ e (*vestirsi*) _____
in fretta, beve un caffè, e alle sette è già sulla metropolitana. Non torna mai prima delle 8 di sera. (*Stancarsi*)
_____ molto al lavoro, ma è molto soddisfatta.
La sera ovviamente restiamo quasi sempre a casa, ma qualche volta (*vedersi*) _____ con i nostri
vicini, una coppia di spagnoli molto simpatici. (*Chiamarsi*) _____ Jorge e Manuel.
(*Divertirsi*) _____ molto a cucinare, come me, così spesso vengono a casa nostra oppure io vado nel
loro appartamento e cuciniamo tutto il pomeriggio. Poi quando Anna torna dal lavoro mangiamo tutti insieme. Il fine
settimana non lavoriamo, (*rilassarsi*) _____ e Anna può (*riposarsi*) _____ un po'. La
domenica se il tempo è bello facciamo una passeggiata, se piove andiamo al cinema o a un museo.
Londra è bellissima, però è un po' fredda e grigia. Io poi ho ancora un sacco di problemi con la metropolitana,
spesso quando esco da solo (*perdersi*) _____. Ancora dobbiamo (*abituarsi*) _____.
E tu? Come (*trovarsi*) _____ a Roma? (*Divertirsi*) _____?
Come sta quel ragazzo che è venuto con te a cena a casa nostra? Non riesco a (*ricordarsi*) _____
come si chiama. (*Vedersi*) _____ ancora? Spero di sì, perché è molto carino e simpatico.
Fammi avere tue notizie.
Baci
Giorgio.

---

8

# vita quotidiana

**14** **Esercizio orale** | *Schiavi delle abitudini?*

*Work with four classmates. Ask each other the following questions and complete the questionnaire below with everyone's answers. At the end one student will present the results of his/her group to the rest of the class.*

| | 1 | 2 | 3 | 4 | Totale |
|---|---|---|---|---|---|
| **1** Come fai colazione? | | | | | |
| Sempre nello stesso modo. | ☐ | ☐ | ☐ | ☐ | |
| A volte in un modo, a volte in un altro. | ☐ | ☐ | ☐ | ☐ | |
| Non faccio mai colazione. | ☐ | ☐ | ☐ | ☐ | |
| **2** Pranzi sempre nello stesso posto? | | | | | |
| Sì. | ☐ | ☐ | ☐ | ☐ | |
| No. | ☐ | ☐ | ☐ | ☐ | |
| Spesso. | ☐ | ☐ | ☐ | ☐ | |
| **3** Durante la cena guardi la TV? | | | | | |
| Sì, sempre. | ☐ | ☐ | ☐ | ☐ | |
| Sì, a volte. | ☐ | ☐ | ☐ | ☐ | |
| No, mai. | ☐ | ☐ | ☐ | ☐ | |
| **4** Quante volte alla settimana esci la sera? | | | | | |
| Mai. | ☐ | ☐ | ☐ | ☐ | |
| Una o due volte. | ☐ | ☐ | ☐ | ☐ | |
| Tre volte o più. | ☐ | ☐ | ☐ | ☐ | |
| **5** Aggiorni il tuo profilo Facebook? | | | | | |
| Sì, spesso. | ☐ | ☐ | ☐ | ☐ | |
| Sì, a volte. | ☐ | ☐ | ☐ | ☐ | |
| No, mai. | ☐ | ☐ | ☐ | ☐ | |
| **6** Quante nuove persone hai conosciuto negli ultimi 6 mesi? | | | | | |
| Nessuna. | ☐ | ☐ | ☐ | ☐ | |
| Fra una e cinque. | ☐ | ☐ | ☐ | ☐ | |
| Più di cinque. | ☐ | ☐ | ☐ | ☐ | |
| **7** Come organizzi le tue vacanze? | | | | | |
| Vado sempre nello stesso posto, con le stesse persone. | ☐ | ☐ | ☐ | ☐ | |
| Mi organizzo qualche mese prima. | ☐ | ☐ | ☐ | ☐ | |
| Decido compagnia e tipo di viaggio all'ultimo momento. | ☐ | ☐ | ☐ | ☐ | |

## 15 Lettura | *Auguri!* WB 11

*To which wishes cards do the texts below refer to?*

**1**

Alla donna dei **miei** sogni.
Il **mio** cuore è **tuo** per sempre.
Riccardo

**4**

Complimenti. Sei stato
bravissimo! Le **tue** vecchie zie sono
molto orgogliose di te.
Ed ora in bocca al lupo per
la **tua** carriera!
Zia Pia e zia Lucia

**2**

Tanti affettuosi auguri
per il **tuo** compleanno
Silvio e Miriam

**5**

Felicitazioni vivissime
per il **tuo** matrimonio.
Nicola Freddi

**3**

Tanti auguri di buone feste
a te e ai **tuoi** genitori
Lucia

# vita quotidiana

**16** **Combinazioni | Feste e ricorrenze** WB 12

*Here are some important public holidays in Italy. Match them with the corresponding dates, as in the example.*

**1** Natale
**2** Ferragosto
**3** La festa dei lavoratori
**4** Capodanno
**5** Epifania
**6** San Valentino

**a** il primo gennaio
**b** il 14 febbraio
**c** il 6 gennaio
**d** il 25 dicembre
**e** il primo maggio
**f** il 15 agosto

> In Italian the date is expressed by a cardinal number preceded by a masculine definite article:
> Oggi è **il tre** luglio.
> Vengo a casa tua **l'otto** gennaio.
>
> An ordinal number is used only with the first day of the month:
> Oggi è **il primo** settembre.
>
> Definite articles are also used before years:
> **Il 2013** è stato un anno molto caldo.
>
> Dates are indicated as follows:
> day → month → year.
> Thursday, June 8th, 2014 = Giovedì, 8 giugno, 2014 / Giovedì, 8/6/2014.

**17** **Parliamo | *E nel tuo paese?***

*Which of the above mentioned public holidays do you also have in your country? Do you celebrate other important national events? Discuss with a partner.*

**18** **Riflettiamo | Aggettivi possessivi** WB 13·14

**a.** *Work with a partner. Find the following **aggettivi possessivi** (possessive adjectives) in the wishes cards of activity 15 and write next to them the noun to which they refer in the texts, as in the example.*

**1** il **tuo** _matrimonio_
**2** il **tuo** _____
**3** i **tuoi** _____
**4** le **tue** _____

**5** la **tua** _____
**6** i **miei** _____
**7** il **mio** _____
**8** il **tuo** _____

**b.** *In Italian, possessive adjectives agree with* _____

**c.** *Now insert the possessive adjectives above in the following table, as in the example, then try to complete it with the two missing forms.*

| | femminile ♀ | | maschile ♂ | |
|---|---|---|---|---|
| | singolare | plurale | singolare | plurale |
| io | | | | miei |
| tu | | | | |

8

**19** **Esercizio orale** | **Aggettivi possessivi** WB 15

*Work with a partner. One student asks a question using groups of words below, while the other student answers, as in the example. Then switch roles.*

> Esempio: quando/essere/compleanno
> - ■ Quando è **il tuo** compleanno?
> - ◆ **Il mio** compleanno è il 3 marzo.

1 dove/comprare/vestiti
2 come/essere/insegnante
3 qual/essere/colore preferito
4 come/chiamarsi/migliore amica-o
5 dove/passare/vacanze
6 quando/vedere/famiglia
7 qual/essere/gruppo musicale/preferito

**20** **Combinazioni** | *Cosa dici in queste occasioni?*

*Match the following situations with the appropriate wishes, as in the example.*

1 È il primo gennaio.
2 Siete a tavola.
3 È il compleanno di un'amica.
4 È il 25 dicembre.
5 Accompagnate un amico alla stazione.
6 Degli amici partono per il mare.
7 Bevete un bicchiere di prosecco con un amico.
8 Un'amica ha finalmente trovato lavoro.
9 Incontri un'amica che va in ufficio.
10 È mattina, incontri un amico che va all'università.
11 Un tuo amico va a una festa.

a Buon viaggio!
b Tanti auguri!
c (Alla) salute!/Cin cin!
d Congratulazioni!
e Buon anno!
f Buona giornata!
g Buon Natale!
h Buone vacanze!
i Buon divertimento!
l Buon lavoro!
m Buon appetito!

**21** **Scriviamo** | *Auguri!*

*Write a postcard to a friend for your favorite national holiday.*

Ringraziamento

Pasqua

Kwanzaa

Hanukkah

Halloween

Natale

Pow Wow

Eid al Adha

8

# glossario/grammatica

| |  |  |
|---|---|---|
| 1 | Lavora dalle 16 alle 20. | He/She works from 4 PM to 8 PM. |
| 1 | a volte | sometimes |
| 1 | dal lunedì al venerdì | from Monday to Friday |
| 3 | alzarsi | to get up |
| 4 | impegnato | busy |
| 4 | ambasciata | embassy |
| 4 | occuparsi di | to deal with, to take care of |
| 4 | trasloco | relocation |
| 4 | annuncio | ad |
| 4 | convincere | to persuade |
| 4 | colloquio | (job) interview |
| 4 | in un paio di settimane | in a couple of weeks |
| 4 | divertirsi | to have fun |
| 4 | svegliarsi | to wake up |
| 4 | con calma | taking my time |
| 4 | pulire | to clean (up) |
| 4 | prepararsi | to get ready |
| 4 | matto | crazy |
| 4 | lavarsi | to wash (oneself) |
| 4 | vestirsi | to get dressed |
| 4 | in fretta | hastily |
| 4 | metropolitana | underground, subway |
| 4 | stancarsi | to get tired |
| 4 | soddisfatto | satisfied, happy, content |
| 4 | ovviamente | obviously, of course |
| 4 | vedersi con | to meet, to spend time with someone |
| 4 | vicino | neighbor |
| 4 | coppia | couple |
| 4 | riposarsi | to relax, to rest |
| 4 | Il tempo è bello. | The weather is nice. |
| 4 | grigio | grey |
| 4 | un sacco di problemi | a lot of problems |
| 4 | perdersi | to get lost |
| 4 | abituarsi | to get used |
| 4 | Come ti trovi a Roma? | How do you like Rome? |
| 4 | riuscire a | to be able to |
| 4 | ricordarsi | to remember |
| 6 | panettiere | baker |
| 7 | addormentarsi | to fall asleep |
| 7 | pranzare | to have lunch |
| 7 | fare colazione | to have breakfast |
| 9 | generalmente | usually |
| 10 | giornalista | journalist |
| 10 | assistente di volo | flight attendant |
| 10 | tassista | taxi driver |
| 12 | Dici sul serio? | Are you serious? |
| 12 | allora | so, then |
| 12 | Mi infilo una tuta. | I put on a tracksuit. |
| 12 | andare a correre | to go jogging |
| | correre | to run |

| |  |  |
|---|---|---|
| 12 | farsi/fare una doccia | to have a shower |
| 12 | intanto | meanwhile |
| 12 | È ora di pranzo. | It's lunchtime. |
| 12 | schiavo delle abitudini | slave to habits |
| 12 | abitudine | habit |
| 14 | nello stesso modo | in the same way |
| 14 | durante | during |
| 14 | Quante volte alla settimana? | How many times a week? |
| 14 | aggiornare il proprio profilo | to update one's profile |
| 14 | nessuno/a | none, nobody |
| 14 | organizzarsi | to organize/plan things |
| 14 | decidere | to decide |
| 14 | all'ultimo momento | at the last minute |
| 15 | dei miei sogni | of my dreams |
| 15 | cuore | heart |
| 15 | per sempre | for ever |
| 15 | Complimenti! | Congratulations! |
| 15 | vecchio | old |
| 15 | orgoglioso | proud |
| 15 | In bocca al lupo! | Break a leg! |
| 15 | carriera | career |
| 15 | Tanti auguri! | Happy birthday!, Best wishes. |
| 15 | compleanno | birthday |
| 15 | Felicitazioni! | Congratulations! |
| 15 | matrimonio | marriage, wedding |
| 16 | Natale | Christmas |
| 16 | ferragosto | August 15th |
| 16 | festa dei lavoratori | May Day |
| 16 | capodanno | new year's eve |
| 16 | Epifania | January 6th |
| 16 | San Valentino | Saint Valentine's Day |
| 19 | Quand'è il tuo compleanno? | When is your birthday? |
| 19 | comprare | to buy |
| 19 | la mia migliore amica | my best (girl)friend |
| | il mio migliore amico | my best (boy)friend |
| 20 | accompagnare | to go with, to drive someone |
| 20 | un bicchiere di | a glass of |
| 20 | incontrare | to meet |
| 20 | Buon viaggio! | Have a safe trip! |
| 20 | (Alla) salute! | Cheers! |
| 20 | Congratulazioni! | Congratulations! |
| 20 | Buon anno! | Happy new year! |
| 20 | Buona giornata! | Have a nice day! |
| 20 | Buon Natale! | Merry Christmas! |
| 20 | Buone vacanze! | Happy holidays! |
| 20 | Buon divertimento! | Have fun! |
| 20 | Buon lavoro! | Have a nice day (at work)!, Work well! |
| 20 | Buon appetito! | Enjoy your meal! |
| 21 | (Giorno del) ringraziamento | Thanksgiving Day |
| 21 | Pasqua | Easter |

## Preposizioni - Prepositions: *da... a...*

*The preposition **da** is used (with or without a definite article) to indicate when a period of time begins.*

*The preposition **a** is used (with or without a definite article) to indicate when a period of time comes to an end.*

Siamo a Roma **da** domani **a** venerdì.
Ho lezione **dal** lunedì **al** giovedì.

■ **Da** che ora **a** che ora lavori?
◆ Lavoro **dalle** 9 **alle** 18.

# grammatica

## Preposizioni - Prepositions: *a* and *di* before infinitives

*When some verbs (such as **aiutare**, **andare**, **cominciare**) are followed by an infinitive, preposition **a** is required between the two verbs.*

> Comincio **a** studiare oggi pomeriggio.
> Andiamo **a** lavorare a piedi.
> Paolo aiuta Alberta **a** studiare.

*When other verbs (such as **consigliare**, **finire**, **pensare**) are followed by an infinitive, preposition **di** is required between the two verbs.*

> Finiamo **di** lavorare alle 18:00.
> Ho consigliato a Federico **di** studiare di più.
> Pensi **di** venire alla festa sabato sera?

## Verbi riflessivi - Reflexive verbs

*Reflexive verbs are conjugated like normal verbs (endings are identical). They are preceded by reflexive pronouns.*

*The negation **non** comes before the reflexive pronoun.*

*When a reflexive verb is in the infinitive form, the reflexive pronoun comes after the verb and forms a single word with it.*

> **Si alza** tutti i giorni alle 7.
> A Roma **mi perdo** sempre!
>
> Domani **non** ci alziamo presto.
>
> Finite di preparar**vi** alle 7:45.
> Questo weekend voglio divertir**mi**!
> Finalmente possiamo rilassar**ci**!

|        | ripos**arsi**  | perd**ersi**   | vest**irsi**   |
|--------|----------------|----------------|----------------|
| io     | **mi** riposo  | **mi** perdo   | **mi** vesto   |
| tu     | **ti** riposi  | **ti** perdi   | **ti** vesti   |
| lei/lui| **si** riposa  | **si** perde   | **si** veste   |
| noi    | **ci** riposiamo | **ci** perdiamo | **ci** vestiamo |
| voi    | **vi** riposate | **vi** perdete | **vi** vestite |
| loro   | **si** riposano | **si** perdono | **si** vestono |

## Aggettivi possessivi - Possessive adjectives

*Possessive adjectives agree in gender and number with the nouns to which they refer.*

> ■ Piero, hai visto **il mio** cellulare e **i miei** libri?
>
>   Non sono nella **mia** borsa!
>
> ◆ **Il tuo** cellulare è vicino al computer, con **i tuoi** libri.

|      | maschile ♂ | | femminile ♀ | |
|------|------------|--------|-------------|--------|
|      | singolare | plurale | singolare | plurale |
| io   | il mio | i miei | la mia | le mie |
| tu   | il tuo (libro) | i tuoi (amici) | la tua (stanza) | le tue (amiche) |

## Cosa regalano gli italiani

**1** *Match the following dates and special occasions with the pictures below.*

**1** ☐ Festa della donna (8 marzo)  **4** ☐ Compleanno/Natale
**2** ☐ Nascita di un bambino  **5** ☐ San Valentino
**3** ☐ Invito a cena

**2** *Would you offer the same things on these occasions in your country? Discuss with a partner.*

**3** *Knowing local gift-giving habits can be quite helpful! Read the following sentences, see what is polite or impolite in Italy and indicate whether these rules apply to your country, too. Then read the text below.*

| | nel mio paese | | in Italia | |
|---|:---:|:---:|:---:|:---:|
| | sì | no | sì | no |
| **1** Regalare fiori a un uomo. | ☐ | ☐ | ☐ | ☒ |
| **2** Regalare un portafoglio vuoto. | ☐ | ☐ | ☐ | ☒ |
| **3** Aprire il regalo subito. | ☐ | ☐ | ☒ | ☐ |
| **4** Regalare un numero pari di rose. | ☐ | ☐ | ☐ | ☒ |
| **5** Ringraziare e sorridere anche se il regalo non piace. | ☐ | ☐ | ☒ | ☐ |
| **6** Riciclare i regali. | ☐ | ☐ | ☐ | ☒ |

---

Perché sì e perché no

**1** Di regola, è l'uomo che deve regalare fiori alla donna (anche se a molti uomini non dispiace ricevere fiori).

**2** Quando regaliamo un portafoglio, mettiamo dentro qualche moneta come portafortuna.

**3** In Italia è buona educazione aprire il regalo subito per dimostrare che siamo interessati a vedere che cos'è.

**4** Secondo un'antica tradizione, bisogna regalare le rose in numero dispari, perché il numero pari porta sfortuna. Fanno eccezione la dozzina (12) di rose rosse e le 6 rose (sempre rosse) per un fidanzamento.

**5** Naturalmente è questione di educazione: il regalo è sempre una cosa positiva, anche quando non piace.

**6** Non si fa, ma molti lo fanno. Attenzione, però: la persona che ci ha fatto il regalo non deve saperlo assolutamente!

---

# videocorso

**1** *Read the following sentences before watching the episode. Do they refer to Laura ( L ) or to Federico ( F )? Watch the video and check your answers.*

Laura

**1** Guarda la partita di calcio.  L F

**2** Esce con le amiche.  L F

**3** Esce con Marina.  L F

**4** Va a yoga.  L F

**5** Va a mangiare una pizza con gli amici.  L F

**6** Va a un concerto.  L F

Federico

**2** *What day of the week are the two friends speaking? If necessary, watch the episode again in order to gather clues.*

**3** *Complete Laura's agenda for the upcoming week.*

| lunedì | martedì | mercoledì | giovedì | venerdì | sabato | domenica |
|--------|---------|-----------|---------|---------|--------|----------|
|        |         |           |         |         |        |          |

**4** *Where will Laura go Monday?*  **a** ☐ al corso di yoga  **b** ☐ a una festa

**5** *Look at what Laura and Federico say, then answer the questions.*

Ah già, **gli sportivi del divano**! Vi alzate solo per andare a prendere da bere!

**1** Cosa vuole dire Laura con l'espressione **gli sportivi del divano**?

**a** ☐ Federico e i suoi amici amano fare sport.

**b** ☐ Federico e i suoi amici fanno sport sul divano.

**c** ☐ Federico e i suoi amici amano guardare lo sport alla tv.

**2** Cosa significa l'espressione **danno quel film**?

**a** ☐ Regalano un film alle persone che vanno al cinema.

**b** ☐ Hanno un film in programmazione.

Al cinema Astra **danno quel film** che ti piace tanto...

**9**

**1** **Esercizio scritto** | **La famiglia** WB 1·2

*Work with a partner. Look at the picture and complete the sentences below with words in the list.*

| il cugino | la figlia | i genitori | il marito | la nipote | il nipote |

| la nonna | i nonni | il padre | la sorella | lo zio |

**1** Mario è **il nonno** di Simona.

**2** Sonia è _____ di Simona.

**3** Mario e Sonia sono _____ di Simona.

**4** Anna è **la madre** di Paolo.

**5** Stefano è _____ di Paolo.

**6** Anna e Stefano sono _____ di Paolo.

**7** Giovanni è **il figlio** di Sonia.

**8** Rita è _____ di Sonia.

**9** Matteo è **il fratello** di Lorenzo.

**10** Giulia è _____ di Lorenzo.

**11** Isabella è **la zia** di Giulia.

**12** Stefano è _____ di Giulia.

**13** Amina è **la moglie** di Giovanni.

**14** Stefano è _____ di Anna.

**15** Matteo è **il nipote** di Rita.

**16** Giulia è _____ di Rita.

**17** Giulia e **la nipote** di Mario.

**18** Matteo è _____ di Mario.

**19** Simona è **la cugina** di Lorenzo.

**20** Paolo è _____ di Lorenzo.

---

**Altri nomi di parentela**

**cognato** = brother-in-law

**cognata** = sister-in-law

**nuora** = daughter-in-law

**genero** = son-in-law

**suocero** = father-in-law

**suocera** = mother-in-law

**il marito di mia madre** = stepfather

**la moglie di mio padre** = stepmother

**nipote**: niece/nephew + grandson/granddaughter

---

# la famiglia

## 2 Lettura | La famiglia fa notizia

*Match each photograph with its corresponding text.*

**1**
**Nonni a scuola dai nipoti, oggi lezione di Internet**

Nove scuole, 900 anziani, 900 ragazzi Obiettivo: creare in un anno un giornale online.

**2**
**Donne in carriera, l'ora del dietrofront**

Una su 4 torna a casa per i figli e il marito.

**3**
**Fratello e sorella si ritrovano dopo 57 anni**

Dopo quasi mezzo secolo l'incontro.

**4**
**«Attenti alle baby-sitter, la mamma è una sola»**

I piccoli passano gran parte della giornata con le «nanny» o davanti alla tv.

elderly/senior people = **gli anziani**

## 3 Ascolto | *Vive ancora con i genitori.* WB 3      44 (◖►

**a.** *Close the book, listen to the recording, then work with a partner and share information on the conversation.*

**b.** *Listen again to the conversation, then choose the correct option.*

**1** La famiglia di Valentina vive a   Roma. **a**
     Milano. **b**

---

**2** Valentina ha   una sorella più grande e una più piccola di lei. **a**
     due sorelle più grandi di lei. **b**
     due sorelle più piccole di lei. **c**

---

**3** Suo fratello Marco ha   36 anni. **a**
     34 anni. **b**
     26 anni. **c**

fratello/sorella più grande = fratello/sorella maggiore
fratello/sorella più piccolo/a = fratello/sorella minore

---

**4** Marco   è impiegato. **a**
     studia. **b**
     fa il sociologo. **c**

---

**5** Le due sorelle di Valentina hanno figli. **a**
     Una sorella di Valentina ha figli. **b**

# la famiglia

**4** **Lettura** | *Carissimo Dario...* WB 4

**a.** *Read Andrea's e-mail.*

Da: andrea68@gmail.com  A: dario.f@hotmail.com  Oggetto: vi aspettiamo!

Carissimo Dario,
ma che fine hai fatto? È da un secolo che non ti fai sentire! Per fortuna, ogni tanto, in palestra, incontro tuo cognato Franco che mi tiene al corrente di quello che combini (è lui che mi ha raccontato che ti sei trasferito e mi ha dato il tuo nuovo indirizzo). Mi ha anche detto che due settimane fa ti sei laureato, beh, complimenti! Io invece ho lasciato gli studi e mi sono dedicato ad altre cose. La più importante la vedi dalla foto.
Ebbene sì, mi sono sposato. Io che ho sempre detto "mai e poi mai!". Ma che vuoi fare, quando l'amore arriva ... Comunque sono contentissimo, Mara è veramente una persona in gamba, e poi è bellissima!
Quelli accanto a me sono i miei suoceri (a proposito, Mario, mio suocero, è un vecchio amico di tuo padre!). La bambina davanti a mia sorella Silvia è sua figlia, Flavia. Incredibile no? Anche mia sorella si è sposata! Suo marito non lo vedi perché è lui che ha fatto la foto. Con un po' di fantasia forse riesci anche a trovare mio fratello Gianni. Trovato? È quello con la barba dietro alla ragazza bionda (la sua compagna). Il bambino che lei ha in braccio è il loro figlio, che tra l'altro si chiama come te. Il loro figlio maggiore, Andrea, è quello davanti ad Anna.
Come vedi, qui ci sono tantissime novità e siccome non ti posso raccontare tutto per lettera, tu e Giulia ci dovete venire a trovare. La nostra casa è grande e c'è un sacco di spazio per gli amici.
Il nostro indirizzo lo conosci, insomma vi aspetto, anzi vi aspettiamo!

Andrea
P.S. Avete ancora la vostra vecchia 500, o vi siete decisi a cambiare macchina?

**b.** *Work with a partner. Find in the picture above the people whom Andrea writes about in his e-mail.*

**c.** *Find in Andrea's e-mail expressions and single words that are synonyms of the following ones.*

**a** dove sei, che cosa fai? _____

**b** è da tanto tempo _____

**c** mi informa _____

**d** quello che fai _____

**e** hai cambiato casa _____

**f** sono molto felice _____

**g** una persona capace, brava _____

**h** sei capace di _____

**i** molto spazio _____

**l** in conclusione _____

## 5 Riflettiamo | Aggettivi possessivi e nomi di parentela WB 5·6·7

**a.** *Read Andrea's e-mail again and underline all the possessive adjectives (**aggettivi possessivi**). Then work with a partner and together insert them in the table below.*

| | femminile ♀ | | maschile ♂ | |
|---|---|---|---|---|
| | singolare | plurale | singolare | plurale |
| io | | mie | | |
| tu | tua | | | |
| lei\lui | | | | suoi |
| noi | | nostre | | |
| voi | | | | vostri |
| loro | loro | | | loro |

**b.** *Try to complete the previous table. See if you can work out the missing forms.*

**c.** *Now complete the rule checking the boxes with the correct answers.*

Usually in Italian, before possessive adjectives,

| | c'è l'articolo | non c'è l'articolo |
|---|---|---|
| **a** with nouns referring to family relationships in the singular | ☐ | ☐ |
| **b** with nouns referring to family relationships in the plural | ☐ | ☐ |
| **c** with all other nouns | ☐ | ☐ |
| **d** before the possessive adjective **loro** | ☐ | ☐ |

# la famiglia

## 6 Riflettiamo | Aggettivi possessivi WB 8-9

44 ◖◗

*Work with a partner. Complete the following transcription with possessive adjectives and, if necessary, with definite articles. Then listen again to the conversation of activity 3 and check your answers.*

Mark: Io sono qui da quasi otto anni.

Valentina: Ah, da solo o con _____ famiglia?

Mark: Da solo, e tu?

Valentina: Anch'io. _____ famiglia vive a Roma.

(...)

Mark: E che fanno?

Valentina: Mah... la più grande è impiegata, l'altra fa la sociologa e _____ fratello studia ancora.

Mark: E vive con _____ genitori, immagino.

(...)

Mark: E _____ sorelle sono sposate?

Valentina: La più grande sì e ha anche due bambini, l'altra invece vive con _____ ragazzo.

> **ragazzo** = boy ≠ **il mio ragazzo** = my boyfriend
> **ragazza** = girl ≠ **la mia ragazza** = my girlfriend

## 7 Esercizio orale | *Chi di voi...?*

*Work in small groups and find students who match the following descriptions.*

| ha minimo 4 fratelli e sorelle | ha un/una nipote | è figlio unico |

| i suoi genitori vivono nella città dove studia | vede i suoi cugini spesso |

| suo nonno o sua nonna è nato/a in un paese straniero |

| somiglia molto a sua madre | somiglia molto a suo padre |

| somiglia sia alla madre che al padre | non somiglia né alla madre né al padre |

| va molto d'accordo con suo fratello o sua sorella | è cresciuto in una casa dove c'era un animale |

## 8 Parliamo | *Quanti siete in famiglia?*

*Work with a partner. Take turns asking each other questions on your families and draw your partner's family tree.*

# la famiglia

**9** **Esercizio orale** | *Mio, tuo...*

*This exercise is performed in small groups using dice. The players take turns to throw the dice and move forward by as many steps as the number shown on the dice. Each number corresponds to a possessive adjective: 1 **mio**, 2 **tuo**, etc. The players' aim is to make a sentence matching the possessive form with the object or objects named. If the sentence is correct, the player wins a point. The player with the highest number of points wins.*

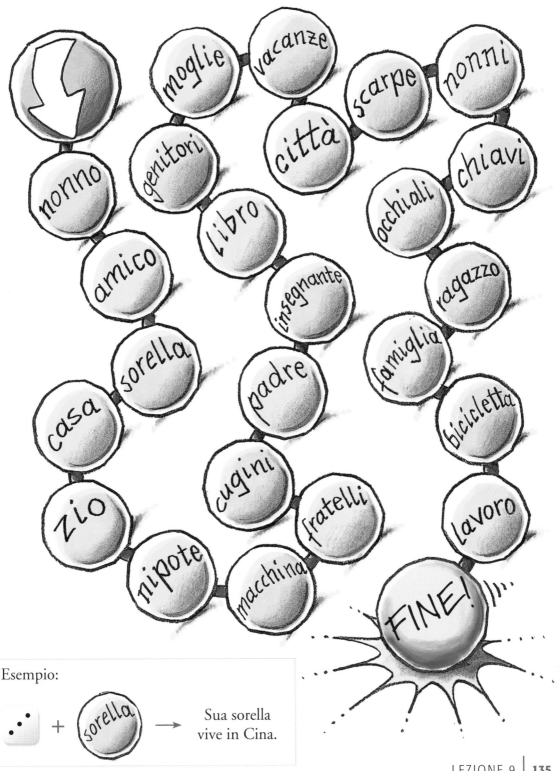

Esempio:

⚃ + sorella → Sua sorella vive in Cina.

**10** **Riflettiamo** | **Passato prossimo dei verbi riflessivi** WB 10·11

**a.** *In his e-mail Andrea uses some reflexive verbs in the **passato prossimo**. Find those verb forms and write them next to the infinitives below.*

**a** trasferirsi: _____

**b** laurearsi: _____

**c** dedicarsi: _____

**d** sposarsi: _____

**e** decidersi: _____

**b.** *In the box below write what you think the rule is on the **passato prossimo** form of reflexive verbs, then compare your explanation with that of a classmate.*

**11** **Esercizio scritto** | **Passato prossimo dei verbi riflessivi** WB 12

*Complete the sentences below with the verbs in the list. The verbs are not in order.*

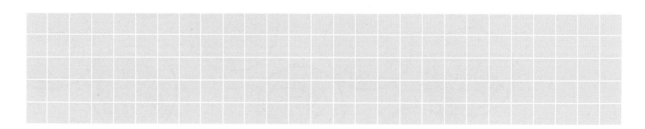

ci siamo trasferiti    ti sei messa    mi sono addormentato    si è arrabbiato    si sono laureati

si è svegliata    ti sei ricordata    si sono conosciute    vi siete divertiti

**1** Francesca e Carla _____ all'università molti anni fa.

**2** Oggi Giulia_____ tardi ed è arrivata in ritardo al lavoro.

**3** Sabina, _____ di telefonare a Carlo per invitarlo a cena?

**4** Ieri _____ molto presto.

**5** Ragazzi, _____ alla festa di Marco?

**6** Mario e Alessandro _____ tutti e due in medicina.

**7** Io e Marta _____ a Torino sei mesi fa.

**8** Il mio professore _____ perché sono arrivata in ritardo alla lezione.

**9** Paola, _____ la giacca?

9

# la famiglia

**12** **Esercizio orale** | *Cerca una persona che...* WB 13

*Go round the classroom and interview your classmates. Your goal is to find someone who did the things shown in the list below. Please note that you are not allowed to ask more than three questions per person. You must complete the list with as many names as you can before the teacher says **Stop**!*

> Esempio: Lo scorso fine settimana si è divertito.
>
> ■ Lo scorso fine settimana ti sei divertito/a?
>
> ▼ Sì, mi sono divertito/a./No, non mi sono divertito/a.

Nome

**1** L'anno scorso si è laureato/a in medicina. _____

**2** Lo scorso fine settimana si è divertito/a. _____

**3** Sabato scorso si è alzato/a prima delle 7:00. _____

**4** Si è fidanzato/a da poco tempo. _____

**5** Si è trasferito/a in questa città da meno di un anno. _____

**6** Si è diplomato/a con un voto alto. _____

**7** Si è dedicato/a per anni allo studio del pianoforte. _____

**8** Oggi si è svegliato/a tardi. _____

**9** Lo scorso fine settimana non si è riposato/a per niente. _____

**10** Oggi si è arrabbiato/a molto. _____

**11** Si è tagliato/a i capelli la settimana scorsa. _____

**9**

> **diplomarsi** = finire la scuola superiore (5 anni), passare l'**esame di maturità**
>
> **laurearsi** = finire l'università (2 + 3 anni), ottenere la **laurea**

**13** **Esercizio scritto** | **Passato prossimo** WB 14

*Work with a partner. Complete the e-mail conjugating the verbs in brackets in the **passato prossimo** form.*

○○○

≡▾ Da: g.trimani@hotmail.it    A: barbarella@virgilio.it    Oggetto: Saluti da Londra

Ciao Barbara,
finalmente trovo il tempo di scriverti, da quando (*io - arrivare*) _____ a Londra
non abbiamo avuto un minuto libero. Anna (*essere*) _____ molto impegnata
con il suo nuovo lavoro all'ambasciata italiana, e io prima (*cercare*) _____ un
appartamento, poi (*occuparsi*) _____ del trasloco e subito dopo (*cominciare*)
_____ a cercare un lavoro. Per fortuna l'ho trovato abbastanza presto.
Anna (*leggere*) _____ un annuncio sul giornale per un posto di insegnante
di lingua italiana e mi ha convinto a mandare il curriculum. Dopo pochi giorni mi (*loro -
chiamare*) _____ per un colloquio e in un paio di settimane (*io - ritrovarsi*)
_____ a insegnare italiano.

# la famiglia

## 14 Scriviamo | Una lettera

*You would like to send a photograph of you and your family to a friend whom you haven't seen for a long time. Describe the photograph and say what has changed in the last few years for you and your relatives.*

## 15 Ascolto | Il cugino americano

45 (◖▶

**a.** *Close the book, listen to the recording, then work with a partner and share information on the conversation*

**b.** *Listen to the conversation again, then answer the following questions.*

**1** Quando è stata l'ultima volta che la ragazza ha visto i suoi parenti americani?

_____

**2** Quale idea hanno avuto la mamma e la zia della ragazza?

_____

**3** Quando va in America la ragazza?

_____

**4** Com'è suo cugino?

_____

**5** Cosa pensa la ragazza del sentimento patriottico di David?

_____

## 16 Trascrizione | Il cugino americano

46 (◖▶

*Listen several times to the following part of the previous conversation and try to fill in the blanks.*

Giulia: Mah, sono dei parenti di _____ madre che si _____ trasferiti negli Stati Uniti molti anni fa, a Cincinnati, io quasi non li _____. L'ultima _____ che ci _____ visti è stato 9, 10 anni fa…

Carlo: Tanto tempo…

Giulia: Sì, infatti, solo mia mamma _____ mantenuto i contatti con loro… e insomma lei e _____ cugina si _____ sentite lo scorso Natale e _____ avuto questa _____ di ospitare i propri figli, a turno.

**17** **Esercizio orale** | **Passato prossimo e aggettivi possessivi** WB 15

*Work with a partner. Repeat the following conversation changing subject pronouns, verbs and adjectives, as in the example.*

**Tu/Mamma**
- ■ Tua mamma ha mantenuto i contatti con loro?
- ▼ Sì, lei e sua cugina <u>si sono sentite</u> lo scorso Natale.

| | |
|---|---|
| **1** | Tu/Nonni |
| **2** | Voi/Amici |
| **3** | Noi/Padre |
| **4** | Lei/Studentesse |
| **5** | Lui/Figlio |
| **6** | Loro/Zia |

Esempio: **Voi/Nipoti**
- ■ I vostri nipoti hanno mantenuto i contatti con loro?
- ▼ Sì, loro e la loro cugina <u>si sono sentiti</u> lo scorso Natale.

**18** **Parliamo** | **Famiglie**

*Share views and experiences with a partner on the family patterns and behaviours shown in the pictures.*

# glossario

| | | |
|---|---|---|
| 1 | cugino | cousin (*masculine*) |
| | cugina | cousin (*feminine*) |
| 1 | figlia | daughter |
| | figlio | son |
| 1 | marito | husband |
| 1 | moglie | wife |
| 1 | nipote | nephew, niece, grandson, granddaughter |
| 1 | nonno | grandfather |
| 1 | nonna | grandmother |
| 1 | padre | father |
| 1 | madre | mother |
| 1 | sorella | sister |
| 1 | fratello | brother |
| 2 | notizia | news |
| 2 | gli anziani | elderly/senior people |
| 2 | obiettivo | goal |
| 2 | creare | to create, to make |
| 2 | secolo | century |
| 2 | incontro | encounter, meeting |
| 2 | in carriera | career oriented |
| 2 | dietrofront | about-face, U-turn |
| 2 | una su quattro | one out of four |
| 2 | Attento! | Watch it! |
| 2 | gran parte della giornata | most of the day |
| 4 | Che fine hai fatto? | What have you been up to? |
| 4 | È un secolo che non ti fai sentire! | I haven't heard from you for ages! |
| 4 | cognato | brother-in-law |
| | cognata | sister-in-law |
| 4 | tenere al corrente | to keep informed/updated |
| 4 | raccontare | to tell |
| 4 | trasferirsi | to relocate, to move |
| 4 | laurearsi | to graduate |
| 4 | lasciare gli studi | to quit one's studies |
| 4 | dedicarsi (a) | to devote oneself to |
| 4 | Ebbene sì! | You heard that right! |
| 4 | sposarsi | to get married |
| 4 | Mai e poi mai! | Never ever! |
| 4 | essere in gamba | to be smart |
| 4 | suocero | father-in-law |
| | suocera | mother-in-law |
| 4 | a proposito | by the way |
| 4 | incredibile | incredible, unbelievable |
| 4 | barba | beard |

| | | |
|---|---|---|
| 4 | biondo | blonde |
| 4 | compagno/a | boyfriend/girlfriend, companion, partner |
| 4 | avere un bambino in braccio | to hold a baby |
| 4 | figlio maggiore | elder/eldest son |
| 4 | figlio minore | younger/youngest son |
| 4 | novità | news, novelty |
| 4 | siccome | as, since |
| 4 | un sacco di spazio | plenty of room |
| 4 | insomma | so, in other words, therefore |
| 4 | aspettare | to wait |
| 4 | È da tanto tempo (che)… | It's been a while since… |
| 4 | cambiare casa | to relocate, to move |
| 4 | felice | happy |
| 4 | capace | smart |
| 4 | bravo | smart, skilled |
| 4 | in conclusione | as a conclusion, so, therefore |
| 5 | parentela | kinship |
| 7 | figlio/o unico/a | only child |
| 7 | paese straniero | foreign country |
| 7 | somigliare (a) | to look like |
| 7 | né… né… | neither… nor… |
| 7 | crescere | to grow up |
| 8 | Quanti…? | How many…? |
| 10 | scarpe | shoes |
| 10 | chiave | key |
| 10 | occhiali | glasses |
| 11 | in ritardo | late |
| 11 | invitare | to invite |
| 11 | tutti/e due | both |
| 11 | conoscersi | to meet (for the first time) |
| 11 | arrabbiarsi | to get angry |
| 11 | giacca | jacket |
| 12 | fidanzarsi | to get engaged |
| 12 | da meno di un anno | for less than a year |
| 12 | diplomarsi | to graduate from high school |
| 12 | con un voto alto | with a high grade |
| 12 | tagliarsi i capelli | to get a haircut |
| 15 | parenti | relatives |
| 15 | sentimento | feeling |
| 16 | mantenere i contatti | to keep in touch |
| 16 | sentirsi | to speak (by phone or e-mail) |
| 16 | ospitare | to host |

**9**

# grammatica

## Aggettivi possessivi - Possessive adjectives

| | maschile ♂ | | | | femminile ♀ | | | |
|---|---|---|---|---|---|---|---|---|
| | singolare | | plurale | | singolare | | plurale | |
| io | il mio | | i miei | | la mia | | le mie | |
| tu | il tuo | | i tuoi | | la tua | | le tue | |
| lei/lui | il suo | | i suoi | | la sua | | le sue | |
| Lei | il Suo | libro | i Suoi | amici | la Sua | stanza | le Sue | amiche |
| noi | il nostro | | i nostri | | la nostra | | le nostre | |
| voi | il vostro | | i vostri | | la vostra | | le vostre | |
| loro | il loro | | i loro | | la loro | | le loro | |

---

*Possessive adjectives agree in gender and number with the noun to which they refer (i. e. the thing which is possessed).*

*Suo, sua, suoi and sue mean both "his" and "her".*

*Loro never changes (but the preceding article does).*

---

■ Piero, hai visto **il mio** <u>cellulare</u> e **i miei** <u>libri</u>?

Non sono nella **mia** <u>borsa</u>!

◆ **Il tuo** <u>cellulare</u> è vicino al computer, con **i tuoi** <u>libri</u>.

Enrico viene con **il suo** amico italiano.
Marta parla con **la sua** migliore amica.
Giuliano ha accompagnato a casa **le sue** amiche.

I miei genitori mi danno **la loro** macchina.
Gianni e Teresa vendono **il loro** appartamento.
Anna e Bruno hanno invitato **i loro** amici a cena.

---

## Aggettivi possessivi e nomi di parentela - Possessive adjectives and family nouns

*Possessive adjectives are usually preceded by definite articles. Note:*
- *articles are not used with family nouns in the singular form (**padre, madre, fratello, sorella, zio, cugina,** etc.)*
- *articles, though, are always used with plural nouns, even when they refer to family relationships*
- ***loro** is always preceded by a definite article, even when it refers to a singular family noun.*

---

Ecco **mio** fratello.
**Sua** figlia è bionda.
Marta è venuta con **i suoi** figli.
**I miei** nonni sono polacchi.
**Il loro** padre è molto simpatico.

---

## Passato prossimo: verbi riflessivi - Past tense: reflexive verbs

*In the **passato prossimo** tense, reflexive verbs always have **essere** as an auxiliary. Therefore, their past participle agrees with the subject.*

---

Marina **si è** laurea**ta** ieri.
V**i siete** divertiti alla festa sabato?
Paola e Monica **si sono** svegliate tardi.

### I gesti italiani

**1** *What do the following Italian gestures mean? Match the photographs below with the sentences in the list.*

Non mi interessa per niente!    Quello è matto!    Buona fortuna!

Ci vediamo dopo!    Ma cosa vuoi?    È ora di andare.

**a**

**b**

**c**

**d**

**e**

**f**

**2** *Are gestures in your country similar or different? If some of them are similar, does their meaning differ from the Italian meaning? How would you convey ideas and feelings of activity 1 through gestures?*

**1** *Knowing that this episode is entitled "The bride's family", try to guess which items are shown or named in the video. Then watch it and check your answers.*

| 1 | invito di matrimonio | 5 | pranzo di nozze |
|---|---|---|---|
| 2 | fede nuziale | 6 | fiori |
| 3 | lista di nozze | 7 | vestito da sposa |
| 4 | macchina | 8 | regalo |

**2** *Watch the episode again, then check the correct option for each sentence.*

| | | a | | b | |
|---|---|---|---|---|---|
| 1 | Valentina ha incontrato | a | il cugino di Laura. | b | un'amica. |
| 2 | Valentina mostra a Laura | a | un biglietto di auguri. | b | un invito di nozze. |
| 3 | Il fratello di Laura | a | si è sposato 5 mesi fa. | b | è sposato da qualche anno. |
| 4 | La sposa della foto ha | a | tre sorelle a New York. | b | due sorelle sposate e una non sposata. |
| 5 | Il cugino di Laura | a | è biondo e magro. | b | ha perso i capelli. |

**3** *Read Laura's statement and choose its meaning.*

> Mah, non è il mio tipo…

| 1 | Non è simpatico. |
|---|---|
| 2 | Non è un mio amico. |
| 3 | Non mi piace. |

**4** *Complete the following conversation with the words in the list. Then watch the episode again from 01'23" to 02'06" and check your answers.*

| tu | sua | mi | tuo | sue | nostro | mia |
|---|---|---|---|---|---|---|

Laura: Allora, senti, _____ aspetti due minuti, mi preparo in un attimo e vengo, ok?
Valentina: Nessun problema!
(…)
Laura: Pronta! Andiamo con la _____ macchina o con la tua?
Valentina: Ma che bella! È la foto di matrimonio di _____ fratello, vero?
Laura: Sì. Eh, ormai sono già passati cinque anni da quando si è sposato… _____ la moglie non la conosci, vero?
Valentina: No, mai vista. Questa chi è? _____ sorella?
Laura: Sì, una delle _____ sorelle: ne ha tre! Questa è la più grande, ma è l'unica non sposata. Pensa, ora vive a New York.
Valentina: E questo?
Laura: Quello è uno dei testimoni, un _____ cugino che vive a Bologna.

**1** **Parliamo** | **Alimentari** WB 1·2·3·4

*Work with a partner: Discuss which of the following products you like or do not like to eat.*
*Which ones do you eat often?*

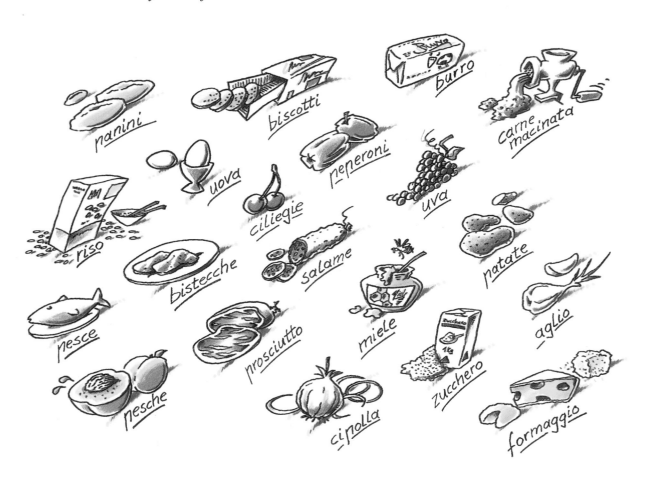

panini
biscotti
burro
carne macinata
uova
peperoni
uva
riso
ciliegie
bistecche
salame
patate
aglio
pesce
prosciutto
miele
zucchero
formaggio
pesche
cipolla

**2** **Ascolto** | **Fare la spesa** WB 5·6                                    47 (( ▶

**a.** *Listen to the three conversations and match each one of them with the store where*
*Paolo is doing his shopping.*

**b.** *Listen to the conversations again and complete.*

Paolo compra ....

**1** cinque _____

**2** un pacco di _____

**3** quattro _____

**4** due etti e mezzo di _____

**5** due chili di _____

**6** un chilo di _____

> **un etto** = 100 grammi (3,5 oz.)
> **due etti e mezzo** = 250 grammi
> **un chilo** = 10 etti (2,2 lbs.)

**3** **Esercizio orale** | *Cosa hai comprato?* WB 5-6
*Complete the shopping list below. Then work with a partner: you have two minutes to guess what your classmate has bought. You must guess as many items as possible. Ask questions, as in the example.*

Esempio:
- ■ Hai comprato 5 uova?
- ◆ Sì./No.

cinque _____
un pacco di _____
quattro _____
due etti e mezzo di _____
due chili di _____
un chilo di _____

**4** **Parliamo** | **Mozzarella, aceto balsamico e...**
*Do you know these typical Italian products? Do you ever buy them? Do you use any Italian products when you're cooking? Which ones?*

**5** Lettura | Storia della pasta
**a.** *Read the following article.*

# La pasta nuovo cibo globale

1 La pasta ha resistito alla guerra spietata delle diete, che la volevano eliminare dalle tavole degli italiani, e anzi da tipico piatto locale è diventata un cibo globale. Oggi si celebra a Roma il "World Pasta Day", un convegno con 300
5 partecipanti tra produttori, economisti, antropologi, sociologi.

La produzione di pasta nel mondo è raddoppiata negli ultimi tredici anni: oggi solo in Italia ogni anno ne produciamo 3,5 milioni di tonnellate e ne esportiamo più della metà in tutto il mondo. Spaghetti e rigatoni hanno raggiunto anche mete esotiche, li mangiano anche in India e in Cina.

10 In occasione di questa "festa della pasta" la casa editrice Alinari presenta un libro intitolato *Un capolavoro chiamato pasta, uno stile alimentare globale*. Il volume racconta la storia di questo cibo.

Nell'antichità i romani lo chiamavano *lagana*, gli ebrei *vermishalsh* e gli arabi *itryat*. Con un impasto di acqua e farina facevano lunghe strisce di pasta fresca e le cuocevano
15 direttamente nel sugo e non nell'acqua come si usa oggi. Nel medioevo in Sicilia cominciano a essiccare la pasta per conservarla nel tempo.

A partire dal '600 Napoli diventa la capitale della pasta. Nel libro ci sono bellissime illustrazioni dei "maccaronari" del '600 e foto dei ragazzini napoletani che nell'800 prendevano gli spaghetti con le mani e li mangiavano per strada.

20 Interessante anche la storia dei condimenti per i maccheroni. Anticamente per esempio li condivano con lo zucchero o le spezie, mentre la tradizionale pasta con il pomodoro è storia recente. Il pomodoro arriva in Italia dalle Americhe nel '500, ma sulla pasta cominciamo a usarlo intorno al 1839, data della prima ricetta di pasta con la "pummarola" (che significa "pomodoro" in dialetto napoletano).

25 Tra la fine dell'800 e l'inizio del '900 milioni di emigranti italiani lasciano il paese con le valigie piene di pasta e la diffondono nei paesi che li ospitano.

Questa è la storia. La pasta ha poi conquistato anche altri paesi e mercati. Oggi non c'è niente di più globale. Secondo le statistiche in Italia ogni persona ne consuma 26 chili, ma nella classifica dei popoli che la mangiano in grande quantità ci sono anche il
30 Venezuela, la Tunisia, la Svezia e gli Stati Uniti.

Adattato da *La Repubblica*

**b.** *Work with a partner. Close the book and discuss about what you have just found out about the history of pasta.*

| | | |
|---|---|---|
| Il '400 = il Quattrocento = the 15th century |
| Il '500 = il Cinquecento = the 16th century |
| Il '600 = il Seicento = the 17th century |
| Il '700 = il Settecento = the 18th century |
| L'800 = l'Ottocento = the 19th century |

# sapori d'Italia

**6 Riflettiamo | Pronomi diretti** WB 7·8·9

**a.** *Work with a partner. In the previous article underline all direct pronouns (**pronomi diretti**) that you find in the table below. Then complete the table with the nouns to which these direct pronouns refer, as in the example.*

> Esempio:
>
> La pasta ha resistito alla guerra spietata delle diete, che la volevano eliminare dalle tavole degli italiani…

| pronome diretto | riga | sostituisce |
|---|---|---|
| la | 2 | la pasta |
| li | 9 | |
| lo | 13 | |
| le | 14 | |
| la | 16 | |

| pronome diretto | riga | sostituisce |
|---|---|---|
| li | 19 | |
| li | 21 | |
| lo | 23 | |
| la | 26 | |
| la | 29 | |

**b.** *What can a direct pronoun refer to?*

**a** ☐ a person          **b** ☐ a thing or a person          **c** ☐ a thing

**c.** *Complete the following table with the pronouns at point **a.** above.*

| | singolare | | plurale | |
|---|---|---|---|---|
| prima persona | mi | | ci | |
| seconda persona | ti | | vi | |
| terza persona | femminile ♀ | maschile ♂ | femminile ♀♀ | maschile ♂♂ |
| | | | | |

**d.** *Complete the rule on the position of direct pronouns by choosing the correct option.*

A direct pronoun (**pronome diretto**):

**1** ☐ always precedes the verb.
**2** ☐ can be placed either before a conjugated verb, or after an infinitive.
**3** ☐ always comes after the verb.

**10**

**7** Esercizio orale | *Mangi spesso...*

*Work with a partner. Take turns asking whether you often eat one of the dishes in the list. You must use a direct pronoun in your answer, as in the example.*

| i tortellini | le lasagne | il pollo fritto | l'insalata greca |
|---|---|---|---|

| il riso alla cantonese | i burrito | gli spaghetti | le fragole |
|---|---|---|---|

| il minestrone | il chili | le salsicce | la zuppa di cipolla |
|---|---|---|---|

| il gelato | la torta di mele | i calamari |
|---|---|---|

Esempio: il pesce
- ■ Mangi spesso **il pesce**?
- ◆ Sì, **lo** mangio abbastanza spesso./No, non **lo** mangio mai.

**8** Esercizio scritto | **Pronomi diretti** WB 7-8-9

*Complete the recipe with the appropriate direct pronouns.*

## *Spaghetti alla carbonara*

Per preparare gli spaghetti alla carbonara hai bisogno di:

- mezzo chilo di spaghetti
- due etti di pancetta (è meglio il guanciale, però non _____ trovi facilmente fuori dell'Italia)
- due etti di pecorino romano
- 3 uova
- olio, sale, pepe

Devi mischiare bene le uova con una forchetta. Poi grattugi il pecorino e _____ aggiungi alle uova, insieme al pepe. Poi tagli la pancetta a pezzi e _____ metti in una padella con un po' di olio. Intanto puoi riempire di acqua la pentola per gli spaghetti e metter_____ sul fornello. Quando l'acqua bolle, aggiungi il sale e butti gli spaghetti nell'acqua. Mentre _____ cuoci devi mettere la padella con la pancetta sul fuoco e cuocer_____ lentamente. Quando gli spaghetti sono pronti, _____ mischi velocemente alle uova. Alla fine versi la pancetta ancora calda e mischi tutto. Ecco, i tuoi spaghetti alla carbonara sono pronti.

**9** Parliamo | **Il mio piatto preferito**

*Work with a partner. Describe your favorite recipe, without mentioning its name. Your partner must figure out what dish you are describing. Then switch roles.*

10

# sapori d'Italia

**10** **Ascolto | In un negozio di alimentari** 48

**a.** *Close the book, listen to the recording, then work with a partner and share information on the conversation.*

**b.** *Choose which shopping list is Mrs Ferri's.*

**1**

2 hg di mortadella
1 kg di parmigiano
1 l di latte
1 tubetto di
  maionese
2 hg di olive verdi
2 yogurt interi

**2**

1 hg di mortadella
1/2 kg di pecorino
1 l di latte
1 vasetto di
  maionese
2 hg di olive nere
1 yogurt magro

**3**

2 hg di mortadella
1/2 kg di parmigiano
1 l di latte
1 vasetto di maionese
2 hg di olive verdi
2 yogurt magri

**c.** *Now listen again to the conversation and complete the transcription below with the words in the list.*

| altro | un pezzo di | mezzo chilo | un litro di | per cortesia |

| nient'altro | delle | dello | quanto ne vuole | ecco |

| ancora qualcosa | due etti di | cosa desidera | circa |

● Buongiorno, Angelo!

■ Oh, buongiorno signora Ferri, allora _____ oggi?

● _____ mortadella. Ma la vorrei affettata sottile sottile, _____.

■ Ma certo, signora. Guardi un po': va bene così?

● Perfetto!

■ Ecco fatto. _____?

● Sì. _____ parmigiano. Ma non lo vorrei troppo stagionato...

■ Piuttosto fresco allora.

● Sì, appunto.

■ E _____?

● Circa _____.

■ Benissimo... Mezzo chilo. Qualcos'altro?

● Sì, _____ latte fresco, un vasetto di maionese, _____ olive e poi... _____ yogurt magro, due confezioni.

■ Benissimo. Allora... latte, maionese, yogurt... Le olive le vuole verdi o nere?

● Verdi e grosse, _____ due etti.

■ _____?

● No, _____, grazie.

■ Grazie a Lei. Allora _____, si accomodi alla cassa.

**11** **Riflettiamo** | **Uso partitivo della preposizione articolata** *di* WB 10·11

*Among the expressions that you inserted in the previous transcription the preposition* **di** *appears twice in combination with a definite article (thus becoming a compound preposition, a* **preposizione articolata***). In your opinion, what does this compound preposition mean in the previous conversation? Choose the correct option.*

**a** ☐ un po' di        **b** ☐ quelle/quello

**12** **Combinazioni** | *Vorrei del...* WB 10·11

*Match the compound forms of the preposition* **di** *with appropriate nouns, as in the example.*

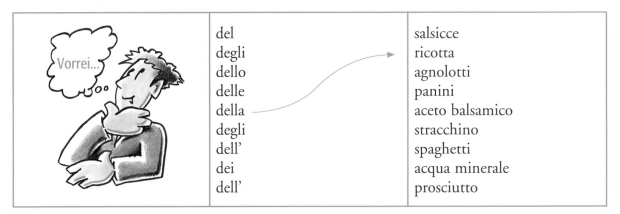

| | | |
|---|---|---|
| del | | salsicce |
| degli | | ricotta |
| dello | | agnolotti |
| delle | | panini |
| della | | aceto balsamico |
| degli | | stracchino |
| dell' | | spaghetti |
| dei | | acqua minerale |
| dell' | | prosciutto |

**13** **Esercizio orale** | *Cosa desidera?* WB 10·11

*Work with a partner. Take turns playing a shopkeeper and a customer. The shopkeeper asks* **Cosa desidera?***. The customer asks for an indefinite quantity of one of the products below, using a compound preposition with* **di***, as in the example. When a product is asked for, both students write its name under the corresponding picture. If you do not remember what the products below are called in Italian, ask the teacher.*

Esempio:
■ Cosa desidera?
▼ Vorrei **del** salame.

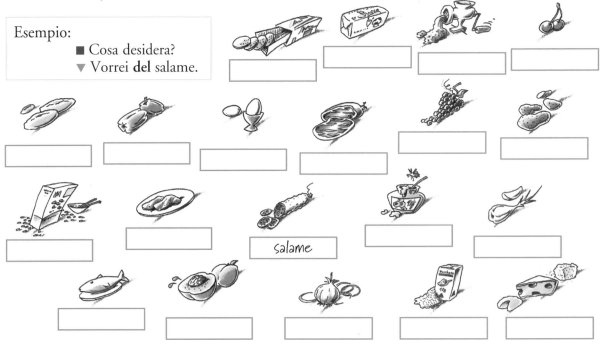

salame

# sapori d'Italia

## 14 Riflettiamo | Il *ne* partitivo WB 12·13·14·15

*Read again the following paragraphs taken from the article in activity 5. The pronoun **ne** appears three times and replaces a noun that the journalist has already mentioned. Choose the word that the journalist does not want to repeat.*

> La produzione di pasta nel mondo è raddoppiata negli ultimi tredici anni: oggi solo in Italia ogni anno **ne** produciamo 3,5 milioni di tonnellate e **ne** esportiamo più della metà in tutto il mondo.

> La pasta ha poi conquistato anche altri paesi e mercati. Oggi non c'è niente di più globale. Secondo le statistiche in Italia ogni persona **ne** consuma 26 chili…

The word that the journalist does not want to repeat is

- **a** ☐ Italia.
- **b** ☐ mondo.
- **c** ☐ pasta.

*The pronoun **ne** replaces the direct pronouns **la**, **lo**, **le**, **li** when you ask or give information about the quantity of something.*

*Read this part of the conversation between Mrs. Ferri and the shopkeeper (see activity 10).*

> ■ Vorrei del parmigiano.
> ▼ Lo preferisce fresco o stagionato?
> ■ Mah… fresco.
> ▼ Quanto ne vuole?
> ■ Ne vorrei tre etti.

*In the above mentioned conversation both **lo** and **ne** replace **parmigiano**. **Ne** is specifically used to ask or give information on the required quantity of **parmigiano**.*

## 15 Esercizio scritto e orale | *Quanto ne vuole?* WB 15

**a.** *Work with a partner. Complete the shopping list below with quantities, as in the example.*

| | |
|---|---|
| Fettuccine | 1 chilo |
| Panini | _____ |
| Pizza | _____ |
| Prosciutto | _____ |
| Mozzarelle | _____ |
| Vino | _____ |
| Cereali | _____ |
| Provolone | _____ |
| Riso | _____ |

**The indefinite adjective *quanto***

When asking for something countable such as **salsicce**, **pomodori**, **olive**, you must use the plural form:
Quant**e** salsicc**e** vuole?
Quant**i** pomodori vuole?

When asking for something uncountable such as **salame**, **aceto**, **mortadella**, you must use the singular form:
Quant**o** salam**e** vuole?
Quant**a** mortadell**a** vuole?

LEZIONE 10 | 151

**b.** *Now change partner. Take turns playing a clerk in a food store and a customer. The clerk asks for information about the quantity required by the customer. The customer answers according to the quantity that he/she wrote on the previous shopping list and using* **ne**, *as in the example.*

> Esempio:
>
> ■ Quante fettuccine vuole?
>
> ◆ **Ne** vorrei **un chilo**.

## 16 Esercizio orale | In un negozio WB 15

*Work with a partner. Repeat the following conversation (taken from activity 10), replacing* **parmigiano**, **fresco/stagionato** *e* **tre etti** *with the words in the list below, as in the example.*

■ Vorrei **del parmigiano**.
▼ **Lo** preferisce **fresco** o **stagionato**?
■ Mah... **fresco**.
▼ **Quanto ne** vuole?
■ **Ne** vorrei **tre etti**.

> Esempio: i pomodori - verdi/rossi - 1/2 kilo
>
> ■ Vorrei **dei pomodori**.
> ▼ **Li** preferisce **verdi** o **rossi**?
> ■ Mah... **rossi**.
> ▼ **Quanti ne** vuole?
> ■ **Ne** vorrei **mezzo chilo**.

il prosciutto - cotto/crudo - 2 etti
i peperoni - gialli/verdi - mezzo chilo
il vino - bianco/rosso - due bottiglie
le olive - verdi/nere - 3 etti e mezzo
l'uva - nera/bianca - due chili
il latte - intero/scremato - 1 litro
gli yogurt - bianchi/alla frutta - 4 vasetti
il riso - bianco/integrale - 1 pacco

**17** **Parliamo** | **La lista della spesa**

**a.** *Work with a partner and make a list of things to buy for a picnic with some friends.*

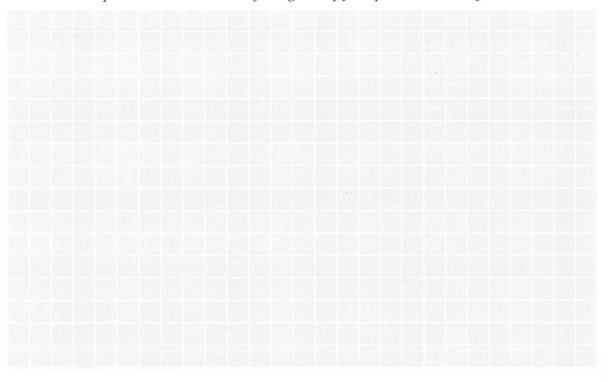

**b.** *Now work with a different partner. Improvise a phone conversation sitting back to back. You are both going to the picnic and now need to organize things. Compare what you are planning to prepare and buy, make a common list and decide who does what.*

**18** **Scriviamo** | **Tradizioni alimentari**

*Write a short article to describe a traditional recipe of your country, your home town or your family.*

casatiello napoletano (torta di Pasqua)

# glossario

| | | |
|---|---|---|
| 1 | biscotto | biscuit, cookie |
| 1 | burro | butter |
| 1 | carne macinata | minced meat |
| | maiale | pork |
| | pollo | chicken |
| | manzo | beef |
| 1 | ciliegia | cherry |
| 1 | bistecca | steak |
| 1 | miele | honey |
| 1 | aglio | garlic |
| 1 | pesca | peach |
| 1 | cipolla | onion |
| 2 | pacco | pack, package, box |
| 2 | etto | 100 grams |
| 4 | aceto balsamico | balsamic vinegar |
| 5 | guerra | war |
| 5 | spietato | ruthless, merciless |
| 5 | resistere | to resist, to hold out against |
| 5 | eliminare | to remove, to delete, to erase |
| 5 | celebrare | to celebrate |
| 5 | convegno | conference |
| 5 | partecipante | attendant |
| 5 | produttore | producer |
| 5 | economista | economist |
| 5 | antropologo | anthropologist |
| 5 | sociologo | sociologist |
| 5 | raddoppiare | to double |
| 5 | mondo | world |
| 5 | produrre | to produce |
| 5 | tonnellata | ton |
| 5 | esportare | to export |
| 5 | raggiungere | to reach |
| 5 | meta | destination |
| 5 | In occasione di… | During… |
| 5 | casa editrice | publishing house |
| 5 | capolavoro | masterpiece |
| 5 | ebreo | Jewish, Jew |
| 5 | arabo | Arabic, Arab |
| 5 | impasto | dough |
| 5 | farina | wheat |
| 5 | striscia | strip |
| 5 | medioevo | Middle Ages |
| 5 | essiccare | to dry |
| 5 | conservare | to keep, to store |
| 5 | a partire da… | from… on |
| 5 | diventare | to become |
| 5 | capitale | capital |
| 5 | ragazzino | (teenage) boy |
| 5 | mano | hand |
| 5 | per strada | in the street |
| 5 | condimento | seasoning |
| 5 | condire | to season |
| 5 | anticamente | in ancient times |
| 5 | spezia | spice |
| 5 | intorno al… | in around… |
| 5 | dialetto | dialect |
| 5 | fine | end |
| 5 | inizio | beginning |
| 5 | emigrante | migrant |
| 5 | pieno di | full of |
| 5 | diffondere | to spread |
| 5 | conquistare | to conquer |
| 5 | mercato | market |
| 5 | oggi | today |
| 5 | classifica | rank |
| 5 | fritto | fried |
| 7 | minestrone | vegetable soup |
| 7 | salsiccia | sausage |
| 7 | calamaro | squid |
| 7 | zuppa | soup |
| 7 | torta | cake, pie |
| 8 | pancetta | bacon |
| 8 | guanciale | cheek lard |
| 8 | pepe | pepper |
| 8 | mischiare | to mix |
| 8 | forchetta | fork |
| 8 | grattugiare | to grate |
| 8 | aggiungere | to add |
| 8 | tagliare | to cut |
| 8 | pezzo | piece |
| 8 | padella | (frying) pan |
| 8 | riempire | to fill |
| 8 | intanto | meanwhile |
| 8 | pentola | pot, saucepan |
| 8 | fornello | burner, cooker |
| 8 | bollire | to boil |
| 8 | buttare gli spaghetti | to put spaghetti in (the water) |
| 8 | fuoco | fire, flame |
| 8 | lentamente | slowly, gently |
| 8 | velocemente | fast |
| 8 | versare | to pour |
| 8 | ancora | still |
| 10 | mortadella | bologna |
| 10 | tubetto | tube |
| 10 | verde | green |
| 10 | yogurt intero | whole milk yogurt |
| 10 | vasetto | pot |
| 10 | nero | black |
| 10 | litro | liter |
| 10 | nient'altro | nothing else |
| 10 | Qualcos'altro? | Anything else? |
| 10 | Ancora qualcosa? | Anything else? |
| 10 | Cosa desidera? | How can I help you? |
| 10 | circa | around, approximately |
| 10 | affettare | to slice |
| 10 | sottile | thin |
| 10 | Certo! | Sure!, Of course! |
| 10 | Perfetto! | Very good! |
| 10 | Ecco fatto. | Here you go. |
| 10 | troppo | too |
| 10 | stagionato | seasoned |
| 10 | piuttosto | rather |
| 10 | appunto | indeed, exactly |
| 10 | grosso | big |
| 10 | Si accomodi alla cassa. | Please proceed to the cashier. |
| 16 | prosciutto cotto | ham steak |
| 16 | prosciutto crudo | raw ham |
| 16 | giallo | yellow |
| 16 | rosso | red |
| 16 | bianco | white |
| 16 | latte scremato | skim(med) milk |
| 16 | riso integrale | brown rice |

**10**

# grammatica

## Pronomi diretti - Direct pronouns

Direct pronouns *lo*, *la*, *li*, *le* are used to replace an object or a person that one does not want to explicitly mention again. They agree in gender and number with the noun that they replace.

Before a vowel or *h* the singular forms *lo* and *la* take an apostrophe.

The plural forms *li* and *le* never take an apostrophe.

Direct pronouns precede conjugated verbs.

If verbs are in the infinitive form, direct pronouns follow the verbs and form a single word with them.

■ Quando vedi **Carlo**?
◆ **Lo** vedo domani.

■ Quando vedi **Maria**?
◆ **La** vedo domani.

■ Quando vedi i **colleghi**?
◆ **Li** vedo domani.

■ Quando vedi **le colleghe**?
◆ **Le** vedo domani.

■ Hai letto **il giornale**?
◆ No, non **l'**ho letto.

■ Ascolti **musica classica**?
◆ Sì, **l'**ascolto spesso.

■ Ti piacciono **i tortellini**?
◆ **Li** adoro!

■ Ti piacciono le lasagne?
◆ **Le** adoro!

■ Non abbiamo **il latte**.
◆ **Lo** compro prima di tornare a casa.

■ Fai **la spesa** al mercato o al supermercato?
◆ Preferisco far**la** al mercato.

|  | singolare | | plurale | |
|---|---|---|---|---|
| prima persona | mi | | ci | |
| seconda persona | ti | | vi | |
| terza persona | maschile ♂ | femminile ♀ | maschile ♂♂ | femminile ♀♀ |
| terza persona formale | lo | la | li | le |
|  | La | | ---------- | |

## Preposizione articolata con *di*/partitivo - Compound preposition with *di*/partitive

Preposition *di* combined with a singular or plural definite article is used to indicate an indefinite quantity of something (like the expression *un po' di*).

Vorrei **del** prosciutto. = Vorrei **un po' di** prosciutto.
Vorrei **delle** salsicce. = Vorrei **un po' di** salsicce.

|  | il | lo | la | l' | i | gli | le |
|---|---|---|---|---|---|---|---|
| di + | del | dello | della | dell' | dei | degli | delle |

## Partitivo con *ne* - Partitive with *ne*

The pronoun *ne* replaces a noun and is used to ask or give information on quantity.

■ Quanto **ne** vuole?
◆ **Ne** vorrei <u>mezzo chilo</u>.

■ Hai dei fratelli?
◆ **Ne** ho <u>due</u>.

Non amo molto i dolci: **ne** mangio <u>pochi</u>.

10

**L'Italia nel piatto**

**1** *Match the following photographs with the descriptions below.*

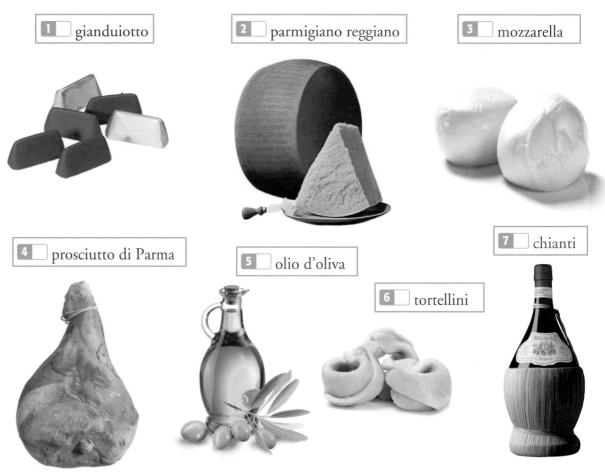

**1** ☐ gianduiotto

**2** ☐ parmigiano reggiano

**3** ☐ mozzarella

**4** ☐ prosciutto di Parma

**5** ☐ olio d'oliva

**6** ☐ tortellini

**7** ☐ chianti

**a** È la base della dieta mediterranea. In Italia si usa solo extravergine.

**b** Ha un sapore delicato ma allo stesso tempo intenso. Con il melone è un tipico antipasto italiano.

**c** È il vino italiano più esportato e conosciuto all'estero; prende il nome dalla zona della Toscana dove si produce.

**d** È il tradizionale cioccolatino torinese prodotto ancora secondo l'antica ricetta.

**e** È sicuramente il formaggio più famoso d'Italia. Ha un sapore intenso ma delicato. Si mette su quasi tutti i tipi di pasta.

**f** È uno dei formaggi italiani più famosi al mondo, dal sapore fresco e leggero. Ideale in estate, si mangia con i pomodori nel tipico piatto chiamato "caprese".

**g** Sono un tipo di pasta tipico dell'Emilia Romagna, dalla forma molto caratteristica e dal classico ripieno di carne.

**2** *Have you ever tasted one of the above mentioned products? Which one is easy to find in your country? Which one do you prefer?*

**1** *Look at the following screenshot before watching the episode: in your opinion, what does Federico want to buy in this shop?*

| | | | |
|---|---|---|---|
| **1** carne | | **6** frutta | |
| **2** salse | | **7** formaggio | |
| **3** pesce | | **8** pasta | |
| **4** salame | | **9** verdura | |
| **5** prosciutto | | **10** vino | |

**2** *Still without watching the episode, look at screenshots below and match them with the sentences in the list. Please note that one of the screenshots has no match. Then watch the episode and check your answers.*

**1** Un attimo, un attimo, per favore!   **2** Fette sottili, però, eh! Così!

**3** Per un buon picnic deve avere almeno due tipi di panini.

  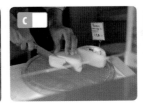 

**3** *Look at the following screenshots and answer the questions.*

Eh, **si fa presto a** dire "panino"!

**1** Secondo te cosa significa l'espressione **si fa presto a…?**

**a** Sembra facile, ma in realtà è difficile.
**b** Sembra difficile, ma in realtà è facile.

**La consulenza è gratis.** Per il resto, se non vuole altro, sono 18 euro!

**2** Quale frase è l'equivalente di **la consulenza è gratis?**

**a** Non devi pagare niente per il consiglio.
**b** Ti faccio uno sconto sulla spesa.

Il panino perfetto

10

## 1 Lettura | *Come si chiamano?* WB 1·2

*Read the following descriptions, then write people's names under the pictures below.*

**Fabrizio** è sempre elegante. Oggi ha un completo grigio, una camicia bianca, una cravatta a righe e un impermeabile beige.

**Vittoria** si veste in modo sportivo. Porta spesso jeans aderenti, gli stivali, una giacca a vento blu e una maglia rossa a righe bianche.

A **Sandro** piacciono i pantaloni di pelle. Oggi indossa una giacca verde e una cintura marrone.

Per una festa oggi **Eleonora** ha indossato un vestito celeste sotto un cappotto blu. Ha scelto una borsetta nera e le scarpe pure nere con i tacchi alti.

**Eugenio** preferisce i jeans e li mette sempre con le scarpe da ginnastica e con un pullover/ maglione verde o giallo e con un giubbotto marrone.

**Adriana** ama l'abbigliamento classico. Oggi è andata in ufficio con una gonna nera, una camicetta gialla e le scarpe basse.

# fare acquisti

## 2 Combinazioni | Capi d'abbigliamento WB 1·2

*Work with a partner. Write around the pictures of activity 1 the names of all items of clothing that you can find in the previous descriptions.*

> Adjectives referring to colors function as any other adjective (thus agreeing in gender and number with the noun to which they refer): **una camicia rossa, i pantaloni verdi**, etc. Some, though, never change: **blu, beige, rosa, viola** (una camicia viola/un maglione viola, i pantaloni blu/la gonna blu...).

## 3 Ascolto | *Cerco un pullover.* WB 3

50

**a.** *Close the book, listen to the recording, then work with a partner and share information on the conversation.*

**b.** *Now listen to the conversation again, then work with the same partner and choose the right options.*

**1** La signora vuole un pullover taglia

| | | |
|---|---|---|
| 48 o 50. | **a** | |
| 50 o 52. | **b** | |
| 52 o 54. | **c** | |

**2** La signora non compra il primo pullover perché

| | | |
|---|---|---|
| è troppo caro. | **a** | |
| è troppo giovanile. | **b** | |
| non è alla moda. | **c** | |

**3** Per la signora il secondo pullover è

| | | |
|---|---|---|
| bello, ma un po' caro. | **a** | |
| bello ed economico. | **b** | |
| alla moda ed economico. | **c** | |

**4** La signora alla fine compra un pullover che costa

| | | |
|---|---|---|
| 104 euro. | **a** | |
| 114 euro. | **b** | |
| 140 euro. | **c** | |

**5** Se al marito non sta bene il pullover, lo può cambiare

| | | |
|---|---|---|
| non lo può cambiare. | **a** | |
| solo se ha lo scontrino. | **b** | |
| lo può cambiare anche senza scontrino. | **c** | |

| taglie donna ♀ | | | | taglie uomo ♂ | |
|---|---|---|---|---|---|
| IT | AU | UK | US | IT | AU, UK, US |
| 38 | 6 | 4 | 2 | 44 | 34 |
| 40 | 8 | 6 | 4 | 46 | 36 |
| 42 | 10 | 8 | 6 | 48 | 38 |
| 44 | 12 | 10 | 8 | 50 | 40 |
| 46 | 14 | 12 | 10 | 52 | 42 |

> The expression **stare bene/stare male (a qualcuno)** are the equivalent of **to look good/to look bad (on someone)**:
>
> A Luca **stanno male** i pantaloni stretti.
> Questa gonna **ti sta** davvero **bene**!

**11**

**4** Lettura | La moda italiana alla conquista della Cina

*Read the following article, then close the book and work with a partner: Discuss all relevant information that you remember.*

# La moda italiana alla conquista della Cina

1  Su Guangxi Television, stazione televisiva molto popolare in Cina (la vedono milioni di persone) arriveranno la moda, il cibo, la cultura del nostro paese con il talent show "Top Moldels
5  on the Road", creato da Steven Luo, fondatore dell'agenzia di moda cinese Loren Models.

Steven è riuscito a realizzare questo programma grazie all'imprenditore cinese Pan Wei, che l'ha sostenuto e gli ha fornito i fondi per
10  finanziare il talent show, e alle autorità italiane, che gli hanno concesso i permessi per filmare in numerosi luoghi storici.

Il programma funziona così: nel periodo della "Fashion week" milanese, dodici ragazze
15  cinesi di Loren Models saranno in Italia per cercare di realizzare il sogno di diventare top model. Avranno un personal shopper che gli

spiegherà le basi dello stile e della moda italiani e un trainer che le preparerà a sfilare. Ma non dovranno imparare solo a vestirsi e a camminare  20
con grazia: le porteranno anche in giro per le città italiane per mostrargli i monumenti e le opere d'arte, le metteranno alla guida di una Ferrari, gli insegneranno perfino a fare la pasta fatta in casa e ad apprezzare i prodotti tipici italiani.  25
Nel frattempo naturalmente le filmeranno e nell'ultima puntata una giuria sceglierà una delle ragazze, la proclamerà vincitrice e le offrirà un contratto con una famosa agenzia di moda.

*Adattato da Il Sole 24 Ore*

**5** Riflettiamo | Il futuro semplice WB 4

**a.** *In the previous article you found a verb tense which you are not familiar with yet: the **futuro semplice**. Read the article again and find all future forms of the verbs indicated in the table below, then write them next to their corresponding infinitive, as in the example.*

| riga | infinito | verbo al futuro | persona |
|------|----------|-----------------|---------|
| 3 | arrivare | arriveranno | terza plurale |
| 15 | essere | | |
| 17 | avere | | |
| 18 | spiegare | | |
| 19 | preparare | | |
| 20 | dovere | | |
| 21 | portare | | |
| 23 | mettere | | |
| 24 | insegnare | | |
| 26 | filmare | | |
| 27 | scegliere | | |
| 28 | proclamare | | |
| 28 | offrire | | |

11

# fare acquisti

**b.** *Work with a partner: together complete the following table on **futuro semplice** with endings and examples.*

| verbi regolari | -are  →  ☐  <br> Es. _____  →  _____ | -rò | singolare |
| | -ere  →  ☐ - e - ☐  <br> Es. mettere  →  metterò | -rai | |
| | -ire  →  ☐ - i - ☐  <br> Es. offrire  →  offrirò | _____ | |
| verbi irregolari | _____  →  and-  <br> avere  →  _____  <br> bere  →  ber-  <br> dovere  →  _____  <br> essere  →  _____  <br> fare  →  fa-  <br> _____  →  pot-  <br> sapere  →  sap-  <br> _____  →  ved-  <br> venire  →  ver-  <br> volere  →  vor- | -remo <br><br> -rete <br><br> _____ | plurale |

---

**Le parole del futuro**

**più tardi** = later

**domani** = tomorrow

**domani mattina/domattina** = tomorrow morning

**la settimana prossima/la prossima settimana** = next week

**il prossimo fine settimana/weekend** = next weekend

**l'anno prossimo** = next year

**tra tre giorni/tra una settimana/ tra sei mesi** = in three days/in a week/in six months

**prima o poi** = sooner or later

**un giorno** = one day

**presto** = soon

---

**6** **Esercizio scritto | Futuro semplice ed espressioni di tempo** WB 5·6

*Write sentences to explain when you are planning to do the following things. Use **futuro semplice**, as in the example.*

> Esempio:
>
> parlare perfettamente l'italiano → *L'anno prossimo parlerò perfettamente l'italiano.*
>
> tornare a casa → *Tornerò a casa tra due ore.*

finire l'università

comprare un paio di jeans

avere un esame

partecipare a un talent show

uscire con gli amici

andare in India

imparare a fare la pasta in casa

guidare una Ferrari

sposarsi

partire per una vacanza

fare una torta

scrivere un'e-mail

# fare acquisti

**7** **Esercizio orale e scritto | Futuro semplice ed espressioni di tempo** WB 5·6
*Go round the classroom and ask your classmates when they are planning to do the things mentioned in activity 6. Then write their answers down, as in the example. Try to interview as many students as you can.*

> Esempio:
> Tu: Quando uscirai con gli amici?
> Il/La compagno/a X: Uscirò con gli amici stasera.

→ *You write down:*
Uscirà con gli amici stasera.

**8** **Scriviamo | La moda del futuro**
*Imagine that you are a journalist and that you work for "Vogue Italia". You need to write an article on how people will dress in the future. You can write either on next season, or on what people will wear in upcoming decades or centuries.*

**9** **Riflettiamo | Pronomi diretti e indiretti** WB 7·8
   **a.** *Read the following excerpt and indicate which nouns the highlighted pronouns refer to, as in the example.*

Su Guangxi Television, <u>stazione televisiva</u> molto popolare in Cina (**la** vedono milioni di persone) arriveranno la moda, il cibo, la cultura del nostro paese con il talent show "Top Moldels on the Road", creato da Steven Luo, fondatore dell'agenzia di moda cinese Loren Models.

Steven è riuscito a realizzare questo programma grazie all'imprenditore cinese Pan Wei, che **l'**ha sostenuto e **gli** ha fornito i fondi per finanziare il talent show, e alle autorità italiane, che **gli** hanno concesso i permessi per filmare in numerosi luoghi storici.

Il programma funziona così: nel periodo della "Fashion week" milanese, dodici ragazze cinesi di Loren Models saranno in Italia per cercare di realizzare il sogno di diventare top model. Avranno un personal shopper che **gli** spiegherà le basi dello

stile e della moda italiani e un trainer che **le** preparerà a sfilare. Ma non dovranno imparare solo a vestirsi e a camminare con grazia: **le** porteranno anche in giro per le città italiane per mostrar**gli** i monumenti e le opere d'arte, **le** metteranno alla guida di una Ferrari, gli insegneranno perfino a fare la pasta fatta in casa e ad apprezzare i prodotti tipici italiani. Nel frattempo naturalmente **le** filmeranno e nell'ultima puntata una giuria sceglierà una delle ragazze, **la** proclamerà vincitrice e **le** offrirà un contratto con una famosa agenzia di moda.

**b.** *The highlighted pronouns in the previous text are either direct (**pronomi diretti,** that you already know) or indirect (**pronomi indiretti**). Indirect pronouns usually replace an object which is preceded by the preposition **a**.*

Esempio:

Steven ha trovato un imprenditore cinese, Pan Wei, che **l'**ha sostenuto e **gli** ha fornito i fondi per finanziare il talent show. **=** Steven ha trovato un imprenditore cinese, Pan Wei, che ha sostenuto **Steven** e ha fornito **a Steven** i fondi per finanziare il talent show.

*Fill in the following tables with the highlighted pronouns that you found in the previous text.*

|  | pronomi diretti | |
|---|---|---|
|  | singolare | plurale |
| prima persona | mi | ci |
| seconda persona | ti (**formale**: La) | vi |
| terza persona femminile |  |  |
| terza persona maschile | lo | li |

|  | pronomi indiretti | |
|---|---|---|
|  | singolare | plurale |
| prima persona | mi | ci |
| seconda persona | ti (**formale**: Le) | vi |
| terza persona femminile |  |  |
| terza persona maschile |  | gli |

Like direct and reflexive pronouns, indirect pronouns come after infinitive verbs, with which they form a single word:
**Porteranno le ragazze in giro per le città italiane per mostrar<u>gli</u> i monumenti e le opere d'arte.**

## 10 Esercizio scritto | Pronomi indiretti WB 9·10

**a.** *Change the following sentences replacing highlighted parts with indirect pronouns, as in the example.*

Esempio:
Ho suggerito **a Mario** di mettere la cravatta. → *Gli ho suggerito di mettere la cravatta.*

**1** Hanno promesso alle figlie di andare al centro commerciale domenica.

_____

**2** Puoi ricordare a Sofia di andare a cambiare il maglione?

_____

**3** La commessa ha consigliato a Dario queste scarpe da ginnastica.

_____

**4** Voglio comprare a mia sorella un paio di stivali rossi.

_____

**5** A Lorenzo e a Stefano sta veramente bene il nero.

_____

# fare acquisti

Alcuni verbi che si usano con i pronomi indiretti

**dare** (qualcosa a qualcuno): to give
**dire** (qualcosa a qualcuno): to say
**mandare** (qualcosa a qualcuno): to send
**mostrare** (qualcosa a qualcuno): to show

**portare** (qualcosa a qualcuno): to bring
**promettere** (qualcosa a qualcuno): to promise
**scrivere** (qualcosa a qualcuno): to write
**telefonare** (a qualcuno): to phone

## 11 Esercizio orale | Pronomi diretti e indiretti WB 11

*Work with a partner. Take turns throwing the dice and moving forward by as many boxes as the number shown on the dice. When one student stops on a box, he/she must complete the sentence using the direct pronoun (**la, lo, le, li**) or the indirect pronoun (**le, gli, gli**) which refers to the person(s) shown in the picture, as in the examples. If his/her sentence is correct, he/she can stay where he/she is, otherwise he/she must go back to the previous box. Then it's the other student's turn to throw the dice. The winner is the student who first completes the last sentence correctly.*

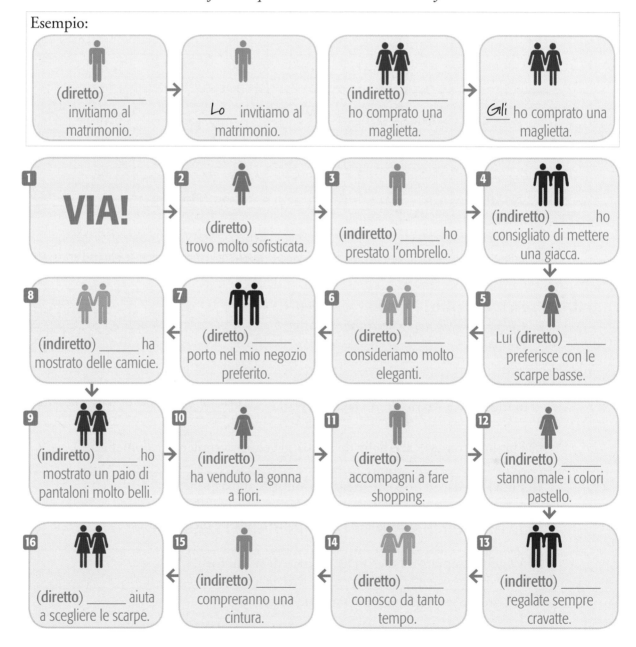

164  LEZIONE 11

# fare acquisti

**12** **Esercizio scritto | Abbigliamento, *piacere* e pronomi indiretti** WB 12
*Complete the names of the following items of clothing with the words in the list. Then indicate whether the person(s) shown in the picture like(s) or dislike(s) them, as in the example.*

| basse | blu | girocollo | grigia | quadri | tacchi alti | tinta unita | con lo scollo a "V" |

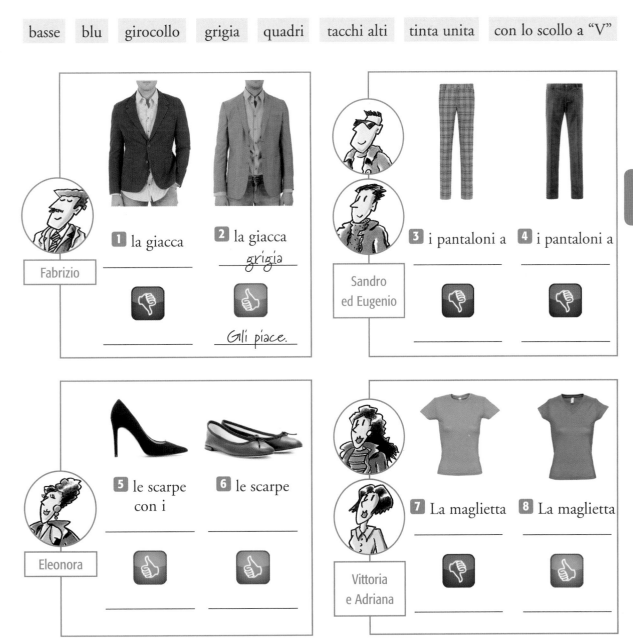

Fabrizio

**1** la giacca

**2** la giacca
*grigia*

*Gli piace.*

Sandro ed Eugenio

**3** i pantaloni a

**4** i pantaloni a

Eleonora

**5** le scarpe con i

**6** le scarpe

Vittoria e Adriana

**7** La maglietta

**8** La maglietta

**13** Ascolto | **In un negozio di calzature** 51

**a.** *Close the book, listen to the recording, then work with a partner and share information on the conversation.*

**b.** *Listen to the conversation again and then write in the table below any word or expression used by the woman and the sales assistant to describe the shoes that the woman tries.*

| primo paio di mocassini ||
|---|---|
| signora | commesso |
| | |

| secondo paio di mocassini ||
|---|---|
| signora | commesso |
| | |

| stivali ||
|---|---|
| signora | commesso |
| | |

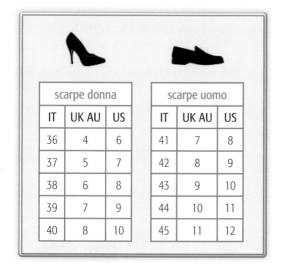

| scarpe donna |||
|---|---|---|
| IT | UK AU | US |
| 36 | 4 | 6 |
| 37 | 5 | 7 |
| 38 | 6 | 8 |
| 39 | 7 | 9 |
| 40 | 8 | 10 |

| scarpe uomo |||
|---|---|---|
| IT | UK AU | US |
| 41 | 7 | 8 |
| 42 | 8 | 9 |
| 43 | 9 | 10 |
| 44 | 10 | 11 |
| 45 | 11 | 12 |

**14** Riflettiamo | **Condizionale presente** WB 13·14

*Read the following sentences taken from the previous conversation.*

| Buongiorno, **vorrei** provare quei mocassini neri in vetrina. | Mi **direbbe** quanto vengono? |
|---|---|
| **Avrebbe** un paio di mocassini più eleganti? | **Potrei** provare quegli stivali rossi? |

*In order to make her requests sound kinder, the woman uses a verb form that you have never encountered so far: the* **condizionale presente** *(present conditional). The forms of* **condizionale presente** *are similar to those of the future tense. The root of the verb follows exactly the same rules, whereas the endings are different. Complete the following table on* **condizionale presente** *with missing verb endings.*

| verbi regolari | - **are** → ☐ - e - ☐ <br> Es. portare → porte- | ———— | singolare |
|---|---|---|---|
| | - **ere** → ☐ - e - ☐ <br> Es. mettere → mette- | -resti | |
| | - **ire** → ☐ - i - ☐ <br> Es. dire → di- | ———— | |
| verbi irregolari | avere → av- <br> dovere → dov- <br> essere → sa- <br> fare → fa- <br> potere → pot- <br> volere → vor- | -remmo | plurale |
| | | -reste | |
| | | -rebbero | |

# fare acquisti

## L'aggettivo dimostrativo *quello*

Read the following sentences taken from the previous conversation:
Vorrei provare **quei** mocassini neri in vetrina.
Potrei provare **quegli** stivali rossi?

The demonstrative adjective **quello** always precedes the noun, with which it agrees in gender and number. Its forms, like those of definite articles, change according to the first letter of the noun to which it refers.

|  | singolare | plurale |  |  |
|---|---|---|---|---|
| maschile ♂ | quel | quei | + | consonant |
|  | quello | quegli | + | *s* + consonant or *z* |
|  | quell' | quegli | + | vowel |
| femminile ♀ | quella | quelle | + | consonant |
|  | quell' | quelle | + | vowel |

## 15 Esercizio orale | *Che ne dice?* WB 15·16

*Work with a partner. Look at the pictures and make short conversations as in the example, changing highlighted elements each time. Then switch roles.*

Esempio:
- ■ E **quegli stivali**?
- ◆ No, no **sono** troppo **eleganti**.
  Li vorrei **sportivi**.

> **Troppo** means **too much**, **too many** or **too**.
>
> Ho mangiato **troppo**. → I ate too much.
> Ha **troppi** vestiti. → He/She has too many clothes.
> Queste scarpe sono **troppo** piccole. → These shoes are too small.

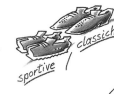

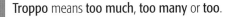

## 16 Parliamo | *Come ti vesti?*

*What would you wear in the following circumstances? Discuss with a partner.*

| per andare al primo appuntamento con una ragazza/un ragazzo che ti piace | per cercare un lavoro | per andare allo stadio |

| per andare a un matrimonio | per uscire con gli amici | per il pranzo di Natale |

# glossario/grammatica

| | | |
|---|---|---|
| 1 | grigio | grey |
| 1 | arancione | orange |
| 1 | rosa | pink |
| 1 | marrone | brown |
| 1 | celeste | sky blue |
| 1 | azzurro | pale blue |
| 1 | viola | purple |
| 1 | a righe | striped |
| 1 | a quadri | checked |
| 1 | lana | wool |
| 1 | cotone | cotton |
| 1 | seta | silk |
| 1 | pelle | leather |
| 1 | elegante | elegant |
| 1 | completo | suit |
| 1 | camicia | shirt |
| 1 | cravatta | tie |
| 1 | impermeabile | raincoat |
| 1 | vestirsi | to wear, to be dressed |
| 1 | portare | to wear, to carry |
| 1 | aderente | close-fitting, tight |
| 1 | stivali | boots |
| 1 | giacca a vento | parka |
| 1 | maglia | sweater |
| 1 | pantaloni | trousers, pants |
| 1 | indossare | to wear, to put on |
| 1 | cintura | belt |
| 1 | vestito | dress |
| 1 | cappotto | coat |
| 1 | scegliere | to choose |
| 1 | borsetta | handbag |
| 1 | pure | too, also |
| 1 | tacchi alti | high heels |
| 1 | scarpe da ginnastica | sneakers |
| 1 | pullover/maglione | sweater, jumper |
| 1 | giubbotto | jacket, vest |
| 1 | abbigliamento | clothes, clothing |
| 1 | camicetta | blouse |
| 1 | scarpe basse | flat shoes |
| 1 | gonna | skirt |
| 3 | giovanile | young-looking |
| 3 | alla moda | fashionable |
| 3 | taglia | size |
| 3 | scontrino | receipt |
| 4 | stazione televisiva | tv station |
| 4 | fondatore | founder |
| 4 | imprenditore | business man |
| 4 | sostenere | to support, |
| 4 | fornire fondi | to help financially |
| 4 | finanziare | to finance |
| 4 | autorità | authorities, government bodies |
| 4 | concedere permessi | to allow |
| 4 | filmare | to film, to shoot |
| 4 | numerosi/e | many, plenty |
| 4 | luogo | place |

| | | |
|---|---|---|
| 4 | realizzare un sogno | to make a dream come true |
| 4 | spiegare | to explain |
| 4 | stile | style |
| 4 | sfilare | to walk a catwalk |
| 4 | camminare | to walk |
| 4 | con grazia | gracefully |
| 4 | mostrare | to show |
| 4 | opera d'arte | artwork |
| 4 | insegnare | to teach |
| 4 | perfino | even |
| 4 | pasta fatta in casa | home made pasta |
| 4 | apprezzare | to enjoy |
| 4 | nel frattempo | meanwhile |
| 4 | naturalmente | obviously, of course |
| 4 | puntata | episode |
| 4 | giuria | jury |
| 4 | proclamare un vincitore/ una vincitrice | to announce a winner |
| 4 | offrire | to offer |
| 4 | contratto | contract |
| 6 | perfettamente | perfectly, extremely well |
| 6 | esame | exam, test |
| 6 | partecipare | to attend, to be a guest |
| 6 | guidare | to drive |
| 7 | stasera | tonight |
| 10 | suggerire | to suggest, to recommend |
| 10 | promettere | to promise |
| 10 | centro commerciale | shopping mall |
| 10 | ricordare | to remind |
| 10 | raccomandare | to recommend |
| 10 | veramente | really |
| 11 | invitare | to invite |
| 11 | maglietta | (T-)shirt |
| 11 | sofisticato | sophisticated, chic |
| 11 | ombrello | umbrella |
| 11 | consigliare | to suggest |
| 11 | considerare | to see as |
| 11 | portare | to take (someone somewhere) |
| 11 | a fiori | flowery |
| 11 | accompagnare | to go/come with someone |
| 11 | colori pastello | pastel colors |
| 11 | regalare | to offer, to give (as a gift) |
| 11 | da tanto tempo | for a long time |
| 11 | aiutare | to help |
| 12 | maglietta a girocollo | crew neck shirt |
| 12 | maglietta con lo scollo a "V" | V-neck shirt |
| 12 | tinta unita | plain color |
| 13 | mocassini | moccasins |
| 14 | provare | to try |
| 14 | in vetrina | on display (in the shop window) |
| 16 | appuntamento | appointment, date |
| 16 | cercare un lavoro | to look for a job |
| 16 | pranzo di Natale | Christmas lunch |
| 16 | stadio | stadium |

**11**

## Futuro semplice - Future tense

*When conjugated in the **futuro semplice**, all verbs - regular and irregular - have the same endings. Endings are added to the verb root (see chart on the next page).*

*Verbs of the first conjugation do not keep the **a** of the infinitive (see next page): the **a** actually becomes an **e**, except for **dare**, **fare** and **stare**.*

| | |
|---|---|
| dare | darò |
| fare | farò |
| stare | starò |

# grammatica

| | | | | |
|---|---|---|---|---|
| verbi regolari | parl**are** → -e- → parl**erò**<br>mett**ere** → -e- → mett**erò**<br>offr**ire** → -i- → offr**irò** | -rò<br>-rai<br>-rà | singolare | |
| | | -remo<br>-rete<br>-ranno | plurale | |

| | | | | |
|---|---|---|---|---|
| verbi irregolari | andare → and-<br>avere → av-<br>bere → ber-<br>dovere → dov-<br>essere → sa-<br>fare → fa-<br>potere → pot-<br>sapere → sap-<br>vedere → ved- | -rò<br>-rai<br>-rai | singolare | |
| | | -remo<br>-rete<br>-ranno | plurale | |

## Pronomi indiretti - Indirect pronouns

| | singolare | plurale |
|---|---|---|
| prima persona | mi | ci |
| seconda persona | ti | vi |

| | singolare | | plurale | |
|---|---|---|---|---|
| terza persona | maschile ♂ | femminile ♀ | maschile ♂♂ | femminile ♀♀ |
| terza persona formale | gli | le | gli | |
| | Le | | ---------- | |

Indirect pronouns replace nouns which are preceded by the preposition *a*.
An indirect pronoun always comes before a conjugated verb. If the verb is in the infinitive form, the indirect pronoun comes after and forms a single word with it.

■ Che cosa hai comprato **a Giulio**?
◆ **Gli** ho comprato un maglione.

Vorrei regalar**le** una sciarpa.

## Condizionale presente - Present conditional

The forms of the **condizionale presente** are similar to those of the **futuro semplice**: the verb root follows the same rules, whereas the endings are different.

The **condizionale presente** is often used to make a polite request.

| infinito | futuro | condizionale |
|---|---|---|
| dare | darò | darei |
| fare | farò | farei |
| stare | starò | starei |

**Vorrei** provare quei mocassini neri in vetrina.
**Avrebbe** un paio di mocassini eleganti?

| | | | | |
|---|---|---|---|---|
| verbi regolari | parl**are** → -e- → parl**erei**<br>mett**ere** → -e- → mett**erei**<br>offr**ire** → -i- → offr**irei** | -rei<br>-resti<br>-rebbe | singolare | |
| | | -remmo<br>-reste<br>-rebbero | plurale | |

| | | | | |
|---|---|---|---|---|
| verbi irregolari | andare → and-<br>avere → av-<br>bere → ber-<br>dovere → dov-<br>essere → sa-<br>fare → fa-<br>potere → pot-<br>sapere → sap-<br>vedere → ved- | -rei<br>-resti<br>-rebbe | singolare | |
| | | -remmo<br>-reste<br>-rebbero | plurale | |

## L'aggettivo dimostrativo *quello* - Demonstrative adjective *quello*

The adjective **quello** refers to an object or a person which/who is far from the speaker. It precedes the noun - with which it agrees in gender and number - and changes according to the first letter of the noun (like definite articles do).

| | singolare | plurale | + sostantivo che comincia con: |
|---|---|---|---|
| maschile ♂ | quel | quei | consonante → **quel** vestito, **quei** vestiti |
| | quello | quegli | *s* + consonante o *z* → **quello** studente, **quegli** studenti |
| | quell' | quegli | vocale → **quell'**attore, **quegli** attori |
| femminile ♀ | quella | quelle | consonante → **quella** giacca, **quelle** giacche |
| | quell' | quelle | vocale → **quell'**idea, **quelle** idee |

11

# caffè culturale

## La moda italiana

1 *Fashion is one of the epitomes of Italian know-how. Italian top-notch fashion designers are worldwide celebrities. Below you find a short description of some of them. Read the paragraphs and match them with the appropriate photographs.*

**1 Valentino**

È il simbolo di un'eleganza classica e senza tempo. Il rosso è il suo colore preferito.

**2 Versace**

È famoso per il suo stile aggressivo. Usa in modo originale materiali non naturali e tecnologici.

**3 Armani**

È forse lo stilista italiano più imitato e conosciuto nel mondo. Ha uno stile essenziale e minimalista. Il simbolo della sua produzione è la giacca. È famoso anche per l'uso del colore blu, che prende il suo nome ("blu Armani").

**4 Dolce e Gabbana**

I due stilisti propongono un look trasgressivo e appariscente, che riprende in chiave moderna la tradizione mediterranea.

**5 Prada, Gucci e Ferragamo**

Sono le marche più conosciute per la produzione di accessori (scarpe, borse, cinture, ecc.).

2 *Do you know any of the above mentioned fashion designers? Are they well known in your country? Whom do you prefer? Do you know any other Italian fashion designer?*

# videocorso

**1** *Before watching the episode, look at the three screenshots below and match them with the sentences in the list. Please note that one of the sentences has no match. Then watch the episode and check your answers.*

**1** Certo, signore. Le camicie da uomo sono da questa parte.

**2** Matteo! Come mi sta?

**3** Sì, in effetti forse è un po' stretta!

**4** Senti, io entro per provarlo.

**2** *Match questions and answers.*

domande

**a** Buongiorno, posso aiutarla?
**b** Che taglia porti?
**c** Come mi sta?

risposte

**1** Be', a me piace… uno dei colori del vestito.
**2** Sì, cerco una camicia.
**3** Mah, non so, la 40…

**3** *Complete each of the following sentences choosing the correct option.*

**1** Valentina entra nel negozio
   **a** perché le piace un vestito.
   **b** perché conosce la commessa.
   **c** perché Matteo non ha camicie.

**2** Il vestito che Valentina prova
   **a** piace molto anche a Matteo.
   **b** non piace a Matteo.
   **c** secondo Matteo è stretto.

**3** Valentina sceglie per Matteo
   **a** una camicia molto colorata.
   **b** una camicia molto elegante.
   **c** una camicia sportiva ma elegante.

**4** *Look at the photograph and write what Valentina and Matteo are wearing.*

Valentina indossa…

Matteo indossa…

**1** Lettura | **I bambini e gli animali** WB 1

**a.** *Read the following article.*

# E i bambini ci chiedono di proteggere gli animali.

Secondo l'Eurispes è cresciuta la coscienza "animalista". Il più amato il cane, il più temuto il serpente.

Secondo l'Eurispes quasi tutti i bambini vorrebbero avere un animale e quello preferito resta sempre il cane. Le femmine, più dei maschi, amano i gatti, al secondo posto nella classifica dell'Eurispes (14,2%). Seguono poi il cavallo, le tigri, gli uccelli, i leoni e i delfini.

Quasi tutti hanno o hanno avuto un animale in casa (81,7%). Cani e gatti in maggioranza, ma tra le quattro mura domestiche trovano ormai spazio anche tartarughe (14,5%), criceti (10,6%), conigli (4,8%). Solo un bambino su cinque non ha mai avuto un animale.

Potendo trasformarsi in un animale, un bambino su cinque vorrebbe essere un uccello e quasi uno su dieci un cane. L'8,8% vorrebbe essere un leone e l'8,2% un gatto. Seguono il delfino (6,8%), il ghepardo (4,4%) e il cavallo (4,1%).
I maschi si identificano molto più delle femmine con animali "forti" come il leone o il ghepardo, mentre le bambine vorrebbero essere un animale elegante come la farfalla.
Il serpente rimane l'animale più odiato dalla maggioranza dei bambini.

Adattato da *la Repubblica*

**b.** *The previous text contains the names of various animals. Find them and write them under the corresponding picture, as in the example.*

criceto

# noi e gli animali

## 2 Parliamo | Il vostro sondaggio WB 1

*Form small groups, carry out a survey using the following questions and take notes. Then report your findings to the rest of the class.*

1 Quali sono, secondo voi, gli animali più diffusi nel vostro Stato?
2 Avete un animale? Se sì, quale?
3 Qual è il vostro animale preferito?
4 Quale animale non vi piace per niente e perché?
5 Quale animale vorresti essere? Perché?

## 3 Ascolto | Uomini e animali 53 (●▶

**a.** *Close the book, listen to the recording, then work with a partner and share information on the conversation.*

**b.** *Listen to the recording again, then choose the article which in your opinion refers to the research mentioned in the conversation.*

1
### I cani sono senza memoria e senza tempo!
Uno studio dimostra che solo l'uomo ha la coscienza del passare del tempo. I cani non hanno presente, passato e futuro.

2
### Anche i cani sono persone?
Una ricerca rivela che una parte del cervello dell'uomo e del cane reagisce allo stesso modo a stimoli positivi.

3
### I cani capiscono come i bambini di 2 anni
Recenti esperimenti dimostrano che i cani possono imparare 165 parole e sono anche capaci di contare.

**c.** *Choose the correct option.*

1 L'uomo   a ☐ è favorevole agli esperimenti sugli animali.
          b ☐ non è favorevole agli esperimenti sugli animali.

2 L'esperimento dimostra che   a ☐ reagisce come quello dei bambini.
una parte del cervello dei cani   b ☐ non reagisce come quello dei bambini.

3 La donna aveva   a ☐ un gatto  e   c ☐ lo trattava bene.
                  b ☐ un cane       d ☐ non lo trattava bene.

**4** **Lettura | Il Progetto Nim**

**a.** *Read the following article.*

## Nim Chimsky: lo scimpanzé che pensava di essere un bambino

Gli scienziati concordano che l'apprendimento di una lingua è una caratteristica esclusivamente umana. Studi recenti confermano che, anche se gli scimpanzé possono imparare il linguaggio dei segni, non riescono a capire le regole grammaticali come fanno i bambini.

Già nel 1973 il dott Herbert Terrace della Columbia University voleva scoprire se era possibile insegnare alle scimmie a comunicare con noi. Con il Progetto Nim il dott. Terrace voleva investigare se gli animali potevano apprendere e utilizzare una sintassi.

Protagonista dell'esperimento era uno scimpanzé chiamato Nim Chimpsky.

Sottratto alla madre naturale quando aveva circa tre mesi, Nim è cresciuto prima con una famiglia umana in un appartamento, e poi con altre "mamme", sempre giovani studentesse.

La nuova famiglia trattava lo scimpanzé come un figlio: gli facevano indossare vestiti umani, mangiava a tavola, giocava con gli altri bambini. Ma la cosa più importante era che tutti i membri della famiglia comunicavano con lui con il linguaggio dei segni.

I progressi di Nim erano sorprendenti: poteva usare oltre 120 segni dell'alfabeto dei sordi. Comunicava con i suoi maestri in maniera incredibile e riusciva addirittura a mentire.

Purtroppo il dott. Terrace ha dovuto interrompere l'esperimento senza avere dati sufficienti per dimostrare scientificamente se le scimmie riuscivano a imparare e usare una sintassi.

Gli assistenti che hanno conosciuto Nim continuavano però a sostenere che sapeva parlare in maniera chiara e precisa.

Nim Chimpsky ha vissuto gli ultimi anni della sua vita in una riserva per animali selvatici.

**b.** *What is your opinion on Nim's story? Do you approve or disapprove of scientific experiments based on animal testing?*

**5** **Riflettiamo | L'imperfetto** WB 2

**a.** *In the previous article past actions are described through **passato prossimo**, a tense that you already know, as well as through a new past tense called **imperfetto**. Read the article again and find all verbs conjugated in the **imperfetto**, then insert them in the tables below.*

| verbi regolari | comunica**re** → comunica-<br>ave**re** → ave-<br>riusc**ire** → riusci- | -vo<br>-vi<br>- ___ | essere |
|---|---|---|---|
| | | | ero<br>eri |
| verbi irregolari | fare → face-<br>bere → beve-<br>dire → dice- | -vamo<br>-vate<br>- ___ | ___<br>eravamo<br>eravate<br>___ |

The verbs **avere**, **volere**, **potere**, **dovere** and **sapere** are irregular in the **presente indicativo**, whereas they are regular in the **imperfetto**.

…**poteva** usare oltre 120 segni dell'alfabeto dei sordi.

…**sapeva** parlare in maniera chiara e precisa.

**b.** *Here are some sentences taken from the previous article. Read them and decide what the **imperfetto** is used for.*

**a** ☐ La nuova famiglia **trattava** lo scimpanzé come un figlio: gli **faceva** indossare vestiti umani, **mangiava** a tavola, **giocava** con gli altri bambini.

**c** ☐ **Comunicava** con i suoi maestri in maniera incredibile e **riusciva** addirittura a mentire.

**b** ☐ I progressi di Nim **erano** sorprendenti.

**d** ☐ Protagonista dell'esperimento **era** uno scimpanzé chiamato Nim Chimpsky.

**1** the **imperfetto** is used to make description of things, people or situations in the past
**2** the **imperfetto** is used to describe actions that occurred repeatedly in the past

## 6 Esercizio scritto e orale | *E tu?* WB 3·4
*Read the following questions and conjugate the verbs in brackets in the **imperfetto**. Then answer, still using the **imperfetto**. Finally, ask your classmates the same questions and respond as in the example. You can ask only one question per student. With whom do you have most answers in common?*

Esempio: Dove (*vivere*)?
■ Quando **eri** piccolo/a, dove **vivevi**?
◆ **Vivevo** a Boston. E Tu?
■ Anch'io./Io a Durban.

**1** Che carattere (*avere*)?
**2** Cosa (*volere*) fare da grande?
**3** Qual (*essere*) il tuo gioco preferito?
**4** (*Avere*) un animale?
**5** Se sì, che animale (*essere*)?

## 7 Esercizio orale | Imperfetto
*Work with a partner. Repeat the following conversation changing subject pronouns as in the example. Then switch roles. In sentences 1, 2 e 3 you may choose whether the subject is masculine or feminine. Remember to make all necessary changes.*

Esempi:
**Tu (femminile)/Io (femminile)**
■ Da piccola avevi un animale?
◆ Da bambina avevo un gatto.
■ Gli volevi bene?
◆ Sì, mi divertivo tanto con lui.

**Lui/Lui**
■ Da piccolo aveva un animale?
◆ Da bambino aveva un gatto.
■ Gli voleva bene?
◆ Sì, si divertiva tanto con lui.

**1** Voi/Noi
**2** Loro/Loro
**3** Lei (formale)/Io
**4** Lei/Lei

In Italian the verb **to love** is translated both by **amare** and **volere bene**. **Amare** is used to express one's affection for a person with whom one has a relationship or with whom one is in love. **Volere bene** is used to express one's affection for friends, relatives and pets.

Ti amo! ≠ Ti voglio bene!

## 8 Ascolto | *Tu dove andavi in vacanza?* 54 ((▶

**a.** *Close the book, listen to the recording, then work with a partner and share information on the conversation.*

**b.** *Listen to the conversation again, then read the following statements and specify whether they are true or false.*

| | vero | falso |
|---|---|---|
| **1** In estate Giovanni partiva per le vacanze. | ☐ | ☐ |
| **2** Tutte le mattine andava in spiaggia a piedi. | ☐ | ☐ |
| **3** A 13 anni Giovanni ha fatto una vacanza in montagna. | ☐ | ☐ |
| **4** La ragazza pensa che prima il concetto di "vacanza" era diverso. | ☐ | ☐ |

## 9 Riflettiamo | Imperfetto o passato prossimo? WB 6 54 ((▶

**a.** *Listen to the conversation again and underline the correct verb form.*

■ Giovanni, tu dove **sei andato/andavi** in vacanza da bambino?

◆ Mah, veramente noi non **siamo andati/andavamo** in vacanza, perché non **abbiamo avuto/avevamo** bisogno di partire per andare al mare...

■ Be', chiaro...

◆ Sì, normalmente l'estate **siamo restati/restavamo** a casa, i miei **hanno avuto/avevano** una cabina in un lido... (…)

■ E non avete mai fatto una vacanza diversa?

◆ Solo una volta, quando **ho avuto/avevo** 13 anni, **siamo andati/andavamo** una settimana in montagna, in Val d'Aosta, a trovare degli amici di mio padre. Sì, è vero, quella **è stata/era** la prima volta che **siamo partiti/partivamo** veramente per le vacanze.

**b.** *The time expressions **normalmente** and **di solito** are usually associated with*
**a** ☐ *passato prossimo.*
**b** ☐ *imperfetto.*

**c.** *In the last paragraph of the previous transcription Giovanni mainly uses*
**a** ☐ *passato prossimo.*
**b** ☐ *imperfetto.*
*Why is it so?*

## 10 Combinazioni | *Normalmente..., ma una volta...* WB 7
*Form sentences using the time expressions below, as in the example.*

> Esempio: **Normalmente** studiavo in biblioteca, ma **una volta** ho studiato a casa.

| di solito<br>normalmente<br>da bambino/a | essere sincero/a<br>vivere in campagna<br>andare in vacanza al mare<br>viaggiare con la famiglia<br>studiare in biblioteca | una volta<br>5 anni fa<br>a 13 anni | dire una bugia<br>studiare a casa<br>trasferirsi in città<br>passare le vacanze in montagna<br>fare un viaggio da solo |
|---|---|---|---|

## 11 Parliamo | *E tu?*
*Where did you usually spend your vacations when you were a child? Do you remember any special vacation? Discuss with a partner.*

**12**

## 12 Lettura | Una figlia d'arte

**a.** *Read the following article on Chiara Mastroianni.*

# Chiara Mastroianni si racconta.

1 All'inizio dell'intervista Chiara Mastroianni ha sorriso, raccontando dei figli che le dicono che assomiglia a Marge, la moglie di Homer Simpson. "Ma non per i capelli. È che mi vedono come una mamma buona, ma ansiosa.".

5 Chiara ha chiuso gli occhi per un attimo, e quando li ha riaperti ha detto lentamente: "Il tempo passa troppo in fretta". Suo padre Marcello Mastroianni, attore mito del cinema italiano, aveva orrore del tempo libero. Da bambina Chiara viveva a Parigi con la madre Catherine Deneuve (attrice simbolo del cinema

10 francese), e quando raggiungeva suo padre a Roma per le vacanze, lui passava le giornate a decidere cosa mangiare o a dormire a lungo. Chiara ricorda che il padre diventava euforico e vitale solo quando stava sul set: mentre lavorava, parlava con tutti, scherzava, era felice. Marcello aveva quasi 50 anni quando Chiara è nata. Dice: "Le persone amavano papà perché non faceva la star. Era simpatico, semplice nella sua grandezza. Con lui ho vissuto la poesia

15 del cinema di Cinecittà. Con lui ogni pretesto era buono per fare festa. Mia madre Catherine è l'essenza del cinema e dello stile. Molti l'hanno descritta fredda o distante, ma con me è stata presente. Quando ho deciso di fare l'attrice, non era d'accordo, mi ha detto: recitare rende fragili. Per me recitare invece è liberatorio. Nella vita di ogni giorno sono molto timida e così quando recito posso finalmente diventare un'altra persona."

20 Della sua vita privata, Chiara non vuole parlare. Torna in mente la Deneuve, sua madre, che mentre faceva un'intervista con un giornalista particolarmente curioso della sua vita privata, gli ha risposto: "Stia tranquillo, ho una vita".

*Adattato da d.repubblica.it*

**b.** *Now answer the following questions and compare your answers with those of a classmate.*

**1** Come descrive Chiara suo padre? E secondo te, Marcello Mastroianni che tipo era?

**2** Come ha reagito sua madre quando Chiara le ha detto che voleva fare l'attrice?

**3** Quale rapporto ha Chiara con il proprio lavoro?

## 13 Riflettiamo | Passato prossimo e imperfetto WB 8·9

*Read the previous article again, find all verbs in the **imperfetto** and write them down in your notebook. Then try to figure out what these verbs refer to and match them with the following paragraphs.*

| the imperfetto is used to: | |
|---|---|
| **1** refer to a past situation of indefinite duration (i. e. we know neither when it started nor when it ended) | **2** refer to a series of pasts events that happened simultaneously |
| **3** describe how people/things were in the past | **4** refer to a past action in which was still going on while a new one occured (the latter is expressed through **passato prossimo**). |

## 14 Esercizio scritto | *Mentre...*

*Match pictures with verbs, then make up sentences as in the example.*

Esempio:
Mentre +  + suonare il telefono → Mentre dormiva, ha suonato il telefono.

| | | addormentarsi<br>incontrare un amico<br>bruciarsi un dito<br>sentire un forte rumore |
|---|---|---|
| Mentre | | |

## 15 Esercizio orale | *Che cosa è successo?*

*Work with a partner. Take turns making up a sentence which refers to both one of the photograps on the left and one of the photographs on the right. While describing pictures on the left, please use the* **imperfetto***. For those on the right, please use the* **passato prossimo***. Follow the example. You are free to choose any picture in each column (there is no obligatory combination).*

Esempio: **1** + **b**
Marco e le sue amiche **andavano** in macchina, quando **hanno visto** una giraffa per strada.
Mentre Marco e le sue amiche **andavano** in macchina, **hanno visto** una giraffa per strada.

12

**16** **Riflettiamo** | **Accordo tra pronome diretto e participio passato** WB 11
*Read the following sentences taken from the previous interview (see activity 12), then answer the questions below.*

> **1** Chiara ha chiuso gli occhi per un attimo, e quando li ha riaperti ha detto: "Il tempo passa troppo in fretta".

> **2** "Mia madre è l'essenza del cinema. Molti l'hanno descritta fredda, ma con me è stata presente".

**a** In these sentences two **passato prossimo** verbs are preceded by pronouns: to which category do these pronouns belong to? _____

**b** What do they refer to?

**1** _____ **2** _____

**c** What happens to the **passato prossimo** when it is preceded by such pronouns?

_____

**17** **Esercizio orale** | **Pronomi diretti e participio passato** WB 12
*Work with a partner. Here is a list of things that you were supposed to do this past week. Choose four things that you actually did. Your partner must ask you no more than five questions in order to find these things out. Follow the example.*

> Esempio: comprare i biglietti per il teatro
> ■ Hai comprato i biglietti per il teatro?
> ◆ Sì, li ho comprati. / No, non li ho comprati.

fissare un appuntamento dal dentista
pulire la tua stanza
chiamare la tua migliore amica
lavare i vestiti
incontrare le tue sorelle

fare la spesa
preparare gli esami di fine anno
vedere un film
aggiornare il tuo profilo Facebook
studiato la lezione di medicina

**18** **Scriviamo** | **Un articolo di cronaca**
*Write a short article based on one of the following headlines.*

### Diritti umani agli animali: la battaglia per cani e gatti
Appello per cambiare il codice civile: cani e gatti sono esseri sensibili, non cose. Tante storie di animali e uomini, per una questione attuale.

### Essere figli di una celebrità: prigione o opportunità?
Il figlio di una celebrità raggiunge con difficoltà i risultati del genitore. Ma non è giusto generalizzare: ecco una storia veramente eccezionale.

### Ricordi di viaggio
Ogni viaggio è occasione di incontri e di avventure. Questo è il racconto di un'esperienza bella e sorprendente alla scoperta di luoghi e persone.

**12**

# glossario

| | | | |
|---|---|---|---|
| 1 | bambino | child, kid |
| 1 | chiedere | to ask |
| 1 | proteggere | to protect |
| 1 | crescere | to become bigger, to grow |
| 1 | coscienza | consciousness, awareness |
| 1 | animalista | in favor of animal rights |
| 1 | cane | dog |
| 1 | temuto | dreaded |
| 1 | serpente | snake |
| 1 | femmina | female |
| 1 | maschio | male |
| 1 | gatto | cat |
| 1 | tigre | tiger |
| 1 | uccello | bird |
| 1 | leone | lion |
| 1 | delfino | dolphin |
| 1 | tra le mura domestiche | in homes |
| 1 | tartaruga | turtle |
| 1 | criceto | hamster |
| 1 | coniglio | rabbit |
| 1 | trasformarsi (in) | to turn into |
| 1 | ghepardo | cheetah |
| 1 | identificarsi (in) | to identify oneself with |
| 1 | farfalla | butterfly |
| 1 | odiare | to hate |
| 1 | maggioranza | majority |
| 3 | memoria | memory |
| 3 | senza | without |
| 3 | dimostrare | to demonstrate, to prove |
| 3 | ricerca | research |
| 3 | rivelare | to reveal |
| 3 | cervello | brain |
| 3 | reagire | to react, to respond |
| 3 | allo stesso modo | in the same way |
| 3 | stimolo | stimulation |
| 3 | esperimento | experiment, test |
| 3 | capace (di) | able/capable of |
| 3 | contare | to count |
| 3 | favorevole (a) | in favor of |
| 3 | trattare bene | to treat well |
| 4 | scimpanzé | chimpanzee |
| 4 | concordare | to agree |
| 4 | apprendimento | learning |
| 4 | caratteristica | characteristic, feature |
| 4 | esclusivamente | exclusively, solely |
| 4 | umano | human |
| 4 | confermare | to confirm |
| 4 | anche se | even if/though |
| 4 | linguaggio dei segni | sign language |
| 4 | riuscire (a) | to manage to, to succeed in, to be able to |
| 4 | regola | rule |
| 4 | già | already |
| 4 | scoprire | to discover, to find out |
| 4 | scimmia | ape |
| 4 | investigare | to inquire |
| 4 | protagonista | leading role, key player, main character |
| 4 | membro della famiglia | family member |
| 4 | progresso | progress |
| 4 | sorprendente | surprising, amazing, astonishing |
| 4 | sordo | deaf |
| 4 | maestro | teacher |
| 4 | addirittura | even |
| 4 | mentire | to lie |
| 4 | interrompere | to interrupt |
| 4 | sufficiente | sufficient |
| 4 | scientificamente | scientifically |
| 4 | assistente | assistant |
| 4 | sostenere | to claim |
| 4 | riserva | reservation |
| 4 | animale selvatico | wild animal |

| | | | |
|---|---|---|---|
| 6 | carattere | personality, temper |
| 6 | da grande | as an adult |
| 7 | da piccolo/a | as a child |
| 7 | da bambino/a | as a child |
| 7 | volere bene a qualcuno | to love somebody |
| 7 | divertirsi | to have fun |
| 7 | tanto | a lot |
| 8 | spiaggia | beach |
| 8 | a piedi | walking, by foot |
| 8 | montagna | mountain |
| 8 | prima | in the past |
| 8 | diverso | different |
| 9 | normalmente | usually |
| 9 | cabina | bathing hut |
| 9 | lido | beach resort |
| 9 | fare una vacanza | to go on holiday |
| 9 | solo una volta | only once |
| 9 | andare a trovare qualcuno | to visit someone |
| 9 | la prima volta | the first time |
| 10 | una volta | once |
| 10 | sincero | honest |
| 10 | dire una bugia | to tell a lie |
| 10 | trasferirsi | to relocate, to move |
| 12 | intervista | interview |
| 12 | sorridere | to smile |
| 12 | assomigliare (a) | to look like |
| 12 | capelli | hair |
| 12 | ansioso | anxious, nervous |
| 12 | occhio | eye |
| 12 | per un attimo | for a moment |
| 12 | in fretta | fast |
| 12 | avere orrore di | to resent |
| 12 | euforico | euphoric |
| 12 | vitale | energetic, full of life |
| 12 | mentre | while |
| 12 | scherzare | to make jokes |
| 12 | simpatico | nice, pleasant |
| 12 | grandezza | greatness |
| 12 | Ogni pretesto era buono per… | There was always a good reason to… |
| 12 | (non) essere d'accordo | to (dis)agree |
| 12 | Rende fragili. | It makes you vulnerable. |
| 12 | liberatorio | liberating |
| 12 | la vita di ogni giorno | everyday life |
| 12 | timido | shy |
| 12 | recitare | to act, to play |
| 12 | Torna in mente… | It reminds you of… |
| 12 | particolarmente | particularly |
| 12 | curioso | curious |
| 12 | Stia tranquillo. | Keep cool., No worries. |
| 12 | rapporto | relationship |
| 14 | Ha suonato il telefono. | The phone rang. |
| 14 | incontrare | to meet |
| 14 | cadere | to fall |
| 15 | bruciarsi un ditto | to burn one's finger |
| 14 | sentire un rumore | to hear a noise |
| 15 | giraffa | giraffe |
| 17 | fissare un appuntamento | to set an appointment |
| 17 | pulire | to clean (up) |
| 17 | lavare | to wash |
| 17 | esame di fine anno | final exam |
| 17 | aggiornare | to update |
| 18 | diritti umani | human rights |
| 18 | battaglia | fight |
| 18 | appello | plea |
| 18 | codice civile | civil code |
| 18 | sensibile | sensitive |
| 18 | una questione attuale | a much debated issue |
| 18 | prigione | prison |
| 18 | risultato | achievement, result |
| 18 | Non è giusto… | It not right to… |
| 18 | generalizzare | generalize |

12

# grammatica

## Imperfetto

| | verbi regolari | | | | verbi irregolari | | | |
|---|---|---|---|---|---|---|---|---|
| | parlare | avere | dormire | preferire | essere | bere | dire | fare |
| io | parlavo | avevo | dormivo | preferivo | ero | bevevo | dicevo | facevo |
| tu | parlavi | avevi | dormivi | preferivi | eri | bevevi | dicevi | facevi |
| lei/lui | parlava | aveva | dormiva | preferiva | era | beveva | diceva | faceva |
| noi | parlavamo | avevamo | dormivamo | preferivamo | eravamo | bevevamo | dicevamo | facevamo |
| voi | parlavate | avevate | dormivate | preferivate | eravate | bevevate | dicevate | facevate |
| loro | parlavano | avevano | dormivano | preferivano | erano | bevevano | dicevano | facevano |

The **imperfetto** past tense is used to:
- *relate actions which occurred repeatedly*
- *describe how things and people were and what they looked like*
- *describe contexts and situations.*

The **imperfetto** *is often used in combination with time expressions such as* **normalmente** *and* **di solito.**

Da bambina **andavo** spesso in montagna.
Mia nonna **era** molto bella.
Alla festa **c'era** molta gente.

Normalmente d'estate **andavo** al mare.
**Di solito** la sera **andavamo** a ballare.

## Passato prossimo vs. imperfetto

The **passato prossimo** *relates to:*
- *completed actions in the past*

- *actions which only happened once or a definite number of times.*

The **imperfetto** *refers to:*
- *past situations of indefinite duration*
- *actions that occurred repeatedly.*

When one wants to describe several actions in the past:
- *the* **passato prossimo** *is used to talk about events which occurred in a sequence, one after the other*
- *the* **imperfetto** *is used to talk about a series of events of indefinite duration which happened simultaneously.*

If an action was not over yet when another one began, the first one is in the **imperfetto** and the next one is in the **passato prossimo** (in the past the conjunction **mentre** is always followed by the **imperfetto**).

Ieri Paola **è andata** al cinema.
Martedì **siamo tornati** tardi.
**Sono stata** a Vienna due volte.

I miei nonni **abitavano** in campagna.
**Studiavamo** sempre il pomeriggio.

**Sono uscito** di casa, **ho comprato** un giornale e **sono andato** al bar.
Mentre **guidavo**, Carlo **controllava** la mappa.

Mentre **leggevo**, **è entrata** una ragazza.

## Participio passato e pronomi diretti - Past participle and direct pronouns

When the **passato prossimo** is preceded by the direct pronouns **lo, la, li, le**, the past participle agrees in gender and number with the pronoun.

■ Hai visto **il film**?
◆ Sì, **l'ho visto**.

■ Hai chiuso **la finestra**?
◆ Sì, **l'ho chiusa**.

■ Hai chiamato **i ragazzi**?
◆ No, non **li ho chiamati**.

**12**

# caffè culturale

## Gli animali

**1** *In Italian there are many metaphors which describe people's personality through animals. Below you find a few examples. Match each of the following photographs with their corresponding meaning, as in the example.*

| modo di dire | descrive persone: | modo di dire |
|---|---|---|

**1** avere la pelle d'oca

**2** essere un orso

**3** essere una volpe

**4** essere un asino

**a** molto lente

**b** molto furbe

**c** ignoranti o stupide

**d** che vanno a dormire molto presto

**e** che non hanno il coraggio di affrontare i problemi

**f** che hanno molta paura

**g** che ripetono tutto ossessivamente

**h** poco socievoli

**5** andare a letto con le galline

**6** fare il pappagallo

**7** essere una lumaca

**8** fare lo struzzo

**2** *Are there similar expressions in your mother tongue? What animals do they refer to? Are the animals above associated with different or similar human behaviors?*

# videocorso

**1** *Match the following screenshot with the appropriate sentence. Then watch the episode and check your answer.*

**a** Correvo con la bicicletta…
Avevamo una gattina,
Milù…

**b** C'era un ragazzo…
Abitava lì.

**c** Da ragazzina, invece,
d'estate venivo qui a leggere
e a prendere il sole.

**2** *Watch the episode again and choose the correct option.*

**1** Laura è tornata a casa dei suoi genitori  **a** per rivedere le sue vecchie fotografie.
**b** per riprendere i suoi libri.

**2** Da ragazzina,  **a** Laura aveva un fidanzato che abitava vicino.
**b** Laura aveva un vicino innamorato di lei.

**3** Federico, a 16 anni,  **a** è andato a vivere a Milano.
**b** è andato a vedere un concerto lontano da casa.

**3** *Complete the following sentences conjugating verbs in brackets in the **passato prossimo** or in the **imperfetto**.*

**a** In questo terrazzo (*io - passare*) _____ la mia infanzia.

**b** ■ Be', qui non (*io - essere*) _____ tanto bambina, (*io - avere*) _____ 17 anni…
Guarda: qui (*io - essere*) _____ al concerto degli Oasis! Guarda che minigonna,
mamma mia che vergogna! Tu da ragazzo (*andare*) _____ ai concerti?
◆ Come no! Ma a me (*piacere*) _____ l'Heavy Metal.

**4** *What does **Ma dai!** mean? Look at the screenshot below and choose the expressions which have the same meaning.*

Avevamo una
gattina, Milù, che
mangiava i fiori!

Ma dai!

**a** Non lo so!
**b** Davvero?
**c** Perché?
**d** Anche io!
**e** Non voglio!
**f** Incredibile!

# non è bello ciò che è bello...

## 1 Lessico | *Com'è?* WB 1

*Look at the following pictures and find out how people's appearance can be described in Italian.*

è giovane
è vecchio
ha i capelli corti
ha i capelli lunghi
è bionda
è alto
è basso
è grasso
è magra
ha i capelli lisci
ha i capelli ricci
ha gli occhi azzurri
è calvo
porta gli occhiali
ha i capelli bianchi
è castano
ha la barba
ha i baffi

## 2 Lettura | *Chi è l'intruso?* WB 2

*In Marina's group there should only be six people, but there are seven. Read the descriptions of the participants of the sightseeing tour and find out who is the gatecrasher.*

a   b   c   d   e   f   g

# non è bello ciò che è bello...

**1** È alta, magra e molto bella. Ha i capelli neri, lunghi e ricci e gli occhi azzurri.

**2** È alto, un po' grasso, ha i capelli e gli occhi castani e porta gli occhiali. Non è molto giovane ed è sempre elegante.

**3** È giovane, abbastanza alta, né magra né grassa, ha i capelli corti biondi e gli occhi verdi. Porta quasi sempre i jeans.

**4** È una persona anziana, bassa, magra, un po' calva. Ha la barba e gli occhiali.

**5** Non è né alta né bassa, abbastanza magra, ha i capelli e gli occhi neri, non è più giovane, ma ancora molto sportiva.

**6** È alto, magro, sportivo e attraente. Ha i capelli neri non molto corti e gli occhi azzurri.

## 3 Esercizio orale | Il personaggio misterioso

*Work with two classmates. Together choose a celebrity. Give a physical description of him/her while the other groups must guess, by asking questions, who is the person whom you are talking about.*

## 4 Ascolto | Un tipo interessante WB 2    55 (◄►

**a.** *Close the book, listen to the recording, then work with a partner and share information on the conversation.*

**b.** *Listen to the conversation again and write the two men's names (Giorgio and Luis) next to their matching photographs.*

**c.** *Mark which of the following adjectives refer to Giorgio and which ones to Luis.*

|   | | Giorgio | Luis |
|---|---|---|---|
| **a** | intelligente | ☐ | ☐ |
| **b** | simpatico | ☐ | ☐ |
| **c** | aperto | ☐ | ☐ |
| **d** | brutto | ☐ | ☐ |
| **e** | carino | ☐ | ☐ |
| **f** | divertente | ☐ | ☐ |
| **g** | vanitoso | ☐ | ☐ |
| **h** | sensibile | ☐ | ☐ |
| **i** | timido | ☐ | ☐ |
| **l** | interessante | ☐ | ☐ |
| **m** | grasso | ☐ | ☐ |
| **n** | noioso | ☐ | ☐ |

# non è bello ciò che è bello...

**5 Riflettiamo | *Essere o avere?*** WB 3 55

**a.** *Listen again to the previous conversation and complete the following transcription with the appropriate auxiliary (**essere** or **avere**).*

- Catia, perché non _____ più venuta alla festa sabato?
- Non ce l'ho fatta. Il concerto _____ cominciato tardi ed _____ finito a mezzanotte e mezza.
- Peccato! _____ stata una bella festa. _____ pure conosciuto il nuovo ragazzo di Sandra, uno spagnolo. (…)

- Però! E che tipo è?
- Beh, mi _____ sembrato un tipo interessante, aperto, divertente, forse un po' vanitoso. (…)
- E senti, che cosa fa questo... come si chiama?
- Luis. Mah, _____ venuto qui in Italia per fare un master, però adesso _____ finito.
- E che fa? Torna in Spagna?
- Penso di no. Mi ha detto che _____ cominciato a lavorare da poco in uno studio pubblicitario.

**b.** *Look at the **passato prossimo** forms of **cominciare** and **finire**. What is peculiar about them?*

**c.** *Complete the following definitions and examples:*

**1** **cominciare** and **finire** use the auxiliary _____ in the **passato prossimo** when we say that **someone** began or finished **something**.

> Esempio: **Luis** _____ finito **il master**.  **Luis** _____ cominciato **a lavorare**.

**2** **Cominciare** and **finire** use the auxiliary _____ in the **passato prossimo** when we say that **something** began or finished.

> Esempio: **Il concerto** _____ cominciato tardi.
> **Il concerto** _____ finito a mezzanotte.

**6 Esercizio scritto | *Ho cominciato a...*** WB 4

*Write four things that you started or finished and four things that started or finished, as in the examples. Then work with a partner, read your sentences out loud and ask him/her whether they are correct or not. Then switch roles.*

> Esempio: Il corso di italiano **è** cominciato due mesi fa.
> Ieri **ho** finito di lavorare alle 20:00.

13

# non è bello ciò che è bello...

**7** **Parliamo** | *Che tipo sei?* WB 5
*Choose the adjectives which describe your personality and justify your choice discussing with a partner.*

| intraprendente | perfezionista | ottimista | vanitoso | allegro | geloso | pigro |

| possessivo | indipendente | tranquillo | pratico | emotivo | testardo | timido |

| ambizioso | curioso | gentile | snob | realista | dinamico | generoso | chiacchierone |

**8** **Lettura** | *L'oroscopo: e tu di che segno sei?*
**a.** *Match the following pictures with the corresponding signs of the zodiac.*

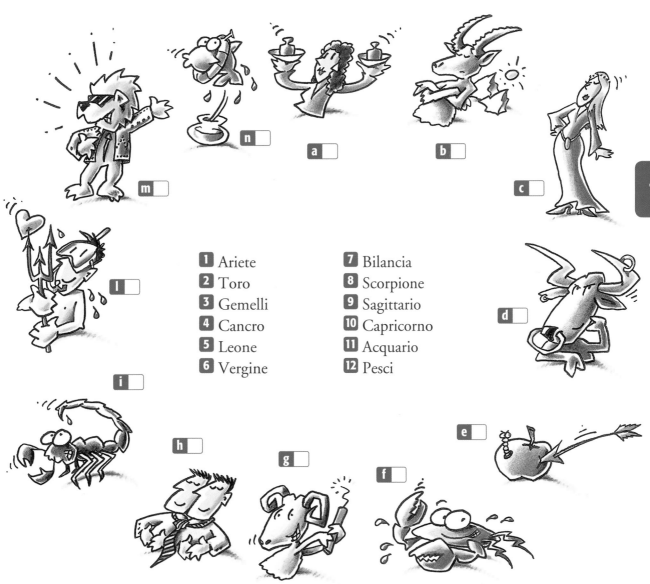

**1** Ariete  **7** Bilancia
**2** Toro  **8** Scorpione
**3** Gemelli  **9** Sagittario
**4** Cancro  **10** Capricorno
**5** Leone  **11** Acquario
**6** Vergine  **12** Pesci

13

# non è bello ciò che è bello...

**b.** *Work with the classmate with whom you worked in activity 7. Read the description of your signs of the zodiac: do they correspond to the previous description of your personalities?*

### Ariete
Sempre allegro, ottimista, generoso, impulsivo, pratico, ha molto bisogno di affetto. Anche se molto vanitoso e piuttosto superficiale è un buon amico e un saggio consigliere. S'innamora facilmente, ma presto si stanca. Adora il cambiamento, la novità.

### Toro
Testardo e timido, è un tesoro di affetto e di dolcezza. Pratico e parsimonioso, ha sempre solide basi economiche ed è un ottimo padrone di casa, anche se un po' troppo perfezionista.

### Gemelli
Intelligenti, indipendenti e curiosi, ma allo stesso tempo irritabili e nervosi, hanno un po' la natura del gatto e rendono molto difficile la vita a chi sta loro vicino. Hanno molti interessi intellettuali.

### Cancro
Gentile e buono, delicato e fragile, ma gelosissimo, sa anche essere possessivo e prepotente. Tranquillo un po' pigro, vive sempre chiuso nel suo guscio, estraneo ai problemi di questo mondo.

### Leone
Ha una grande vitalità. È passionale e galante. Altezzoso e vanitoso, è anche aperto e socievole. Bello e gentile, ama proteggere i deboli, ma... non fidatevi di lui.

### Vergine
Serissima, lenta, sospettosa, pensa cento volte prima di prendere una decisione. Costante e parsimoniosa, amante della famiglia. Buona e ragionevole.

### Bilancia
Molto socievole, allegra, spiritosa, chiacchierona, sempre curata ed elegante, è una gran vanitosa. Cordiale e fiduciosa è anche molto ambiziosa e superstiziosa.

### Scorpione
Vivacissimo, passionale ed emotivo, è anche terribilmente geloso e possessivo. Litigioso e sicuro di sé. Aperto, allegro, spiritoso, ha molti amici, ma anche molti nemici e non è facile vivere con lui.

### Sagittario
Serio, saggio, tranquillo, deve sentirsi sempre libero e indipendente. Realista e previdente, è molto legato alle tradizioni. Gli piace la vita regolare, le sue decisioni sono sempre ragionevoli, ma non teme l'imprevisto.

### Capricorno
Intelligente e intraprendente, ha un'ottima memoria. Esigente, spesso avaro, a volte persino pessimista. Sicuro di sé, testardo, ambizioso.

### Acquario
Buono, gentile, ama fantasticare. Va sempre d'accordo con tutti, ma fa quello, che vuole lui. È giusto e generoso, vive di idee e di progetti, ma manca assolutamente di senso pratico.

### Pesci
Dinamicissimi, intraprendenti e ambiziosi, sono molto tenaci nei loro progetti. Amanti della casa e della famiglia, amano, allo stesso tempo, la vita dei locali notturni: adorano ballare e divertirsi.

13

**9** **Riflettiamo | Il superlativo assoluto** WB 6

**a.** *Underline the word* **molto** *in the previous texts (see activity 8). How many times is it used?*

**b.** *The word* **molto** *can be either an adverb or an adjective. In the previous texts it is mostly used as an adverb in order to make the superlative form (***superlativo***) of adjectives. In three cases, though,* **molto** *is used as an adjective: where?*

**c.** *When* **molto** *is an adverb it performs differently from* **molto** *as an adjective. Try to work out what is the difference, looking at the examples which you underlined in the text and write your answer below.*

_____

_____

**d.** *There are two ways to form the absolute superlative (***superlativo assoluto***) of an adjective in Italian. Find in the previous texts the absolute superlatives which are equivalent to those listed below.*

**a** molto geloso → _____    **c** molto seria → _____

**b** molto vivace → _____    **d** molto dinamici → _____

> The absolute superlative of some adjectives can be formed in two distinct ways:
>
> buono → buonissimo/ottimo        grande → grandissimo/massimo
>
> cattivo → cattivissimo/pessimo    piccolo → piccolissimo/minimo

**13**

**10** **Esercizio scritto | Superlativo assoluto** WB 7

*Change the adjectives in boldtype into absolute superlatives, as in the example.*

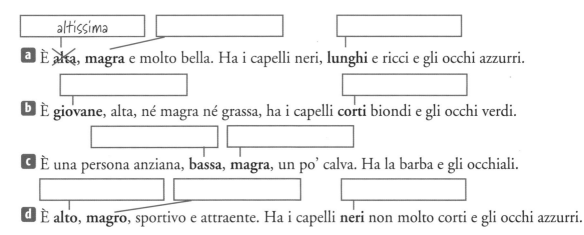

| altissima | | |

**a** È ~~alta~~, **magra** e molto bella. Ha i capelli neri, **lunghi** e ricci e gli occhi azzurri.

**b** È **giovane**, alta, né magra né grassa, ha i capelli **corti** biondi e gli occhi verdi.

**c** È una persona anziana, **bassa**, **magra**, un po' calva. Ha la barba e gli occhiali.

**d** È **alto**, **magro**, sportivo e attraente. Ha i capelli **neri** non molto corti e gli occhi azzurri.

**11** **Scriviamo | Una persona interessante**
*Write an e-mail to a friend and give him/her a description of an interesting person whom you met in the past year.*

**12** Ascolto | *Ti va di venire?*                                               56 ((▶

**a.** *Close the book, listen to the recording, then work with a partner and share information on the conversation.*

**b.** *Listen again to the conversation, then work with a partner and match the adjectives in the list with Fabio or Paolo.*

disponibile     deciso     nervoso     indeciso     tranquillo     occupato     simpatico     pigro

Fabio è  _____

Paolo è  _____

**c.** *Do the two friends finally manage to set an appointment? Discuss with a partner.*

**13** Riflettiamo | *Ti va di venire...* WB 8

**a.** *Now complete the following transcription putting the words in the right column in the correct order. If you wish, you can ask the teacher to let you listen to the conversation again.*

Fabio: Pronto?

Paolo: Fabio, ciao, sono Paolo.

Fabio: Ah, Paolo, ciao come va?

Paolo: Bene, bene. Senti, **1**_____

_____

| **1** sabato / hai / sera? / che / per/ programmi |

Fabio: Perché?

Paolo: **2**_____ di Jovanotti?

| **2** va / concerto / Ti / di / venire / al |

Fabio: Hmm, sabato sera veramente **3** _____

| **3** impegno / un / avrei |

C'è la festa in facoltà, ti ricordi?

Paolo: Senti, io sto facendo la fila per comprare i biglietti, se vuoi venire devi decidere subito.

Fabio: Ma sì, **4** _____

| **4** Sì, / bene. / d'accordo. / va / sì, |

Senti, quanto costa il biglietto?

Paolo: Trenta euro.

Fabio: Però! E non ci sono riduzioni per gli studenti?

Paolo: Fabio, ti sto chiamando con il cellulare e ancora ho pochi minuti...

Fabio: Ah, sì, scusa... no, Paolo, allora **5**_____

_____

| **5** vengo, / dispiace, / ma / mi / non |

in questo periodo sono al verde! **6** _____

_____

| **6** tu / con / Perché / vieni / non / invece / me? |

La festa è gratis!

**b.** *Write in your notebook all the expressions that the two friends use to:*

| **a** make an invitation | **b** refuse an invitation |
|---|---|

| **c** accept an invitation | **d** suggest something else |
|---|---|

## 14 Esercizio scritto | *Ti va di...* WB 9

*Read the following sentences and insert them in the table below according to their function, as in the example.*

**1** Che ne dici di andare...?
**2** Perché invece non andiamo al mare?
**3** Perfetto!
**4** Mi dispiace, ma ho già un appuntamento.
**5** Buona idea!
**6** Veramente non mi va.

**7** Mi dispiace, ma non posso, devo lavorare.
**8** Sì, volentieri.
**9** Hai voglia di andare al cinema?
**10** No, dai, andiamo a teatro!
**11** ~~Andiamo a Napoli sabato?~~

| invitare | accettare/rifiutare un invito | fare un'altra proposta |
|---|---|---|
| 11 | | |

## 15 Esercizio orale | Inviti WB 10·11·12

*Invite one of your classmates to do one of the following things. Your classmate must look at the corresponding picture and accept or refuse your invitation (" ✗ " means that he/she cannot accept). He/She must also justify his/her answer. Then switch roles.*

## 16 Riflettiamo | *Stare* + gerundio WB 13

**a.** *Find these two sentences in the conversation from activity 13 and complete them with the missing verbs.*

> **a** Senti, io _____ _____ la fila per comprare i biglietti...

> **b** Fabio, ti _____ _____ con il cellulare...

**b.** *In the previous sentences the present tense of the verb **stare** is followed by a verb in the gerund form (**gerundio**). Complete the following sentence.*

**Stare** + **gerundio** is used to refer to:
**a** ☐ an action/event which has already occurred.
**b** ☐ an action/event which has not taken place yet.
**c** ☐ an action/event which is going on right now.

**c.** *Complete the following tables inserting the gerunds of the verbs at point **a.** above, then try to fill in the remaning blank spaces.*

| verbi regolari | | |
|---|---|---|
| chiam**are** | scriv**ere** | part**ire** |
| | | partendo |

| verbi irregolari | | |
|---|---|---|
| d**ire** | f**are** | b**ere** |
| dicendo | | bevendo |

## 17 Esercizio orale | In fila WB 14

*Work with a partner. **Studente A** looks at the picture below, while **Studente B** looks at the one on the next page. Describe what these people are doing and find the nine differences between the two illustrations, as in the examples.*

> Esempio:
> **Studente A:** Qui il ragazzo con la borsa all'inizio della fila **sta parlando** al cellulare.
> **Studente B:** Qui invece **sta bevendo** una coca.

# non è bello ciò che è bello...

Esempio:
**Studente B:** Qui il ragazzo con la borsa all'inizio della fila **sta bevendo** una coca.
**Studente A:** Qui invece **sta parlando** al cellulare.

**18** **Parliamo** | *Mettiamoci d'accordo.*
*Work with a partner. You want to go out together. Decide where you will go and what you will do.*
*Agree on where and when you will meet.*

**19** **Scriviamo** | *È stato un disastro!*
*Choose one of the following on line posts and complete the boy's or the girls' text. Their first date was*
*a disaster!*

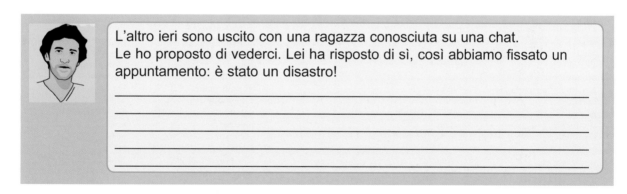

L'altro ieri sono uscito con una ragazza conosciuta su una chat.
Le ho proposto di vederci. Lei ha risposto di sì, così abbiamo fissato un
appuntamento: è stato un disastro!

_____
_____
_____
_____

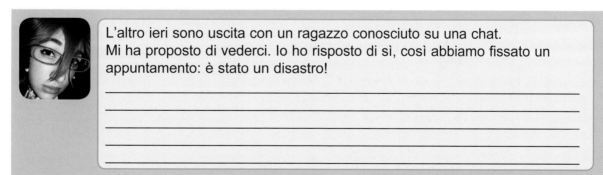

L'altro ieri sono uscita con un ragazzo conosciuto su una chat.
Mi ha proposto di vederci. Io ho risposto di sì, così abbiamo fissato un
appuntamento: è stato un disastro!

_____
_____
_____
_____

# glossario

| | | |
|---|---|---|
| 1 | vecchio | old |
| | anziano | elderly, senior |
| 1 | Ha i capelli corti/lunghi. | He/She has short/long hair. |
| 1 | biondo | blonde |
| 1 | moro | dark(-haired) |
| 1 | alto | tall |
| 1 | basso | short |
| 1 | grasso | overweight |
| 1 | magro | slender |
| 1 | capelli lisci/ricci | straight/curly hair |
| 1 | calvo | bald |
| 1 | occhiali | glasses |
| 1 | capelli bianchi | white hair |
| 1 | castano | brown (for hair) |
| 1 | barba | beard |
| 1 | baffi | moustache |
| 2 | né… né… | neither… nor… |
| 2 | attraente | attractive |
| 4 | intelligente | clever, smart, intelligent |
| 4 | aperto | open minded |
| 4 | brutto | ugly |
| 4 | carino | nice, cute |
| 4 | vanitoso | vain |
| 4 | noioso | boring |
| 5 | Non ce l'ho fatta. | I couldn't make it. |
| 5 | tardi | late |
| 5 | Peccato! | Too bad! |
| 5 | però | but |
| 5 | da poco | recently |
| 7 | pigro | lazy |
| 7 | chiacchierone | gabby, talkative |
| 8 | Di che segno sei? | What is your sign? |
| 8 | Ariete | Aries |
| 8 | Toro | Taurus |
| 8 | Gemelli | Gemini |
| 8 | Cancro | Cancer |
| 8 | Leone | Leo |
| 8 | Vergine | Virgo |
| 8 | Bilancia | Libra |
| 8 | scorpione | Scorpio |
| 8 | sagittario | Sagittarius |
| 8 | capricorno | Capricorn |
| 8 | acquario | Aquarius |
| 8 | pesci | Pisces |
| 8 | allegro | cheerful, joyous |
| 8 | ottimista | optimistic |
| 8 | generoso | generous |
| 8 | impulsivo | impulsive |
| 8 | pratico | pragmatic, down-to-earth |
| 8 | affetto | affection |
| 8 | superficiale | superficial |
| 8 | saggio | wise |
| 8 | consigliere | counselor |
| 8 | innamorarsi | to fall in love |
| 8 | facilmente | easily |
| 8 | adorare | to adore |
| 8 | cambiamento | change |
| 8 | testardo | stubborn |
| 8 | timido | shy |
| 8 | dolcezza | sweetness |
| 8 | parsimonioso | thrifty |
| 8 | ottimo | excellent |
| 8 | padrone di casa | host |
| 8 | perfezionista | perfectionist |
| 8 | indipendente | independent |
| 8 | irritabile | ill-tempered |
| 8 | nervoso | tense, edgy |
| 8 | gentile | nice, kind |
| 8 | delicato | sensitive, sweet |
| 8 | gelosissimo | very jealous |
| 8 | possessivo | possessive |
| 8 | prepotente | high-handed |
| 8 | chiuso nel suo guscio | isolated |
| 8 | estraneo (a) | indifferent |
| 8 | vitalità | exuberance |
| 8 | passionale | passionate |
| 8 | galante | courteous |
| 8 | altezzoso | disdainful |
| 8 | socievole | social, friendly |
| 8 | debole | week |
| 8 | Non fidatevi di lui. | Don't trust him. |
| 8 | fidarsi | to trust |
| 8 | serissimo | very serious |
| 8 | lento | slow |
| 8 | sospettoso | distrustful |
| 8 | prendere una decisione | to make a decision |
| 8 | costante | dedicated |
| 8 | ragionevole | reasonable |
| 8 | spiritoso | witty, funny, humorous |
| 8 | curato | neat |
| 8 | cordiale | cordial, friendly |
| 8 | fiducioso | confident |
| 8 | ambizioso | ambitious |
| 8 | superstizioso | superstitious |
| 8 | vivacissimo | very lively |
| 8 | emotivo | emotional |
| 8 | terribilmente | incredibly |
| 8 | litigioso | quarrelsome |
| 8 | sicuro di sé | self-confident |
| 8 | nemico | enemy |
| 8 | sentirsi | to feel |
| 8 | realista | realist |
| 8 | previdente | longsighted |
| 8 | legatissimo | deeply attached |
| 8 | vita regolare | steady life |
| 8 | imprevisto | hitch, rub |
| 8 | intraprendente | resourceful, enterprising |
| 8 | esigente | demanding |
| 8 | avaro | greedy |
| 8 | pessimista | pessimistic |
| 8 | fantasticare | to fantasize, to daydream |
| 8 | andare d'accordo | to get along well |
| 8 | giusto | just, fair |
| 8 | mancare | to lack |
| 8 | assolutamente | absolutely, totally |
| 8 | senso pratico | pragmatism, practicality |
| 8 | dinamicissimo | very dynamic |
| 8 | tenace | determined |
| 8 | locale notturno | night club |
| 12 | Ti va di venire? | Do you want to come? |
| 12 | disponibile | approachable |
| 12 | deciso | determined |
| 12 | indeciso | hesitant |
| 12 | occupato | busy |
| 13 | Pronto? | Hello? |
| 13 | Che programmi hai? | What are you up to? |
| 13 | avere un impegno | to be busy |
| 13 | fare la fila | to stand in line |
| 13 | subito | right now, immediately |
| 13 | riduzione | reduction |
| 13 | essere al verde | to be broke |
| 13 | accettare | to accept |
| 13 | rifiutare | to turn down, to decline |
| 13 | invito | invitation |
| 13 | fare una proposta | to make a suggestion |
| 14 | Che ne dici di…? | What about…? |
| 14 | Buona idea! | That's a good idea! |
| 14 | Hai voglia di…? | Do you feel like…? |
| 14 | Veramente non mi va. | Actually I don't feel like it. |
| 14 | Volentieri! | I'd be glad to! |
| 14 | Dai! | Come on! |
| 15 | essere a dieta | to be on a diet |
| 18 | mettersi d'accordo | to find an agreement, to get things settled |
| 19 | È stato un disastro! | It was a disaster! |
| 19 | l'altro ieri | the day before tomorrow |

13

# grammatica

## Passato prossimo: *cominciare + finire*

*In the **passato prossimo** the auxiliary of **cominciare** and **finire** can either be **avere** or **essere**.*

*These verbs function with **avere** when they are followed by a direct object or a preposition and an infinitive.*

*They function with **essere** in all other cases.*

Federica **ha cominciato** il corso di italiano.
**Hai finito** quel libro?
Tullio **ha cominciato** a studiare.
**Ho finito** di studiare per l'esame.
Il corso **è cominciato** lunedì.
Il concerto **è finito** tardi.

## Superlativo assoluto - Absolute superlative

*The **superlativo assoluto** expresses the highest degree of a quality. It can be formed as follows:*
*- adverb **molto** (which does not change) + adjective*
*or*
*- root of the adjective + suffix -**issimo** (in this case adjectives which end in -**e** take the ending -**o** for the masculine and -**a** for the feminine form).*

*Adjectives ending in -**co** and -**go** take an extra -**h**- before the suffix.*

*This rule does not apply to adjectives ending in -**co** which do not have an accent on the second to last syllable.*

timido $\longrightarrow$ **molto** timido $\longrightarrow$ timid**issimo**
timida $\longrightarrow$ **molto** timida $\longrightarrow$ timid**issima**
gentile $\longrightarrow$ **molto** gentile $\longrightarrow$ gentil**issimo**
gentile $\longrightarrow$ **molto** gentile $\longrightarrow$ gentil**issima**

stanco $\longrightarrow$ stan**chissimo**
largo $\longrightarrow$ lar**ghissimo**
simpatico $\longrightarrow$ simpat**icissimo**
pratico $\longrightarrow$ prat**icissimo**

## Molto

***Molto** can be used either as an adjective or as an adverb.*

*When it is used as an adjective, it corresponds to **much**, **many** and **a lot** and agrees in gender and number with the noun to which it refers.*

*When it functions as an adverb, it corresponds to **very** and does not change.*

In questo periodo non abbiamo **molto** tempo libero.
Ho letto **molti** libri.
Il mio insegnante ha **molta** pazienza.

La sua ragazza è **molto** simpatica.
Elisa e Francesca sono **molto** stanche.

## Forma progressiva - Progressive form

*The progressive form - with **stare** (conjugated in the present tense) + the gerund - underlines the fact that an action/event is occurring at this very moment.*

**Stanno mangiando** una pizza.
Dove **stai andando**?
**Sto leggendo** il giornale.

## Gerundio presente - Present gerund

| verbi regolari | | | |
|---|---|---|---|
| parlare | avere | dormire | preferire |
| and**ando** | prend**endo** | dorm**endo** | cap**endo** |

| verbi irregolari | | |
|---|---|---|
| bere | dire | fare |
| bev**endo** | dic**endo** | fac**endo** |

# caffè culturale

## Italiani celebri

**1** *Read the following descriptions and match them with the pictures below.*

**1** È magro. Ha i capelli neri e gli occhi marroni. Ha una camicia bianca e un maglione rosso a "V".

**2** È grasso. Porta gli occhiali. Indossa una camicia a righe e un paio di bretelle nere.

**3** È anziana. Ha i capelli grigi. Indossa un vestito nero.

**4** Ha la barba e i baffi. Indossa un cappello e una maglia a righe.

**5** Ha i capelli lunghi e neri. Indossa un vestito nero a pois bianchi.

**6** Ha i baffi lunghi e bianchi e la barba bianca. Indossa una sciarpa bianca e un cappello nero.

**7** È alto. Ha i capelli grigi. È vestito completamente di bianco.

**8** Ha la barba bianca. Porta gli occhiali. Indossa una camicia bianca. È grasso.

**a**

**Sergio Leone**
È stato uno dei più importanti registi della storia del cinema, noto per i suoi film del genere "spaghetti-western".

**b**

**Maria Montessori**
È nota per il metodo che prende il suo nome, usato in migliaia di scuole in tutto il mondo.

**c**

**Giuseppe Garibaldi**
È il rivoluzionario che, con la "spedizione dei Mille", ha creato le basi per l'unità d'Italia del 1861.

**d**

**Roberto Benigni**
Attore e regista, nel 1999 ha vinto l'Oscar come migliore attore nel film "La vita è bella".

**e**

**Anna Magnani**
È stata una delle più grandi attrici del cinema italiano.

**f**

**Umberto Eco**
È uno dei più importanti scrittori italiani contemporanei, famoso per il romanzo "Il nome della rosa".

**g**

**Giuseppe Verdi**
Compositore italiano, autore di opere che fanno parte del repertorio dei teatri di tutto il mondo.

**h**

**Andrea Bocelli**
È uno dei cantanti italiani più famosi al mondo.

**2** *Did you already know some of these people? What did you know about them?*

13

# videocorso

**1** *Which of the following paragraphs corresponds to the screenshot below? Make a guess.*

**1** ☐ Dopo cena, Valentina legge l'oroscopo a tutti i suoi amici.

**2** ☐ Dopo cena, Valentina e i suoi amici vogliono andare al cinema, ma non sono d'accordo su quale film vedere.

**2** *What is the four friends' sign? Complete the table.*

|  | segno zodiacale |  | segno zodiacale |
|---|---|---|---|
| Valentina |  | Matteo |  |
| Laura |  | Federico |  |

**3** *Complete the following table with the four friends' physical and psychological description.*

|  | Valentina | Laura | Matteo | Federico |
|---|---|---|---|---|
| capelli |  |  |  |  |
| viso |  |  |  |  |
| (occhi, barba, bocca, ecc.) |  |  |  |  |
| corpo |  |  |  |  |
| carattere |  |  |  |  |

**4** *Read what Valentina and Matteo say and choose the correct option.*

No, no, **niente scuse**! Allora, comincio da te, Laura? Io e te abbiamo lo stesso segno!

**1** Che cosa significa **niente scuse**?

**a** Non voglio sentire scuse.
**b** Non mi hai chiesto scusa.
**c** Non voglio scusarmi.

**2** Cosa vuole dire Matteo con questa espressione?

**a** ☐ Tu pensi sempre a me.
**b** ☐ Tu non pensi mai a me.
**c** ☐ Tu pensi male di me.

E **quando mai tu pensi a me?**

**1** Lettura | **Annunci per affittare un appartamento** WB 1

**a.** *Read the following ads on three apartments for rent in Rome, then match them with the maps below.*

**1**

In zona semicentrale, affittasi grazioso monolocale al piano terra con angolo cottura e ampia cabina armadio. L'appartamento è arredato con cucina completa, lavatrice, tavolo da pranzo, sedie e divano letto. Nel seminterrato ci sono una cantina di 9 metri quadri e il garage.
600 euro mensili.

**2**

Affittiamo attico luminosissimo in zona residenziale ben collegata. L'appartamento è al settimo piano ed è composto da cucina abitabile, bagno, soggiorno, camera da letto, cameretta, ampio terrazzo e una piccola soffitta di circa 6 metri quadri.
1200 euro mensili.

**3**

Affitto appartamento in centro ristrutturato di recente. Si trova al terzo piano di una palazzina di quattro piani ed è composto da un soggiorno con angolo cottura, una camera da letto, un bagno e un balcone.
1200 euro al mese.

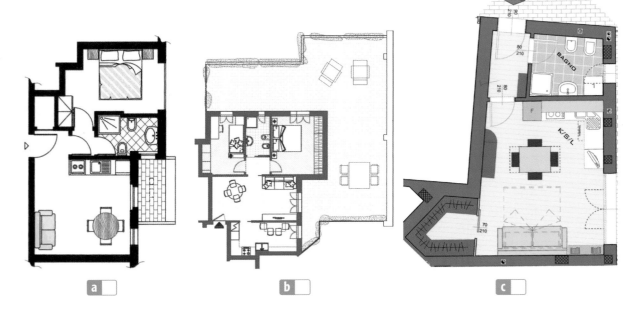

a ☐　　　　b ☐　　　　c ☐

**b.** *Read the rental ads again and find the words and expressions which correspond to the following English translations.*

**1** studio apartment: _____

**2** ground floor: _____

**3** kitchenette: _____

**4** walk-in closet: _____

**5** washing machine: _____

**6** dining table: _____

**7** sofa bed: _____

**8** basement: _____

**9** cellar: _____

**10** attic room: _____

**11** seventh floor: _____

**12** small bedroom: _____

**13** penthouse: _____

**14** renovated: _____

**15** third floor: _____

**16** small building: _____

## 2 Lessico | La casa WB 2

*Work with a partner. Write the letters which correspond to the rooms in the blue boxes and fill in the green boxes with the numbers which correspond to furniture and other objects, as in the examples.*

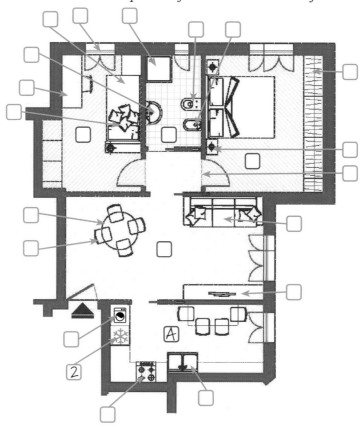

| **A** CUCINA | **B** CAMERETTA | **C** CAMERA DA LETTO | **D** SOGGIORNO/ SALA DA PRANZO | **E** BAGNO |
|---|---|---|---|---|
| **1** fornelli | **5** cuscino | **9** armadio | **12** divano | **16** bidet |
| **2** frigorifero | **6** finestra | **10** comodino | **13** libreria | **17** doccia |
| **3** lavatrice | **7** letto | **11** porta | **14** tavolo | **18** lavandino |
| **4** lavello | **8** scrivania | | **15** sedia | **19** water |

(CUCINA, frigorifero e lavatrice barrati/crossed out)

### I numerali ordinali WB 3

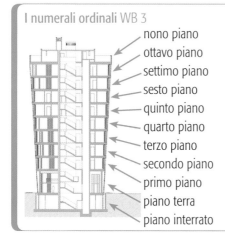

nono piano
ottavo piano
settimo piano
sesto piano
quinto piano
quarto piano
terzo piano
secondo piano
primo piano
piano terra
piano interrato

| | | | | | |
|---|---|---|---|---|---|
| 1° | → **primo** | 5° | → **quinto** | 9° | → **nono** |
| 2° | → **secondo** | 6° | → **sesto** | 10° | → **decimo** |
| 3° | → **terzo** | 7° | → **settimo** | | |
| 4° | → **quarto** | 8° | → **ottavo** | | |

A partire da **11°** i numerali ordinali diventano regolari:

11 → undic- + -esimo → **undicesimo**

28 → ventott- + -esimo → **ventottesimo**

I numeri che finiscono in **-tré** funzionano così:

53 → cinquantatré + -esimo → **cinquantatreesimo**

# casa dolce casa

**3** Lettura | *Ti descrivo la mia casa.* WB 5
   **a.** *Read Alessandra's e-mail.*

Ciao Mariuccia,
mi ha fatto tanto piacere ricevere la tua mail e sapere che stai bene e che sei soddisfatta del tuo nuovo lavoro.
Allora, volevi sapere com'è la mia nuova casa. È in un quartiere meno elegante di quello dove abitavamo prima, ma non mi importa, perché per me questo qui è decisamente più vivace dell'altro.
La casa è silenziosa come la casa precedente, perché ad Amsterdam circolano poche macchine.
L'appartamento è più grande dell'altro, sono circa 100 metri quadrati su due livelli. Occupa il terzo e il quarto piano di un edificio senza ascensore. Al primo livello ci sono, oltre alla cucina, il salone, un bagno e la camera degli ospiti. La camera da letto, l'altro bagno e il terrazzo si trovano invece al secondo livello.
La camera da letto è carinissima, ha il parquet originale e un terrazzo delizioso con molte piante che gli inquilini precedenti hanno dovuto lasciare qui. È sicuramente la mia stanza preferita, peccato che la usiamo solo per dormire!
Anche il salone è bello, forse bello quanto la camera da letto, è più luminoso delle altre stanze, perché ci sono tre finestre grandissime con una bella vista sul canale.
Abbiamo arredato questo appartamento con i nostri mobili, cercando di adattarli ai nuovi spazi. La cucina invece era già arredata, elettrodomestici compresi; certo, così com'è non mi piace tanto, è un po' troppo moderna per i miei gusti, è meno accogliente della mia vecchia cucina, anche se è più grande e più pratica, però sono convinta che comprando qualche vecchio mobiletto e aggiungendo un po' di colore migliorerà.
Comunque spero che prima o poi tu venga a vederla con i tuoi occhi: è un invito, se non l'hai capito!


A presto
Ti abbraccio
Alessandra

**b.** *Draw a map of Alessandra's new apartment. Then compare it to that of a classmate: together find all differences between the two drawings and decide whether they both depict Alessandra's apartment appropriately.*

14

**4** **Riflettiamo** | **Comparativi** WB 6

*Find in Alessandra's e-mail the sentences in which she makes comparisons, then insert them in the following table. Underline the words which specifically express comparisons, as in the example.*

| | | |
|---|---|---|
| **+** | **1** | ...questo quartiere è decisamente più vivace dell'altro. |
| | **2** | |
| | **3** | |
| | **4** | |
| | **5** | |
| **–** | **1** | |
| | **2** | |
| **=** | **1** | |
| | **2** | |

**5** **Esercizio scritto** | **Comparativi** WB 7

*Work with a partner. Look at the following photographs and use the adjectives in the list below to make as many comparisons as you can between Emanuela's and Agnese's apartments, as in the examples. Ask the teacher if there is any adjective that you do not know.*

Appartamento di Emanuela

Appartamento di Agnese

**14**

accogliente    allegro    arioso    buio    chiaro    colorato    elegante    grande

impersonale    luminoso    minimalista    moderno    personale    piccolo    scuro    spazioso

> Esempio:
> – L'appartamento di Agnese è **più** moderno **dell**'appartamento/**di quello** di Emanuela.
> – Il bagno di Emanuela è **meno** spazioso **del** bagno/**di quello** di Agnese.

**6** **Parliamo** | *Bella, accogliente...*

*Describe your home to a classmate. Which room do you prefer? In which one do you spend most or least time? Why?*

**7** **Scriviamo** | **Annuncio per affittare casa**

*Imagine that you own the house where you live and that you would like to rent it out.*
*Write a rental ad.*

**8** **Lettura** | *Cosa sognano le donne italiane?*

## Cosa sognano le donne italiane?
## Una casa con l'orto e la piscina

Secondo una ricerca del sito di annunci economici "subito. it", le donne italiane vorrebbero una casa con grandi spazi all'aperto. Un'italiana su due vorrebbe vivere in una casa con piscina e avendo un po' di soldi extra per rinnovare casa realizzerebbe questo desiderio.

La casa ideale delle italiane sarebbe dunque confortevole e accogliente all'interno, ma avrebbe anche delle aree esterne per il relax e il benessere. Il 41% delle donne intervistate desidererebbe un orto e ci coltiverebbe frutta e ortaggi. Tra i desideri delle italiane per "la casa dei sogni" ci sarebbero poi una Jacuzzi (37%) e una palestra (29%).

I criteri per la ricerca di casa sono il prezzo, naturalmente, ma anche la dimensione delle stanze, che dovrebbero essere grandi, spaziose e luminose, e la tranquillità del quartiere.

In cima alla classifica del vicino peggiore ci sono gli studenti, perché farebbero festa tutte le sere, e i musicisti, perché si eserciterebbero a qualsiasi ora del giorno.

Per una donna su tre infine l'acquisto di una casa sarebbe preferibile all'affitto. La casa dovrebbe essere grande: il 39% vorrebbe un trilocale, ma il 46% preferirebbe un'abitazione con almeno quattro stanze.

Adattato da *www.liberoquotidiano.it*

**9** **Riflettiamo** | **Condizionale presente** WB 8

**a.** *In the previous article there are many verbs conjugated in the **condizionale presente** (present conditional). Underline them in the text: how many have you found?*

| condizionale presente | | |
|---|---|---|
| verbi regolari | verbi irregolari | |
| parlare → parler-<br>mettere → metter-<br>preferire → preferir- | avere → avr-<br>dovere → dovr-<br>essere → sar-<br>fare → far-<br>potere → potr-<br>sapere → sapr-<br>vedere → vedr-<br>volere → vorr- | -ei<br>-esti<br>-ebbe<br>-emmo<br>-este<br>-ebbero |

**b.** *Choose the two correct options.*

In the previous article the conditional is used to:

**a** ☐ make a polite request.
**b** ☐ express a wish.
**c** ☐ express the consequence of an unlikely hypothesis.
**d** ☐ express the consequence of a perfectly possible hypothesis.

14

## 10 Esercizio scritto | Condizionale presente WB 9

*Conjugate the verb in brackets in the **condizionale presente** and then complete the sentences in the left-hand column, choosing the most logical phrase from the right-hand column, as in the example.*

*dormirebbe*

1 Mara (dormire) nella camera degli ospiti,
2 (Noi - piantare) piantare dei fiori sul balcone,
3 Io (comprare) pure questa poltrona,
4 Voi (sentirsi) più tranquilli in una piccola città,
5 I nostri figli (desiderare) tanto un gatto,
6 (Tu - andare) volentieri a vivere in centro,

a ma gli appartamenti sono troppo cari.
b ma non ho la macchina per portarla a casa.
c ma lì c'è un letto veramente troppo scomodo.
d ma io sono allergica.
e ma forse non c'è abbastanza sole.
f ma i vostri figli si annoierebbero a morte.

## 11 Ascolto | Città o campagna? WB 10

57 ((▶

**a.** *Close the book, listen to the recording, then work with a partner and share information on the conversation.*

**b.** *Listen to the conversation again, then work with a partner and choose the correct option.*

1 L'uomo che parla non voleva trasferirsi in campagna. `a`
desiderava da molto tempo vivere in campagna. `b`

2 Per arrivare in centro da casa l'uomo ci mette
un quarto d'ora. `a`
un'ora e 40 minuti. `b`
40 minuti. `c`

3 La donna non può trasferirsi in campagna
perché ha paura dei ragni. `a`
perché suo marito ha paura dei ragni. `b`

4 Quali sono gli aspetti positivi di vivere in campagna indicati dalla donna?

Avrebbero animali. `a`
Avrebbero l'orto. `b`
Avrebbero la piscina. `c`
Avrebbero una casa più grande. `d`

C'è molto silenzio e si dorme bene. `e`
I bambini giocherebbero fuori. `f`
Non avrebbero vicini rumorosi. `g`
Vivrebbero lontani da smog e traffico. `h`

5 Quali sono gli aspetti negativi di vivere in campagna indicati dall'uomo?

Dovrebbero usare sempre l'automobile. `a`
I bambini dovrebbero cambiare scuola. `b`
I bambini vivrebbero lontano dai loro amici. `c`

Non potrebbero andare spesso al cinema, a teatro e a concerti. `d`
Non potrebbero uscire tutte le sere. `e`
Si dovrebbero alzare troppo presto la mattina. `f`

14

# casa dolce casa

**12  Trascrizione | Condizionale presente**

*Listen to the conversation again and fill in the blanks with the missing verbs in the **condizionale presente**.*

**1** ■ …e con la metropolitana in 40 minuti sei in centro.

◆ Eh, _____ tanto anche a me abitare in campagna, ma mio marito con la sua aracnofobia _____ pazzo.

**2** E pensare che io adoro la campagna. _____ benissimo, con questo silenzio. _____ finalmente rilassarmi un po', _____ del giardino. Ho sempre sognato di avere un giardino grande come questo, ci metterei anche un orto così _____ sempre le verdure fresche.

**3** ◆ Sì, però… Non so… Ci _____ anche degli inconvenienti.

■ E quali?

◆ Be', intanto non _____ tutte le sere come fate ora, non _____ al cinema, a teatro, ai concerti così spesso, _____ passare molto più tempo a casa.

**4** Sì, dei vantaggi ci _____ certamente per i bambini, ma considera pure che _____ lontani dai loro amici, e passerebbero molto più tempo da soli… Guarda che probabilmente _____ molto a vivere qui.

**13  Esercizio orale | Condizionale presente**

*Work with a partner. Repeat the two conversations below changing the subject pronouns, as in the examples. Switch roles after each transformation.*

**a**

Loro/Loro

◆ Probabilmente non si divertirebbero qui.

■ Magari studierebbero un po' di più.

| Esempio: Io/Tu |
| --- |
| ◆ Probabilmente non mi divertirei qui. |
| ■ Magari studieresti un po' di più. |

**1** Tu/Io    **4** Voi/Noi
**2** Noi/Voi    **5** Lei (formale)/Io
**3** Lui/Lui

**b**

Voi/Io

◆ Dovreste passare molto più tempo a casa.

■ Sì, forse io potrei farlo, ma Giovanni no.

| Esempio: Lei/Lei |
| --- |
| ◆ Dovrebbe passare molto più tempo a casa. |
| ■ Sì, forse lei potrebbe farlo, ma Giovanni no. |

**1** Io/Tu    **4** Tu/Io
**2** Loro/Lei    **5** Noi/Voi
**3** Voi/Noi

14

**14** Parliamo | Vite possibili

*Choose one of the following homes and imagine what your life would be like if you lived there. Then describe it to a classmate.*

**15** Scriviamo | La casa dei sogni degli uomini italiani

*Using the text of activity 8 as an example, write an article to describe Italian men's dream home.*

## Cosa sognano gli uomini italiani?
Una casa con...

_____

_____

_____

_____

_____

**16** Riflettiamo | Il *ci* locativo WB 11·12

*Read the following sentence taken from activity 8.*

Il 41% delle donne intervistate desidererebbe un orto e **ci** coltiverebbe frutta e ortaggi per sé e per la propria famiglia.

*In the previous sentence the **particella pronominale "ci"** refers to a place which has previously been mentioned: **ci = nell'orto**. In this case the pronoun is called "**ci**" locativo. Here are more examples:*

Non sono mai stato in Sicilia, ma **ci** vado l'estate prossima. (ci = <u>in</u> Sicilia)
È un ottimo ristorante, **ci** mangiamo spesso. (ci = <u>in</u> questo ristorante)
Ho comprato i biglietti per Istanbul, **ci** passiamo due settimane a giugno. (ci = <u>a</u> Istanbul).

*Now read the following sentence taken from the conversation of activity 11 and write what **ci** refers to. Remember to add the appropriate preposition.*

Ho sempre sognato di avere un giardino grande come questo, **ci** metterei anche un orto.
(ci = _____ )

## 17 Lettura | Consigli per pitturare una stanza

**a.** *Read the following forum posts.*

Melina

Ciao a tutte, ho deciso di pitturare la mia stanza perché sono stufa delle pareti bianche... Un sacco di cose del mio arredamento sono rosse, allora pensavo di fare le pareti un po' arancioni e un po' rosa. Qualcuno ha qualche suggerimento?
Grazie mille!

Fay

Bella idea ☺
A me piace molto l'idea del rosa abbinato al rosso. ☺
Magari potresti usare delle tonalità di colore diverse, una per le pareti e una per il soffitto. Per non sporcare troppo dovresti coprire il pavimento con un telo di nylon.
Buon lavoro!

Brenda842

Al posto tuo sceglierei dei colori più delicati, i colori accesi alla lunga stancano.

Adattato da *http://forum.alfemminile.com*

**b.** *Do you prefer Fay's or Brenda842's answer?*

Read the following sentences taken from the previous activity.

Magari **potresti** usare delle tonalità di colore diverse…
… **dovresti** coprire il pavimento con un telo di nylon.
Al posto tuo **sceglierei** dei colori più delicati…

If you want to give advice in Italian you can:

**a** use the **condizionale presente** of **dovere** or **potere** + the infinitive. In this case the subject of the sentence is the person who is given advice:

Signora Bianchi, **dovrebbe** comprare una lavatrice nuova.
Ada e Matteo **dovrebbero** trasferirsi in un quartiere più sicuro.

**b** conjugate any necessary verb in the **condizionale presente**. In this case the subject is the person who gives advice:

Al posto Suo, signora Bianchi, **compreremmo** una lavatrice nuova.
Ada e Matteo, se fossi in voi **mi trasferirei** in un quartiere più sicuro.

14

**18** **Esercizio scritto | Condizionale presente e possessivi** WB 13

*Change the following sentences as in the example. Whenever you find the pronoun **io** in brackets, use the expression **Al posto** + the possessive adjective.*

> Esempio:
> Potresti usare delle tonalità di colore diverse.
> (*dovere*) <u>Dovresti usare delle tonalità di colore diverse.</u>
> (*io*) <u>Al posto tuo userei delle tonalità di colore diverse.</u>

**1** Dovresti coprire il pavimento con un telo di nylon.
(*potere*) _____
(*io*) _____

**2** Potresti dipingere le pareti di giallo.
(*dovere*) _____
(*io*) _____

**3** Dovrebbe lasciare le pareti bianche.
(*potere*) _____
(*io*) _____

**4** Al posto vostro chiamerei un pittore.
(*dovere*) _____
(*potere*) _____

**19** **Esercizio orale | Condizionale presente e possessivi** WB 14

*Work with a partner. One student randomly chooses one of the situations listed in the left column and read the sentence out loud. The other student must give him/her advice by choosing one of the sentences in the **Consigli** column and conjugating the verb in brackets in the condizionale presente. Then switch roles. You must go through the whole **Situazioni** column.*

| Situazioni |
| --- |
| A casa mia fa troppo caldo in estate. |
| I miei vicini fanno feste tutte le sere. |
| Il mio coinquilino non pulisce mai il bagno. |
| Mi piacerebbe avere un animale in casa. |
| Vorrei cambiare il colore delle pareti. |
| Vorrei mangiare frutta e verdura fresche e sicure. |

| Consigli |
| --- |
| (*Dovere*) chiamare la polizia. |
| Al posto tuo io (*coltivare*) un orto in giardino. |
| (*Dovere*) installare l'aria condizionata. |
| (*Potere*) prendere un gatto. |
| (*Dovere*) scegliere un colore chiaro. |
| Al posto tuo io (*trovare*) un nuovo coinquilino. |

**20** **Scriviamo | Un problema a casa**

*Imagine that you are a university student from Sicily who studies in Naples and shares an apartment with two other students. Living with your house mates is far from easy. Write an e-mail to your best friend and express your frustration and dissatisfaction.*

**21** **Parliamo | Consigli a un amico**

*Work with a partner. Read the e-mail that he/she wrote (see activity 20), then imagine that you are his/her best friend and call him/her to cheer him/her up and give him/her advice on how to solve problems with his/her home mates. Then switch roles.*

14

# glossario

| | | | |
|---|---|---|---|
| 1 | affittasi | for rent | |
| 1 | affittare | to rent | |
| 1 | grazioso | nice | |
| 1 | monolocale | studio apartment | |
| 1 | piano terra | ground floor | |
| 1 | ampio | wide | |
| 1 | cabina armadio | walk-in closet | |
| 1 | arredato | furnished | |
| 1 | lavatrice | washing machine | |
| 1 | tavolo da pranzo | dinner table | |
| 1 | divano letto | sleeping couch | |
| 1 | seminterrato | basement | |
| 1 | cantina | cellar | |
| 1 | metri quadrati | square meters | |
| 1 | mensile | monthly, per month | |
| 1 | attico | penthouse | |
| 1 | luminosissimo | very bright, very sunny | |
| 1 | zona residenziale | residential area | |
| 1 | ben collegato | well-connected | |
| 1 | cucina abitabile | eat-in kitchen | |
| 1 | soggiorno | living room | |
| 1 | camera da letto | bedroom | |
| 1 | cameretta | small bedroom | |
| 1 | terrazzo | terrace | |
| 1 | soffitta | attic room, garret | |
| 1 | ristrutturato | refurbished | |
| 1 | di recente | recently | |
| 1 | palazzina | apartment house | |
| 1 | balcone | balcony | |
| 2 | fornelli | burners (in the kitchen) | |
| 2 | frigorifero | refrigerator, fridge | |
| 2 | lavello | sink | |
| 2 | cuscino | pillow | |
| 2 | letto | bed | |
| 2 | scrivania | desk | |
| 2 | armadio | wardrobe, closet | |
| 2 | comodino | night stand, bedside table | |
| 2 | sala da pranzo | dining room | |
| 2 | divano | couch | |
| 2 | libreria | bookcase | |
| 2 | doccia | shower | |
| 2 | lavandino | washbasin | |
| 2 | water | toilet bowl | |
| 3 | Mi ha fatto tanto piacere. | It was a real pleasure. | |
| 3 | quartiere | neighborhood | |
| 3 | Non mi importa. | I don't care. | |
| 3 | decisamente più vivace | way more/a lot more lively | |
| 3 | precedente | previous | |
| 3 | Circolano poche macchine. | There are few cars. | |
| 3 | edificio | building | |
| 3 | ascensore | elevator, lift | |
| 3 | oltre a | in addition to | |
| 3 | salone | dining hall | |
| 3 | camera degli ospiti | guest room | |
| 3 | carinissimo | very nice | |
| 3 | delizioso | adorable, charming | |
| 3 | pianta | plant | |
| 3 | inquilino | tenant | |
| 3 | sicuramente | for sure, no doubt | |
| 3 | canale | canal | |
| 3 | mobile | piece of furniture | |
| 3 | adattare | to adapt | |
| 3 | elettrodomestici | household appliances | |
| 3 | compreso | included | |
| 3 | gusto | taste | |
| 3 | accogliente | cozy, comfortable | |
| 3 | Sono convinto che… | I am sure that… | |
| 3 | mobiletto | little piece of furniture | |
| 3 | migliorare | to improve | |
| 3 | sperare | to hope | |
| 3 | Ti abbraccio. | Hugs. | |
| 5 | arioso | airy, spacious | |
| 5 | buio | dark | |

| | | | |
|---|---|---|---|
| 5 | chiaro | bright | |
| 5 | impersonale | anonymous, unimaginative | |
| 5 | minimalista | stripped-back, minimalistic | |
| 5 | scuro | dark | |
| 5 | spazioso | spacious, wide | |
| 8 | sognare | to dream | |
| 8 | orto | vegetable garden | |
| 8 | piscina | swimming pool | |
| 8 | all'aperto | in the open | |
| 8 | rinnovare casa | to refurbish one's home | |
| 8 | realizzare un desiderio | to fulfill a wish | |
| 8 | confortevole | comfortable | |
| 8 | all'interno | indoor | |
| 8 | aree esterne | external areas | |
| 8 | benessere | wellness, well-being | |
| 8 | coltivare | to grow, to cultivate | |
| 8 | ortaggi | vegetables | |
| 8 | desiderio | wish, desire | |
| 8 | la casa dei sogni | dream home | |
| 8 | palestra | gym(nasium) | |
| 8 | criterio | criterion, standard | |
| 8 | dimensione | dimension | |
| 8 | tranquillità | quietness | |
| 8 | in cima alla classifica | top rank | |
| 8 | vicino | neighbor | |
| 8 | peggiore | worst | |
| 8 | musicista | musician | |
| 8 | esercitarsi | to practice | |
| 8 | a qualsiasi ora del giorno | any time of the day | |
| 8 | acquisto | purchase | |
| 8 | trilocale | three room apartment | |
| 8 | abitazione | home, dwelling | |
| 10 | scomodo | uncomfortable | |
| 10 | fiore | flower | |
| 10 | sole | sun | |
| 10 | poltrona | armchair | |
| 10 | Si annoierebbero a morte. | They would be bored to death. | |
| 10 | annoiarsi | to get bored | |
| 10 | allergico | allergic | |
| 10 | Ci mette un'ora e 40 minuti. | It takes one hour and 40 minutes. | |
| 11 | ragno | spider | |
| 11 | smog | air pollution, smog | |
| 11 | traffico | traffic | |
| 11 | automobile | car | |
| 12 | metropolitana | underground, subway | |
| 12 | pazzo | crazy | |
| 12 | giardino | garden | |
| 12 | inconveniente | setback, hitch | |
| 12 | vantaggio | advantage | |
| 12 | certamente | certainly | |
| 12 | probabilmente | probably | |
| 17 | pitturare | to paint | |
| 17 | essere stufo di… | to be fed up with… | |
| 17 | parete | wall | |
| 17 | un sacco di cose | a bunch of things | |
| 17 | arredamento | furniture | |
| 17 | suggerimento | suggestion, recommendation | |
| 17 | Grazie mille! | Thank you very much! | |
| 17 | abbinato | matched | |
| 17 | tonalità | shade, nuance | |
| 17 | soffitto | ceiling | |
| 17 | sporcare | to make dirty, to smear | |
| 17 | coprire | to cover | |
| 17 | pavimento | floor | |
| 17 | telo di nylon | nylon cloth | |
| 17 | colori accesi | high colors | |
| 18 | Al posto tuo… | If I were you… | |
| 18 | dipingere | to paint | |
| 18 | pittore | (house) painter | |
| 19 | coinquilino | house mate | |
| 19 | installare | to install | |
| 19 | l'aria condizionata | air conditioning | |

14

# grammatica

## Comparativi - Comparatives

### maggioranza e minoranza - majority and minority

*majority = **più** + adjective*
*minority = **meno** + adjective*

*The second term of comparison is introduced by the preposition **di** (either simple or compound).*

L'appartamento di Andrea è **più luminoso della** casa di Giulia.
L'appartamento di Andrea è **meno luminoso di** quello di Luca.

### uguaglianza - equality

*adjective + **come/quanto** + second term of comparison*

La camera da letto è **grande come** il soggiorno.
La camera da letto è **grande quanto** il soggiorno.

## Condizionale presente - Present conditional

*The **condizionale presente** is used to:*

- *express a possibility or make an assumption*
- *express wishes*
- *make a polite request*
- *give advice*
- *make a suggestion*

Pensi che **verrebbe** con noi?
**Vorrei** fare un corso di spagnolo.
**Potresti** aiutarmi, per favore?
**Dovresti** smettere di fumare.
**Potremmo** andare al cinema!

| | parlare | mettere | preferire |
|---|---|---|---|
| io | parl**erei** | mett**erei** | prefer**irei** |
| tu | parl**eresti** | mett**eresti** | prefer**iresti** |
| lei/lui | parl**erebbe** | mett**erebbe** | prefer**irebbe** |
| noi | parl**eremmo** | mett**eremmo** | prefer**iremmo** |
| voi | parl**ereste** | mett**ereste** | prefer**ireste** |
| loro | parl**erebbero** | mett**erebbero** | prefer**irebbero** |

| verbi irregolari | | |
|---|---|---|
| avere | avr- | |
| andare | andr- | -ei |
| bere | berr- | |
| dare | dar- | -esti |
| dovere | dovr- | |
| essere | sar- | -ebbe |
| fare | far- | |
| potere | potr- | -emmo |
| sapere | sapr- | |
| stare | star- | -este |
| vedere | vedr- | |
| venire | verr- | -ebbero |
| vivere | vivr- | |
| volere | vorr- | |

## Ci locativo

*The **particella pronominale "ci"** is used to avoid repeating the name of a place which has already been mentioned.*

È un ottimo ristorante, **ci** mangiamo spesso.
(ci = <u>in</u> questo ristorante)

Ho comprato i biglietti per Istanbul, **ci** passiamo due settimane a giugno.
(ci = <u>a</u> Istanbul)

### Tipi di abitazione

1 *Match the photographs below with the words in the list, as in the example.*

| mansarda | monolocale | palazzo | seminterrato |
| attico | appartamento | ~~villetta a schiera~~ | villa |

___

___

___

___

___

villetta a schiera

___

___

2. *What kind of home do you like the most? Which one is the most common in your country?*

1 *Who says what? Before watching the episode, match each of the following sentences with either Federico or Laura. Then watch the episode and check your answers.*

Federico  Laura

**1** Dai, pazienza! Tanto tu mangi solo yogurt! ☐ ☐

**2** Esagerato! Volevo farti un massaggio… ☐ ☐

**3** Comunque dovresti fare una vita più sana. ☐ ☐

**4** Voglio solo dimostrarti che lo yoga non è uno sport "per ragazze", come pensi tu. ☐ ☐

**5** Pronta? Se ti faccio male non è colpa mia! ☐ ☐

**6** Per consolazione sai cosa faccio? Un bel ciambellone come piace a te! ☐ ☐

2 *Complete the following sentences choosing the correct option. Then watch the episode again and check your answers.*

**1** Mentre aspetta in soggiorno, Federico
- **a** ☐ si diverte.
- **b** ☐ si annoia.

**2** Laura ha cucinato il pollo, ma
- **a** ☐ è rimasto troppo tempo nel forno.
- **b** ☐ ha messo troppo peperoncino.

**3** Laura critica Federico
- **a** ☐ perché non va in bicicletta.
- **b** ☐ perché fa una vita poco sana.

**4** Laura di solito
- **a** ☐ mangia verdura e fa movimento.
- **b** ☐ mangia yogurt e cucina pollo.

**5** Federico si è alzato dal divano e
- **a** ☐ ha fatto un massaggio.
- **b** ☐ ha sentito un dolore molto forte.

3 *Watch the episode one more time, then look at the following screenshots and choose the correct option.*

Eccomi, eh, sono pronta!

Oh, **era ora.**

**1** Che significa l'espressione **era ora**?
- **a** ☐ Sei arrivata nel momento giusto.
- **b** ☐ Ti ho aspettato per un'ora!
- **c** ☐ Finalmente!

**2** Cosa vuol dire l'espressione **non mangio schifezze**?
- **a** ☐ Non mangio cibi freschi.
- **b** ☐ Non mangio cibi poco sani.
- **c** ☐ Non mangio verdure.

Beh, certo **non mangio schifezze** come te!

## 15

**1 Parliamo e scriviamo | Usi e costumi** WB 1

**a.** *Look at the pictures below and fill in the blanks with the words in the list.*

> bucato    condire    dissetarsi    fila    gustare

**1** fare il _____

**2** _____ un caffè

**3** fare la _____

**4** _____ l'insalata

**5** _____

**b.** *Which pictures would you associate with Italian habits and contexts? Which ones would you rather associate with traditions and situations of English-speaking countries? Discuss with a partner.*

**c.** *Now work with a different partner. Tell him/her what you and your previous partner discussed. Then for each pair of photographs write a sentence to explain any relevant differences between Italian habits and those of English-speaking countries.*

NIE59L88

# vivere in Italia

**2** **Lettura** | **Consigli per chi viaggia in Italia** WB 2

*Read the following travel brochure and match each paragraph with its corresponding photograph.*

**1** ☐ L'Italia non è solo Firenze, Venezia e Roma. Parti alla scoperta dell'Italia vera, esplora le cittadine e i paesi meno conosciuti.

**2** ☐ In Italia puoi visitare molte chiese: metti vestiti appropriati, copri le spalle e le gambe e non entrare con pantaloni corti, canottiere e in generale vestiti troppo corti!

**3** ☐ Nei musei, nelle chiese e all'interno dei monumenti spegni il cellulare e non parlare a voce alta.

**4** ☐ Prova a usare la lingua! Gli italiani apprezzano moltissimo lo sforzo, anche se spesso rispondono in inglese per fare anche loro un po' di pratica.

**5** ☐ L'Italia non è solo pasta e pizza. In ogni regione, in ogni città e paese il cibo è diverso e vario. Prima di visitare un posto nuovo in Italia, ricerca quali sono i piatti tipici e scopri cibi nuovi.

**6** ☐ Finisci il pranzo con un bel caffè, ma assolutamente non chiedere un cappuccino dopo pranzo o dopo cena, per gli italiani è quasi un affronto! Il cappuccino si beve solo a colazione.

**7** ☐ L'Italia è la patria del gelato, prova ogni giorno un gusto diverso e assaggia l'affogato, un caffè espresso versato su una pallina di gelato alla vaniglia. Una vera prelibatezza!

**8** ☐ Bevi l'acqua delle numerose fontane sparse per le città, in particolare a Roma: è potabile!

**9** ☐ Molti negozi, ristoranti e bar non accettano carte di credito. Porta con te sempre un po' di contanti.

# vivere in Italia

**3 Riflettiamo | Imperativo informale singolare** WB 3·4

**a.** *In the previous brochure you found a new verb form, the **imperativo** (specifically, the informal singular form that goes with **tu**). Read the text again and find all negative and affirmative forms of the **imperativo informale singolare** of the verbs in the table below.*
*Insert the verbs in the table, then add their indicativo presente forms, as in the examples.*

| | imperativo informale singolare (*tu*) | indicativo presente - seconda persona singolare (*tu*) |
|---|---|---|
| partire | parti | parti |
| esplorare | esplora | esplori |
| mettere | | |
| coprire | | |
| spegnere | | |
| parlare | | |
| provare | | |
| ricercare | | |
| scoprire | | |
| finire | | |
| assaggiare | | |
| bere | | |
| portare | | |

**b.** *When is the **imperativo informale singolare** different from the second singular person of the **indicativo presente**?* 

**c.** *Read the brochure again and find all sentences in which the author invites the reader to avoid doing things that Italians might perceive as inconvenient. What does the author use instead of the **imperativo informale singolare** when a sentence is negative?*

_____ + _____

**d.** *Now explain what the **imperativo** is used for.*

**4 Esercizio scritto | Imperativo informale singolare** WB 3·4
*Complete the following paragraphs conjugating the verbs in brackets in the **imperativo informale singolare**.*

---

Consigli per studenti stranieri che vengono a studiare in Italia

**1** (*Seguire*) _____ corsi di italiano: è divertente parlare la lingua locale!

**2** Non (*prendere*) _____ i taxi, sono molto cari!

**3** (*Comprare*) _____ i biglietti prima di salire sull'autobus.

**4** Nelle grandi città sull'autobus possono esserci ladri: (*ricordare*) _____ di fare attenzione alla borsa e al portafogli!

---

15

**5** Non (*perdere*) _____ l'occasione di andare allo stadio a vedere una partita di calcio dal vivo!

**6** Non (*andare*) _____ a mangiare nei fast food, (*sperimentare*) _____ il cibo di strada locale.

**7** Non (*mangiare*) _____ in classe.

**8** Non (*stare*) _____ sempre con altri studenti del tuo paese, (*vedere*) _____ anche ragazze e ragazzi italiani. Così pratichi la lingua!

**9** Nei fine settimana liberi, non (*partire*) _____ sempre per le altre capitali europee: (*scoprire*) _____ le città italiane!

**10** Se vai a Roma, (*lanciare*) _____ una moneta nella Fontana di Trevi.

## 5 Esercizio orale | Imperativo informale singolare WB 3·4

*Work with a partner. Take turns suggesting things that Avventurosa 21 should or should not do while travelling in Europe. Use the verbs in the list below and conjugate them in the* **imperativo informale***, as in the example. You can add a few extra recommendations if you wish.*

**Avventurosa 21**
Ciao, ragazzi, passerò un mese in giro per l'Europa, viaggerò in treno con lo zaino in spalla. Che cosa mi consigliate di fare prima di partire e durante il viaggio?

Esempio: mangiare piatti tipici → Mangia piatti tipici.

**1** mettere nello zaino vestiti e scarpe eleganti

**2** scegliere uno zaino piccolo e portare pochi vestiti pratici

**3** stipulare un'assicurazione sanitaria

**4** cercare una guida dell'Europa

**5** portare un tablet

**6** comprare medicine varie

**7** programmare un itinerario

**8** prenotare gli alberghi

**9** partire senza un programma preciso e decidere le destinazioni giorno per giorno

**10** scoprire piccole città poco conosciute

**11** vedere solo le grandi città famose

**12** partire da sola

**13** viaggiare con un gruppo di amici

**14** prendere i treni notturni e dormire in treno invece che in albergo

**15** provare gli ostelli

**16** individuare su "TripAdvisor" ristoranti tipici ed economici

_____

_____

_____

_____

# vivere in Italia

**6** Scriviamo | **Consigli per viaggiare nel tuo paese**

*You need to write a short article for an Italian web site and explain the do's and don'ts for tourists who would like to spend their holidays in your country. Write a brief introduction and a short list of recommendations.*

**7** Parliamo | **Un posto da non perdere**

*Choose a place that you particularly like (in your country or elsewhere) and that you would highly recommend. Then work with a partner: Take turns giving him/her advice on the things to do and see. Then switch roles.*

**8** Lettura | *Diventate famiglia ospitante!*
**a.** *Read the following article.*

> ## Diventate una famiglia ospitante e accogliete in casa studenti stranieri. Offrite ospitalità e incrementate il vostro reddito.
>
> C'è una forte richiesta di famiglie ospitanti in Italia che desiderano accogliere studenti stranieri provenienti da "Lingoo", gli specialisti dello scambio linguistico.
>
> Non perdete questa occasione, effettuate gratis la registrazione come famiglia ospitante in Italia, date ospitalità a studenti stranieri e aprite la vostra casa al mondo. È un'esperienza che arricchirà tutta la famiglia: scoprirete culture diverse e avrete la possibilità di avvicinarvi ad altre lingue.
>
> Insomma sarà un modo facile, piacevole e interessante di aumentare il vostro reddito.

Adattato da *www.lingoo.it*

**b.** *Now answer the following question.*

   Quali sono i vantaggi di diventare famiglia ospitante con *Lingoo*?

**9** Riflettiamo | **Imperativo plurale** WB 5·6

*Read the following sentences taken from the previous article, then complete the rule on the **imperativo plurale** choosing the correct option.*

> Diventate una famiglia ospitante e accogliete in casa studenti stranieri.

> Offrite ospitalità e incrementate il vostro reddito.    Non perdete questa occasione…

> … aprite la vostra casa al mondo.    … effettuate gratis la registrazione…

**1** The **imperativo plurale** is used to give advice and instructions to more than one person (**voi**). The second plural person of the **imperativo** is identical to the second plural person of the **presente indicativo**:

   **a** only for regular verbs ending in -**ere** and -**ire**.
   **b** only for regular verbs ending in -**are**.
   **c** for all regular verbs.

**2** Now focus on the **imperativo** in negative sentences (thus preceded by **non**): is there any difference between the plural and the singular form?

_____

_____

15

## 10 Esercizio scritto | Imperativo plurale WB 5-6

*Rewrite the recommendations that you read in activity 2 replacing the second singular person (**tu**) with the second plural person (**voi**), as in the example.*

Esempio:

Parti alla scoperta dell'Italia vera… → *Partite alla scoperta dell'Italia vera…*

## 11 Ascolto | Diventare famiglia ospitante WB 7

58 ((►

**a.** *Close the book, listen to the recording, then work with a partner and share information on the conversation.*

**b.** *Listen to the conversation again and, still working with your partner, choose the correct option.*

**1** Teresa ospita studenti americani per
tre mesi l'anno. `a`
sei mesi l'anno. `b`

**2** Teresa ospita studenti
per guadagnare soldi. `a`
perché è una bella esperienza
e per guadagnare un po' di soldi. `b`

**3** La casa di Carlo ha
due camere da letto e un bagno. `a`
due camere da letto e due bagni. `b`

**4** Marina si occupa degli alloggi
per una scuola di italiano. `a`
per un'università americana. `b`

**5** Carlo vuole ospitare
un solo studente. `a`
uno o due studenti. `b`

**6** Carlo vuole affittare a studenti una camera
con
due letti `a`    un divano `f`
un terrazzo `b`    un balcone `g`
due scrivanie `c`    un armadio `h`
uno specchio `d`    una libreria `i`
un computer `e`

**7** In autunno i ragazzi
arrivano a settembre e partono
a dicembre. `a`
arrivano ad agosto e partono
a dicembre. `b`

**8** Carlo
ama cucinare. `a`
sa cucinare, ma non gli piace. `b`

**9** Carlo abita
in centro. `a`
vicino al centro. `b`

**10** Carlo ha già la connessione
ADSL a casa. `a`
non ha la connessione
ADSL ma è disposto ad installarla. `b`

**11** Carlo ha intenzione di ospitare studenti
per
tre mesi l'anno. `a`
sei mesi l'anno. `b`

**15**

# vivere in Italia

**12** **Lettura | Vivere in un altro paese**

**a.** *Read the following article, then choose, in the list below, the sentence which in your opinion appropriately sums it up.*

È la prima volta che visiti Roma, o che abiti con una famiglia italiana?
**Preparati**, sarà una bellissima esperienza!

**1** Ti piace il caffè? Se la tua risposta è un gioioso "sì!", sei fortunato. La colazione italiana offre tante opzioni per assaggiare la tua bevanda preferita: caffellatte, caffè macchiato, cappuccino… **Bevili** mentre mangi un cornetto, pane e nutella o pane e marmellata.

**2** Per muoverti in città sicuramente sarà necessario prendere un mezzo di trasporto pubblico, la metropolitana, l'autobus o il tram. All'inizio sarà un po' difficile, non esiste spazio personale sui mezzi pubblici a Roma! **Non scoraggiarti** però, **usa** questa opportunità per osservare gli studenti, i turisti, gli anziani, i venditori, le donne e gli uomini "chic" che portano sempre gli occhiali da sole e scopri la popolazione multiculturale di Roma!

**3** Il traffico a Roma è molto caotico e la gente guida molto velocemente. All'inizio sembra impossibile attraversare la strada… Niente paura! **Guarda** i romani che marciano direttamente nel traffico, le auto semplicemente si fermano o li evitano.

**4** Dopo le lezioni, **fa'** una passeggiata in centro per sgranchirti le gambe, e **prendi** un gelato con panna per una deliziosa merenda. Se c'è molta gente nella gelateria **abbi** pazienza, in Italia le regole per stare in fila non esistono.

**5** Se vuoi fare esercizio, **non andare** in palestra, **esplora** invece i bellissimi parchi di Roma - per esempio, Villa Pamphili, Villa Borghese, il Circo Massimo - e **corri** insieme ai romani.

**6** **Non stupirti** se dovrai aspettare le 8 o le 8 e mezza per cenare con la famiglia che ti ospita: i romani cenano tardi. Mi raccomando: assolutamente **non mescolare** tutto il cibo insieme! Non si mangia la pasta insieme alla carne, all'insalata e alle verdure: che blasfemia! Probabilmente durante la cena la tua famiglia italiana non spegnerà la TV. **Sta'** tranquillo, è normale! **Continua** pure a chiacchierare con la tua "madre italiana", **chiedile** le parole che non capisci nelle trasmissioni italiane e **migliora** il tuo vocabolario.
In bocca al lupo!
Laura

**1** ☐ Consigli per famiglie italiane che ospitano studenti stranieri.
**2** ☐ Consigli per studenti stranieri che vengono a Roma.
**3** ☐ Consigli per studenti italiani che vogliono passare un semestre negli Stati Uniti.

**b.** *Work with a partner. Read the article again and match each paragraph with its corresponding photograph, as in the example.*

The Italian expression **Mi raccomando!** is used to introduce an instruction or a recommendation that the listener should scrupulously follow. There is no strictly equivalent expression in English: It approximately corresponds to **please…** or **don't forget to…** (followed by instructions).

## 13 Riflettiamo | Imperativo informale singolare: forme irregolari e posizione dei pronomi diretti e indiretti WB 8

**a.** *In the previous article Laura often uses the **imperativo** for giving instructions. Read the text again and underline all verbs conjugated in the **imperativo informale singolare**. How many have you found?*

**b.** *Work with a partner. Read again the sentences which contain the verbs that you have just underlined and complete the rule choosing the correct option.*

Direct, indirect and reflexive pronouns, when used with the **imperativo informale singolare**:

**1** ☐ precede the verb.

**2** ☐ follow the verb.

**3** ☐ follow the verb and form a single word with it.

> Rules on the position of pronouns mentioned in activity 13 also apply to the **imperativo plurale**:
> Continu**a** a chiacchierare con la tua "madre italiana", chied**ile** le parole che non capisci…
> Continu**ate** a chiacchierare con la vostra "madre italiana", chied**etele** le parole che non capite…
>
> When the imperative is used in negative sentences, pronouns can be placed either after the verb (and form a single word with it), or right before it:
> non preoccupar**ti** = non **ti** preoccupare        non preoccupate**vi** = non **vi** preoccupate

**15**

**c.** *Complete the following table with the missing imperative forms that you can find in the text of activity 12.*

|     | andare | avere | bere | dare | dire | essere | fare | stare |
|-----|--------|-------|------|------|------|--------|------|-------|
| tu | vai/va' | | | dai/da' | di' | sii | fai/____ | stai/____ |
| voi | andate | abbiate | bevete | date | dite | siate | fate | state |

> When a direct, indirect or reflexive pronoun, as well as **ci** and **ne**, is used in combination with the **imperativo informale singolare** of **andare**, **dare**, **dire**, **fare** and **stare**, the verb is always in the contracted form (**va'**, **da'**, **fa'** and **sta'**) and the pronoun begins with a double consonant:
> **Dimmi** la verità. (**di'** + **mi**)
> Quando vedi Letizia, **dalle** questa lettera. (**da'** + **le**)
> Se non riesci ad andare alla posta oggi **vacci** domani. (**va'** + **ci**)
> Se non hai ancora fatto i compiti, **falli** ora. (**fa'** + **li**)
>
> Only the pronoun **gli** takes no double consonant:
> Telefona a Giorgio e **digli** di venire domani.

## 14 Trascrizione | Dare consigli   59 ((▶

*Listen several times to this part of the conversation of activity 11 and try to complete the following transcription with the missing words.*

Teresa: Be', _____, io ti do il numero di Marina, che _____
_____ _____ alloggi per questa scuola di italiano _____
_____ _____ gli studenti…

Carlo: Sì.

Teresa: _____ a nome mio e _____ _____ _____
interessato a _____ _____ _____ due studenti… L'altra
_____ _____ letto è _____ grande per due persone?

Carlo: Sì, sì, è molto grande, ci stanno _____ _____ _____
_____ _____ di certo, c'è un _____ _____ ampio,
una _____ e c'è _____ _____ _____.

Teresa: Ah, bene. _____, se te la senti, _____ _____ ragazzi alla
_____, alla fine il lavoro non è molto _____ _____ …

## 15 Esercizio scritto | Imperativo e pronomi WB 9

*Answer the questions below using the affirmative and negative form of the imperative and adding the appropriate pronoun, as in the example.*

> Esempio:
> ■ Prendo un altro gelato?
> ◆ Ma sì, **prendilo**. ◆ No, **non prenderlo/non lo prendere**.

**1** Uso i mezzi pubblici?
◆ _____

**2** Metto l'aceto nell'insalata?
◆ _____

**3** Bevo un altro caffe? È il quarto oggi…
◆ _____

**4** Che dici, faccio una festa sabato?
◆ _____

**5** Mi riposo un po' dopo pranzo?
◆ _____

**6** Preparo le lasagne per cena?
◆ _____

**7** Che pensi, telefono al ragazzo di ieri sera?
◆ _____

**8** Scrivo a Marta?
◆ _____

**9** Dico la verità?
◆ _____

**10** Che pensi, vado alla festa domani?
◆ _____

15

## 16 Esercizio orale | Filetto dell'imperativo WB 10

*Work with a partner (**Studente A** + **Studente B**). One student chooses one of the boxes in the grid below, makes a sentence conjugating the verb in brackets in the **imperativo singolare informale** and adds the appropriate pronoun to replace items in bold type (if there is any in the box), as in the examples. If the sentence is correct, the student marks that box with a symbol ("X" for **Studente A**, "O" for **Studente B**). Then it's the other student's turn. Once a box is marked, it cannot be used anymore. The goal is to form four correct sentences in a row (horizontally, vertically or diagonally) before the other student does.*

Esempi:

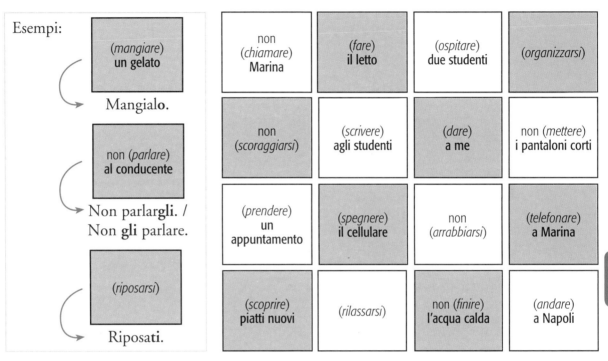

| | | | |
|---|---|---|---|
| *(mangiare)* **un gelato** → Mangia**lo**. | non *(chiamare)* Marina | *(fare)* **il letto** | *(ospitare)* due studenti | *(organizzarsi)* |
| non *(parlare)* **al conducente** → Non parlar**gli**. / Non **gli** parlare. | non *(scoraggiarsi)* | *(scrivere)* agli studenti | *(dare)* **a me** | non *(mettere)* i pantaloni corti |
| *(riposarsi)* → Riposa**ti**. | *(prendere)* un appuntamento | *(spegnere)* il cellulare | non *(arrabbiarsi)* | *(telefonare)* a Marina |
| | *(scoprire)* piatti nuovi | *(rilassarsi)* | non *(finire)* **l'acqua calda** | *(andare)* a Napoli |

**15**

## 17 Parliamo | Shock culturale

*Your teacher will form two groups (**Gruppo A** + **Gruppo B**).*
*Students from **Gruppo A** will play Sandro, an Italian student who arrived in your country two weeks ago and will attend classes for a whole semester at your university.*
*Students from **Gruppo B** will play Heather, a student from your university who met Sandro on their first day of class. Read your own instructions and play!*

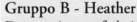

### Gruppo A - Sandro

Tutto ti sembra strano, non riesci ad abituarti al cibo e alle abitudini differenti. Per adesso l'unica nota positiva di questa esperienza è che al campus hai conosciuto una ragazza molto simpatica, Heather, che in questi giorni frequenti molto. La incontri a mensa, ti siedi al tavolo con lei e le parli delle tue difficoltà.

### Gruppo B - Heather

Due settimane fa hai conosciuto un ragazzo italiano che frequenterà un semestre presso la tua università. Lui è simpatico e gentile, però è evidentemente in una fase di shock culturale. Cerchi di incoraggiarlo per aiutarlo a superare questa fase, gli dai dei consigli per abituarsi alla vita nel campus e alle differenze tra il tuo paese e l'Italia.

# glossario

| | | |
|---|---|---|
| 1 | fare il bucato | to do the laundry |
| 1 | gustare | to enjoy |
| 1 | dissetarsi | to quench one's thirst |
| 2 | esplorare | to explore |
| 2 | cittadina | small town |
| 2 | paese | village |
| 2 | chiesa | church |
| 2 | mettere vestiti appropriati | to dress modestly |
| 2 | spalla | shoulder |
| 2 | gamba | leg |
| 2 | canottiera | tank top |
| 2 | spegnere | to turn/switch off |
| 2 | parlare a voce alta | to speak loudly |
| 2 | sforzo | effort |
| 2 | affronto | outrage |
| 2 | patria | homeland |
| 2 | assaggiare | to taste |
| 2 | pallina | (ice cream) ball |
| 2 | Una vera prelibatezza! | It's a delicacy!, It's delicious! |
| 2 | sparsi per la città | easy to find everywhere |
| 2 | (acqua) potabile | drinking water |
| 2 | contanti | cash |
| 4 | salire sull'autobus | to get on the bus |
| 4 | ladro | thief |
| 4 | fare attenzione | to be careful, to watch out, to pay attention |
| 4 | borsa | bag |
| 4 | portafogli | wallet |
| 4 | Non perdere l'occasione di… | Don't miss the chance to… |
| 4 | partita di calcio | soccer/football game |
| 4 | dal vivo | live |
| 4 | sperimentare | to try |
| 4 | cibo di strada | street food |
| 4 | lanciare una moneta | to toss a coin |
| 5 | in giro per l'Europa | (travelling) around Europe |
| 5 | zaino in spalla | with one's backpack |
| 5 | stipulare un'assicurazione sanitaria | to subscribe to health insurance |
| 5 | guida | guidebook |
| 5 | programmare | to set up |
| 5 | giorno per giorno | day by day |
| 5 | treno notturno | night train |
| 5 | ostello | hostel |
| 5 | provare | to try |
| 5 | individuare | to find |
| 8 | famiglia ospitante | hosting family |
| 8 | accogliere | to host |
| 8 | ospitalità | hospitality |
| 8 | incrementare | to increase |
| 8 | reddito | income |
| 8 | proveniente da | coming from |
| 8 | scambio linguistico | language exchange |
| 8 | effettuare la registrazione | to sign in, to log in |
| 8 | gratis | for free |
| 8 | arricchire | to enrich |
| 8 | avvicinarsi | to get to know |
| 8 | piacevole | nice, pleasant |
| 8 | aumentare | to increase |
| 8 | mediatore | middleman |
| 8 | ospite | guest |
| 8 | gestire in autonomia | to manage independently |
| 11 | ospitare | to host |
| 11 | guadagnare soldi | to earn money |
| 11 | esperienza | experience |
| 11 | specchio | mirror |
| 11 | vicino a | close to |
| 11 | connessione ADSL | ADSL connection |
| 11 | avere intenzione di… | to be planning to… |
| 12 | bellissimo | beautiful, wonderful |
| 12 | gioioso | enthusiastic |
| 12 | marmellata | jam, jelly |
| 12 | muoversi in città | to get around the city |
| 12 | mezzo di trasporto pubblico | means of public transport |
| 12 | Non scoraggiarti. | Don't let it get you down. |
| 12 | osservare | to observe, to watch |
| 12 | venditore | (street) seller |
| 12 | occhiali da sole | sunglasses |
| 12 | popolazione | population |
| 12 | caotico | chaotic |
| 12 | attraversare la strada | to cross the street |
| 12 | Niente paura! | No panic!, Relax! |
| 12 | marciare | to walk straight |
| 12 | fermarsi | to stop |
| 12 | evitare | to avoid, to dodge |
| 12 | sgranchirsi le gambe | to stretch one's legs |
| 12 | panna | whipped cream |
| 12 | merenda | snack |
| 12 | Abbi pazienza. | Be patient. |
| 12 | correre | to run, to jog |
| 12 | Non stupirti. | Don't be surprised. |
| 12 | cenare | to have dinner |
| 12 | mescolare | to mix |
| 12 | Che blasfemia! | That is unacceptable! |
| 12 | chiacchierare | to chat |
| 12 | trasmissione | TV program |
| 12 | In bocca al lupo! | Break a leg!, Good luck! |
| 14 | alloggio | accomodation |
| 14 | Se te la senti… | If you feel like it… |
| 15 | aceto | vinegar |
| 15 | dire la verità | to tell the truth |
| 16 | conducente | driver |
| 17 | abituarsi | to get used to |
| 17 | Tutto ti sembra strano. | Everything looks strange/ seems odd to you. |
| 17 | abitudine | habit |
| 17 | l'unica nota positive | the only positive aspect |
| 17 | frequentare qualcuno | to hang around with someone |
| 17 | mensa | (university) mess, canteen |
| 17 | sedersi | to sit (down) |
| 17 | difficoltà | difficulty, trouble |
| 17 | evidentemente | obviously |
| 17 | incoraggiare | to cheer up, to spur |
| 17 | superare una fase | to get by |

# grammatica

## Imperativo informale singolare e plurale - Singular and plural imperative

*The singular forms of the informal imperative of verbs ending in -ere and -ire are identical to those of the presente indicativo.*
*All the plural forms of the imperative (i. e. both for noi and voi) are identical to those of the presente indicativo.*

|           |     | parl**are** | mett**ere** | part**ire** | fin**ire** |
|-----------|-----|-------------|-------------|-------------|------------|
| singolare | tu  | parl**a**   | mett**i**   | part**i**   | fin**isci**|
| plurale   | noi | parl**iamo**| mett**iamo**| part**iamo**| fin**iamo**|
|           | voi | parl**ate** | mett**ete** | part**ite** | fin**ite** |

| verbi irregolari |     |        |        |        |         |        |        |        |          |          |        |        |
|------------------|-----|--------|--------|--------|---------|--------|--------|--------|----------|----------|--------|--------|
|                  |     | andare | avere  | bere   | dare    | dire   | essere | fare   | sapere   | stare    | tenere | venire |
| singolare        | tu  | vai/va'| abbi   | bevi   | dai/da' | di'    | sii    | fai/fa'| sappi    | stai/sta'| tieni  | vieni  |
| plurale          | noi | andiamo| abbiamo| beviamo| diamo   | diciamo| siamo  | facciamo| sappiamo| stiamo   | teniamo| veniamo|
|                  | voi | andate | abbiate| bevete | date    | dite   | siate  | fate   | sappiate | state    | tenete | venite |

## Uso dell'imperativo - Use of the imperative

*The imperative is used to:*
- *give advice*
- *give instructions*
- *give orders*
- *exhort someone to do something.*

*The first plural person of the imperative (noi) corresponds to the English construction let's + verb.*

**Esplora** città meno conosciute.
**Gira** alla prima a sinistra, e poi **va'** dritto.
**Parlate** a voce bassa!
**Telefoniamo** a Carlo!

Ragazzi, **andiamo** al cinema!

## Imperativo negativo - Negative imperative

- *second singular person (tu)* → *non + infinitive*

- *plural persons (voi)* → *non + plural imperative*

**Non parlare** a voce alta!

**Non perdete** questa occasione.

## Imperativo + pronomi - Imperative + pronouns

*Ci and ne, as well as direct, indirect and reflexive pronouns, follow the imperative and form a single word with it.*

*When the imperative is in the negative form, pronouns can either precede or follow the verb.*

*Verbs such as andare, dare, dire, fare and stare have a contracted imperative form; when combined with such verbs, pronouns (including ne and ci) begin with a double consonant.*

*This rule does not apply to the indirect pronoun gli.*

**Preparati** per una grande avventura.
Ordina un caffè e **bevilo** mentre mangi un cornetto.

**Non scoraggiarti!** / **Non ti scoraggiare!**
**Non preoccupatevi!** / **Non vi preoccupate!**

**Dimmi** la verità.
Quando vedi Letizia, **dalle** questa lettera.
Vai alla posta oggi? Ma no, **vacci** domani.
Se non hai ancora fatto i compiti, **falli** ora.

Telefona a Giorgio e **digli** di venire domani.

15

# caffè culturale

## Gelato, che passione!

**1** *Match the following ice cream flavors with the photographs below, as in the example.*

~~bacio~~   vaniglia   cioccolato   limone   nocciola   pistacchio   fragola   stracciatella

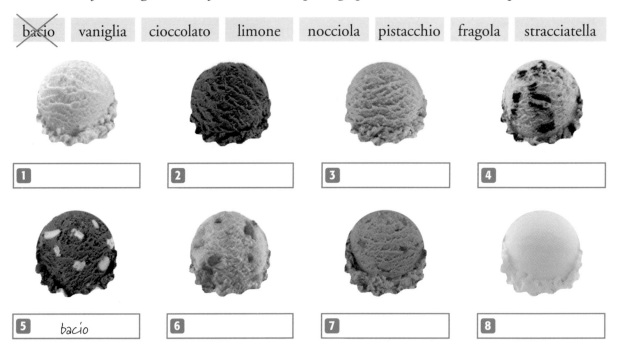

| **1** | | **2** | | **3** | | **4** | |
|---|---|---|---|---|---|---|---|

| **5** bacio | | **6** | | **7** | | **8** | |
|---|---|---|---|---|---|---|---|

**2** *Which ice cream flavors do you think Italians are particularly fond of? Make a ranking list of the previous flavors, then check your answers reading the following text.*

> I gusti di gelato sono davvero infiniti e in ogni stagione nascono nuovi accostamenti, ma alla fine sono i grandi classici a vincere, e infatti i primi quattro gusti di gelato più amati dagli italiani sono:
>
> • il cioccolato con il 27% delle preferenze
> • la nocciola (20%)
> • il limone (13%)
> • la fragola (12%)
> Seguono crema (10%), stracciatella (9%) e pistacchio (8%).
>
> I gusti di crema sembrano essere preferiti ai gusti di frutta, visto che il 73% del campione dichiara di scegliere sempre almeno un gusto di crema quando acquista un gelato.

**3** *Do you like ice cream? If so, what is your favorite flavor?*

# videocorso

**1** *Look at the following screenshot and try to guess which text is the right episode recap. Then watch the video and check your answer.*

**1** Due turisti stranieri chiedono un'informazione in italiano a Matteo, che prova a parlare francese, ma dà informazioni del tutto sbagliate. Valentina interviene e spiega la strada giusta ai due turisti.

**2** Due turisti stranieri chiedono un'informazione in italiano: Matteo gli dà le indicazioni e poi parla con Valentina delle lingue che conosce. Alla fine i due turisti passano ancora e dicono che Matteo ha dato informazioni sbagliate.

**2** *Watch the episode again and mark the following sentences as true or false.*

|  | | vero | falso |
|---|---|---|---|
| **1** Matteo parla il francese molto bene. | | ☐ | ☐ |
| **2** I due turisti studiano l'italiano. | | ☐ | ☐ |
| **3** Matteo ha studiato il francese a scuola. | | ☐ | ☐ |
| **4** Valentina dice a Matteo che ha dato indicazioni sbagliate. | | ☐ | ☐ |
| **5** I due turisti hanno seguito le indicazioni di Matteo. | | ☐ | ☐ |
| **6** Matteo e Valentina non sono d'accordo su una preposizione. | | ☐ | ☐ |

**3** *Change the following text from plural into singular.*

| voi | tu |
|---|---|
| Bravissimi! Allora, vedete questa strada? Fate 100, 200 metri e poi girate sulla destra. Altri 200-300 metri e siete in piazza Santa Croce. Ci mettete 5 minuti! | Bravissimo! _____ _____ _____ _____ |

**4** *Look at the following screenshots and choose the correct option.*

**Toglimi una curiosità…** Da quanto tempo non parli una lingua straniera?

**1** Con **Toglimi una curiosità…** Valentina vuole dire:

**a** ☐ Adesso ti dico una cosa molto interessante.
**b** ☐ Vorrei sapere una cosa.

**2** Quando Matteo dice **Comunque…**, intende dire:

**a** ☐ In ogni modo, ho ragione io.
**b** ☐ Non ho voglia di parlarne.

Non sono convinto. **Comunque…**

*Conoscere le lingue*

**15**

# glossario alfabetico

## A

| | |
|---|---|
| a bordo | on board |
| a causa di | because of |
| A che ora? | At what time? |
| A domani! | See you tomorrow! |
| a fiori | flowery |
| a gestione familiare | family run |
| A me piace molto… | I like… a lot. |
| a partire da… | from… on |
| a persona | per person |
| a piedi | walking, by foot |
| A presto! | See you soon! |
| a proposito | by the way |
| a quadri | checked |
| a qualsiasi ora del giorno | any time of the day |
| a righe | striped |
| a scelta | of one's choice |
| a volte | sometimes |
| abbastanza | enough, pretty well |
| abbigliamento | clothes, clothing |
| abbinato | matched |
| abitare | to live |
| abitazione | home, dwelling |
| abituarsi (a) | to get used (to) |
| abitudine | habit |
| accanto a | next to, by |
| accedere | to have access |
| accettare | to accept |
| accogliente | cozy, comfortable |
| accogliere | to host |
| accompagnare | to go/come with, to drive someone somewhere |
| aceto | vinegar |
| aceto balsamico | balsamic vinegar |
| acqua | water |
| acqua minerale | mineral water |
| acqua potabile | drinking water |
| Acquario | Aquarius |
| acquisto | purchase |
| adattare | to adapt |
| addirittura | even |
| addormentarsi | to fall asleep |
| aderente | close-fitting, tight |
| adesso | now |
| adorare | to adore |
| affatto | at all |
| affettare | to slice |
| affettati | cold cuts |
| affetto | affection |
| affittare | to rent |
| affittasi | for rent |
| affresco | fresco |
| affronto | outrage |
| agenzia di viaggi | travel agency |
| agenzia pubblicitaria | publicity agency |

| | |
|---|---|
| aggiornare il proprio profilo | to update one's profile |
| aggiungere | to add |
| aglio | garlic |
| agosto | August |
| aiutare | to help |
| al mese | every month, per month |
| Al posto tuo… | If I were you… |
| al primo piano | on the first floor |
| albergo | hotel |
| albero | tree |
| alcuni | some |
| all'angolo | on the corner |
| all'aperto | in the open |
| all'interno | indoor |
| all'ombra | in the shade |
| all'ultimo momento | at the last minute |
| alla griglia | grilled |
| alla moda | fashionable |
| Alla salute! | Cheers! |
| allegro | cheerful |
| allergico | allergic |
| allo stesso modo | in the same way |
| alloggio | accommodation |
| allora | so, then |
| altezzoso | disdainful |
| alto | high, tall |
| alzarsi | to get up |
| amare | to love |
| ambasciata | embassy |
| ambizioso | ambitious |
| amico/a | friend |
| ampio | wide |
| Anch'io vorrei… | I would like to have…, too. |
| anche | also, too, as well |
| anche se | even if |
| ancora | still |
| Ancora qualcosa? | Anything else? |
| andare | to go |
| andare a correre | to go jogging/running |
| andare a piedi | to walk (to), to go by foot |
| andare a trovare qualcuno | to visit someone |
| andare d'accordo | to get along well |
| andare in bicicletta | to ride one's bicycle |
| andare in giro | to hang/get around |
| animale | animal |
| animale selvatico | wild animal |
| animalista | in favor of animal rights |
| anno | year |
| annoiarsi | to get bored |
| annuncio | ad |
| ansioso | anxious, nervous |
| anticamente | in ancient times |
| anticipare | to hasten |
| antico | ancient, old |
| antipasti | starter, appetizer |
| antropologo | anthropologist |

# glossario alfabetico

| | |
|---|---|
| anziano | elderly, senior |
| aperto | open minded |
| appartamento | apartment |
| appello | plea |
| apprendimento | learning |
| apprezzare | to enjoy |
| appuntamento | appointment, date |
| appunto | indeed, exactly |
| aprile | April |
| aprire | to open |
| arabo | Arabic, Arab |
| arancia | orange |
| aranciata | orange juice |
| arancione | orange |
| aree esterne | external areas |
| aria condizionata | air conditioning |
| Ariete | Aries |
| arioso | spacious |
| armadio | wardrobe, closet |
| arrabbiarsi | to get angry |
| arredamento | furniture |
| arredato | furnished |
| arricchire | to enrich |
| arrivare | to arrive, to get to |
| Arrivederci! | Bye!, Goodbye! |
| arrosto | roast |
| ascensore | elevator, lift |
| asciugamano | towel |
| ascoltare | to listen |
| aspettare | to wait |
| assaggiare | to taste |
| assistente | assistant |
| assistente di volo | flight attendant |
| assolutamente | absolutely, totally |
| assomigliare (a) | to look like |
| Attento! | Watch out! |
| attico | attic, penthouse |
| attività | activity |
| attore | actor |
| attraente | attractive |
| attraversare | to cross, to go across |
| attraversare la strada | to cross the street |
| attrice | actress |
| aumentare | to increase |
| autentico | authentic |
| automobile | car |
| autorità | authorities, government bodies |
| autunno | fall, autumn |
| avaro | greedy |
| avere | to have |
| avere bisogno (di) | to need |
| avere caldo | to be hot |
| avere fame | to be hungry |
| avere fortuna | to be lucky |
| avere freddo | to be cold |
| avere fretta | to be in a hurry |

| | |
|---|---|
| avere intenzione di… | to be planning to… |
| avere lezione | to have/to go to class |
| avere orrore di | to resent |
| avere paura (di) | to be afraid, to fear |
| avere pazienza | to be patient |
| avere sete | to be thirsty |
| avere sonno | to be sleepy |
| avere un bambino in braccio | to hold a baby |
| avere un impegno | to be busy |
| avere voglia (di) | to feel like |
| avvicinarsi | to get to know |
| avvocato | lawyer, attorney |
| azzurro | pale blue |

## B

| | |
|---|---|
| bacio | kiss |
| baffi | moustache |
| bagnato | wet |
| bagno | bathroom, lavatory, toilet |
| balcone | balcony |
| ballare | to dance |
| bambino | child, baby |
| banca | bank |
| bancarella | stand, stall |
| barba | beard |
| barca | boat |
| barca a vela | sail boat |
| basso | low, short |
| bastare | to be enough, to suffice |
| battaglia | fight |
| Beato te! | Lucky you! |
| bellissimo | wonderful |
| bello | beautiful |
| Bello! | Great!, How nice! |
| ben collegato | well-connected |
| bene | well |
| benessere | wellness, well-being |
| benissimo | very well |
| Bentornato! | Welcome back! |
| bere | to drink |
| bianco | white |
| biblioteca | library |
| bicicletta | bicycle |
| biglietto | ticket |
| Bilancia | Libra |
| biondo | blonde |
| birra | beer |
| biscotto | biscuit, cookie |
| bistecca | steak |
| bollire | to boil |
| borsa | bag |
| borsetta | handbag |
| bottiglia | bottle |
| bravissimo | very good, very talented/skilled |
| bravo | smart, skilled |
| brodo | broth, stock, bouillon |

G

# glossario alfabetico

| | |
|---|---|
| bruciarsi un dito | to burn one's finger |
| brutto | ugly |
| bugia | lie |
| buio | dark |
| Buon anno! | Happy new year! |
| Buon appetito! | Enjoy your meal! |
| Buon divertimento! | Have fun! |
| Buon lavoro! | Have a nice day (at work)!, Work well! |
| Buon Natale! | Merry Christmas! |
| Buon viaggio! | Have a safe trip! |
| Buona giornata! | Have a nice day! |
| Buona idea! | That's a good idea! |
| Buonanotte! | Good night! |
| Buonasera! | Good evening! |
| Buone vacanze! | Enjoy your vacation! |
| Buongiorno! | Good morning! |
| burro | butter |
| buttare gli spaghetti | to put spaghetti in (the water) |

## C

| | |
|---|---|
| c'è | there is |
| cabina | bathing hut |
| cabina armadio | walk-in closet |
| cadere | to fall |
| caffè corretto | espresso with a drop of liquor |
| caffè macchiato | espresso with a drop of milk |
| calamari fritti | fried squids |
| calcio | soccer, football |
| caldo | hot, warm |
| calvo | bald |
| cambiamento | change |
| cambiare | to change |
| cambiare casa | to relocate, to move |
| camera | room |
| camera da letto | bedroom |
| camera degli ospiti | guest room |
| camera doppia | double bedroom |
| camera matrimoniale | double bedroom |
| camera singola | single bedroom |
| camera tripla | triple bedroom |
| cameretta | small bedroom |
| cameriera | waiter (*feminine*) |
| cameriere | waiter (*masculine*) |
| camicetta | blouse |
| camicia | shirt |
| camminare | to walk |
| campagna | countryside |
| campeggio | camping site |
| canale | canal |
| Cancro | Cancer |
| cane | dog |
| cani ammessi | dogs allowed |
| canottiera | tank top |
| cantante | singer |
| cantina | cellar |

| | |
|---|---|
| caotico | chaotic |
| capace (di) | able (to), capable (of), smart |
| capelli bianchi | white hair |
| capelli corti | short hair |
| capelli lisci | straight hair |
| capelli lunghi | long hair |
| capelli ricci | curly hair |
| capire | to understand |
| capitale | capital |
| capodanno | New Year's Eve |
| capolavoro | masterpiece |
| cappella | chapel |
| cappotto | coat |
| capricorno | Capricorn |
| carattere | personality, temper |
| caratteristica | characteristic, feature |
| caratteristico | picturesque |
| carinissimo | very nice |
| carino | nice, cute |
| carne | meat |
| carne macinata | minced meat |
| caro | expensive |
| carriera | career |
| carta di credito | credit card |
| carta igienica | toilet paper |
| cartolina | postcard |
| casa editrice | publishing house |
| castano | brown (*for hair*) |
| castello | castle |
| cavallo | horse |
| celebrare | to celebrate |
| celeste | sky blue |
| cellulare | cell/mobile phone |
| cena | dinner |
| cenare | to have dinner |
| centro commerciale | shopping mall |
| centro estetico | beauty parlor/salon |
| cercare un lavoro | to look for a job |
| certamente | certainly |
| Certo! | Of course!, Sure! |
| cervello | brain |
| Che blasfemia! | That is unacceptable! |
| Che cos'è? | What is this/that? |
| Che cosa fai? | What do you do? |
| Che cosa fate di bello? | What are you up to? |
| Che cosa prendi? | What will you have? |
| Che fine hai fatto? | What have you been up to? |
| Che ne dici di…? | What about…? |
| Che ora è? | What time is it? |
| Che ore sono? | What time is it? |
| Che programmi hai? | What are you up to? |
| Che significa? | What does that/it mean? |
| Chi è? | Who is that/he/she? |
| chiacchierare | to chat |
| chiacchierone | gabby, talkative |
| chiaro | bright |

# glossario alfabetico

| | | | |
|---|---|---|---|
| chiave | key | con | with |
| chiedere | to ask | con calma | taking one's time |
| chiesa | church | con grazia | gracefully |
| chiudere | to close | con un voto alto | with a high grade |
| chiuso nel suo guscio | isolated | concedere permessi | to allow |
| ci sono | there are | concerto | concert |
| Ci vediamo! | I'll see you! | concordare | to agree |
| Ci vuole/Ci vogliono… | It takes… | condimento | seasoning |
| Ciao! | Hi/Bye! | condire | to season |
| cibo | food | conducente | driver |
| cibo di strada | street food | conferma | confirmation |
| ciliegia | cherry | confermare | to confirm |
| cintura | belt | confortevole | comfortable |
| cioccolato | chocolate | Congratulazioni! | Congratulations! |
| cipolla | onion | coniglio | rabbit |
| città | city, town | connessione | connection |
| cittadina | small town | conoscere | to know, to meet (for the first time) |
| classifica | rank | conoscersi | to meet (for the first time) |
| cliente | client, customer | conquistare | to conquer |
| codice civile | civil code | conservare | to keep, to store |
| cognata | sister-in-law | considerare | to see as |
| cognato | brother-in-law | consigliare | to suggest, to recommend |
| cognome | family name | consigliere | counselor |
| coinquilino | house mate | consiglio | advice |
| colazione compresa | breakfast included | contanti | cash |
| collega | colleague | contare | to count |
| colloquio | (job) interview | contorno | side dish |
| colonna | column | contratto | contract |
| colori accesi | high colors | convegno | conference |
| colori pastello | pastel colors | conveniente | cheap, affordable |
| coltivare | to grow, to cultivate | convento | convent |
| come al solito | as usual | convincere | to persuade |
| Come mai? | How come? | coperta | blanket |
| Come si dice…? | How do you say…? | coppia | couple |
| Come si pronuncia? | How do you pronounce it? | coprire | to cover |
| Come si scrive? | How do you write/spell it? | cordiale | cordial, friendly |
| Come sta? | How are you? (*formal*) | Cordiali saluti… | Yours sincerely… |
| Come stai? | How are you? | cornetto | croissant |
| Come ti chiami? | What's your name? | correre | to run |
| Come ti trovi a Roma? | How do you like Rome? | corto | short |
| Come va? | How is it going? | cosa | thing |
| Come, scusa? | Sorry?, I beg your pardon? (*informal*) | Cosa desidera? | How can I help you? |
| comico | funny, hilarious | coscienza | consciousness, awareness |
| cominciare | to start, to begin | così | so, therefore |
| commento | comment | costa | coast |
| commesso/a | sales assistant | costante | dedicated |
| comodino | night stand, bedside table | costoso | expensive |
| comodo | comfortable, handy, practical | cotone | cotton |
| compagno/a | boyfriend/girlfriend, companion, partner, classmate | cravatta | tie |
| | | creare | to create, to make |
| compleanno | birthday | crema | cream, custard |
| completo | suit | crescere | to become bigger, to grow (up) |
| Complimenti! | Congratulations! | criceto | hamster |
| comprare | to buy | criterio | criterion, standard |
| compreso | included | crocchetta | croquette |
| comunque | anyway, however | crociera | cruise |

G

# glossario alfabetico

| | |
|---|---|
| crollare | to collapse, to fall apart |
| cucina abitabile | eat-in kitchen |
| cucinare | to cook |
| cugina | cousin (*feminine*) |
| cugino | cousin (*masculine*) |
| cuoco | cook |
| cuore | heart |
| cupo | dark, gloomy |
| cupola | dome |
| curato | neat |
| curioso | curious |
| cuscino | pillow |

## D

| | |
|---|---|
| D'accordo. | Fine., Ok. |
| da bambino/a | as a child |
| Da bere vorrei… | I'll drink… |
| da grande | as an adult |
| da meno di un anno | for less than a year |
| da piccolo/a | as a child |
| da poco | recently |
| Da quanto tempo…? | For how long…? |
| da solo/a | alone, by oneself |
| da tanto tempo | for a long time |
| da… in poi | from… on |
| Dai! | Come on! |
| dal lunedì al venerdì | from Monday to Friday |
| dal vivo | live |
| dale 16 alle 20 | from 4 PM to 8 PM |
| danza | dance |
| dare | to give |
| davanti a | in front of, opposite |
| debole | weak |
| decidere | to decide |
| deciso | determined |
| dedicarsi (a) | to devote oneself to |
| degustazione | tasting |
| delfino | dolphin |
| delicato | sensitive, sweet |
| delizioso | adorable, charming |
| dentista | dentist |
| Desidera ancora qualcos'altro? | Would you like anything else? |
| desiderio | wish, desire |
| detestare | to hate |
| Di che segno sei? | What is your sign? |
| Di dove sei? | Where are you from? |
| di fronte a | in front of, opposite |
| di recente | recently |
| di solito | usually |
| dialetto | dialect |
| dicembre | December |
| Dici sul serio? | Are you serious? |
| dietro | behind |
| dietrofront | about-face, U-turn |
| difficile | difficult, hard |
| difficoltà | difficulty, trouble |

| | |
|---|---|
| diffondere | to spread |
| dimensione | dimension |
| dimostrare | to demonstrate, to prove |
| dinamicissimo | very dynamic |
| Dipende. | It depends. |
| dipingere | to paint |
| diplomarsi | to graduate from high school |
| dire | to say |
| dire la verità | to tell the truth |
| dire una bugia | to tell a lie |
| direttamente | directly |
| direttore | director (*masculine*) |
| direttrice | director (*feminine*) |
| diritti umani | human rights |
| disponibile | approachable |
| dissetarsi | to quench one's thirst |
| distributore | gas station |
| dito | finger |
| divano | couch |
| divano letto | sleeping couch |
| diventare | to become |
| diverso | different |
| divertente | funny, entertaining |
| divertirsi | to have fun |
| doccia | shower |
| documento di identità | ID |
| dolce | cake, dessert |
| dolcezza | sweetness |
| domani | tomorrow |
| domenica | Sunday |
| donna | woman |
| dopo | after, later |
| dopodomani | the day after tomorrow |
| dormire | to sleep |
| Dove? | Where? |
| dovere | to have to, must |
| due settimane fa | two weeks ago |
| durante | during |

## E

| | |
|---|---|
| È da tanto tempo (che)… | It's been a while since… |
| È ora di pranzo. | It's lunchtime. |
| e poi | and then |
| È stato un disastro! | It was a disaster! |
| È un secolo che non ti fai sentire! | I haven't heard from you for ages! |
| Ebbene sì! | You heard that right! |
| ebreo | Jewish, Jew |
| eccezionale | extraordinary, one of a kind |
| Ecco fatto. | Here you go. |
| economia | economics, business |
| economico | cheap |
| economista | economist |
| edificio | building |
| effettuare la registrazione | to sign in, to log in |
| elegante | elegant |

# glossario alfabetico

| | |
|---|---|
| elettrodomestici | household appliances |
| eliminare | to remove, to delete, to erase |
| emigrante | migrant |
| emotivo | emotional |
| entrare | to go in, to enter |
| Entro che ora…? | By what time…? |
| entusiasticamente | enthusiastically |
| Epifania | January 6th |
| esame | exam, test |
| esame di fine anno | final exam |
| esattamente | exactly |
| esclusivamente | exclusively, solely |
| escursione | excursion |
| esercitarsi | to practice |
| esigente | demanding |
| esperienza | experience |
| esperimento | experiment, test |
| esplorare | to explore |
| esportare | to export |
| essere | to be |
| essere a dieta | to be on a diet |
| essere appassionato di… | to have a passion for… |
| essere al verde | to be broke |
| essere d'accordo | to agree |
| essere d'accordo (con) | to agree with |
| essere in gamba | to be smart |
| essere stufo di… | to be fed up wit… tired of… |
| essiccare | to dry |
| estate | summer |
| estraneo/a | indifferent |
| età | age |
| etto | 100 grams |
| euforico | euphoric |
| evidentemente | obviously |
| evitare | to avoid, to dodge |

## F

| | |
|---|---|
| Fa caldo. | It's hot. |
| Fa freddo. | It's cold. |
| Fa troppo caldo. | It's too hot. |
| fabbrica | factory |
| facciata | façade |
| facilmente | easily |
| facoltà | department |
| famiglia | family |
| famiglia ospitante | hosting family |
| famoso | famous |
| fantascienza | science fiction |
| fantasticare | to fantasize, to daydream |
| fare | to do |
| fare attenzione | to be careful, to watch out, to pay attention |
| fare colazione | to have breakfast |
| fare compere | to go shopping |
| fare il bagno | to swim |
| fare il bucato | to do the laundry |

| | |
|---|---|
| fare immersioni | to go scuba diving |
| fare la fila | to stand in line |
| fare la spesa | to shop (for groceries) |
| fare spese | to go shopping |
| fare sport | to play sports |
| fare trekking | to go hiking |
| fare un esame | to take an exam |
| fare un pisolino | to take a nap |
| fare un viaggio | to go on a trip, to travel |
| fare una festa | to throw a party |
| fare una gita | to go on a trip, to make an excursion |
| fare una passeggiata | to take a walk |
| fare una proposta | to make a suggestion |
| fare una vacanza | to go on holiday |
| fare uno spuntino | to eat a snack |
| fare/farsi una doccia | to take a shower |
| farfalla | butterfly |
| farina | wheat |
| farmacia | pharmacy |
| farmacista | pharmacist |
| fattoria | farm |
| favorevole a | in favor of |
| febbraio | February |
| felice | happy |
| Felicitazioni! | Congratulations! |
| femmina | female |
| fermarsi | to stop |
| fermata dell'autobus | bus stop |
| ferragosto | August 15th |
| festa dei lavoratori | May Day |
| fidanzarsi | to get engaged |
| fidarsi (di qualcuno) | to trust (someone) |
| fiducioso | confident |
| figlia | daughter |
| figlio | son |
| figlio maggiore | elder/eldest son |
| figlio minore | younger/youngest son |
| figlio/o unico/a | only child |
| filmare | to film, to shoot |
| finalmente | at last |
| finanziare | to finance |
| fine | end |
| fine settimana | weekend |
| finestra | window |
| finire | to finish, to end |
| finire i compiti | to finish one's homework |
| fino a | until, up/down to |
| fiore | flower |
| fisica | physics |
| fisso | fixed |
| fissare un appuntamento | to set an appointment |
| fondatore | founder |
| fontana | fountain |
| forchetta | fork |
| formaggio | cheese |
| fornello | burner, cooker |

**G**

# glossario alfabetico

| | |
|---|---|
| fornire fondi | to help financially |
| forte | strong, violent |
| fortunatamente | luckily |
| fortunato | lucky |
| fotografo/a | photographer |
| fra/tra | between |
| fragile | vulnerable, weak |
| fratello | brother |
| frequentare qualcuno | to hang around with someone |
| frigorifero | refrigerator, fridge |
| fritto | fried |
| frutta | fruit |
| frutti di mare | seafood |
| fumetti | comics |
| fungo | mushroom |
| fuoco | fire, flame |

## G

| | |
|---|---|
| galante | courteous |
| gamba | leg |
| gatto | cat |
| gelato | ice cream |
| gelosissimo | very jealous |
| Gemelli | Gemini |
| generalizzare | to generalize |
| generalmente | usually |
| generoso | generous |
| genitori | parents |
| gennaio | January |
| gente | people |
| gentile | nice, kind |
| gestire in autonomia | to manage independently |
| ghepardo | cheetah |
| già | already |
| giacca | jacket |
| giacca a vento | parka |
| giallo | yellow |
| giardinaggio | gardening |
| giardino | garden |
| giocare (a) | to play (sports) |
| gioioso | enthusiastic |
| giornale | newspaper |
| giornalista | journalist |
| Giorno del ringraziamento | Thanksgiving Day |
| giorno per giorno | day by day |
| giovanile | young-looking |
| giovedì | Thursday |
| giraffa | giraffe |
| girare | to turn |
| girare per la città | to go/walk round the city |
| giubbotto | jacket, vest |
| giugno | June |
| giuria | jury |
| giusto | just, fair, right |
| golfo | gulf |
| gommone | rubber boat |

| | |
|---|---|
| gonna | skirt |
| gran parte della giornata | most of the day |
| grande | big |
| grandezza | greatness |
| grasso | overweight |
| gratis | (for) free, free (of charge) |
| grattugiare | to grate |
| gratuito | (for) free, free (of charge) |
| Grazie mille! | Thank you very much! |
| grazioso | nice |
| grigio | grey |
| grosso | big |
| guadagnare soldi | to earn money |
| guanciale | cheek lard |
| guardare la televisione | to watch television |
| guerra | war |
| guida | guide, guidebook |
| guidare | to drive |
| gustare | to enjoy |
| gusto | taste |

## H

| | |
|---|---|
| Ha suonato il telefono. | The phone rang. |
| Hai voglia di…? | Do you feel like…? |
| Ho ancora tanto da imparare! | I still have a lot to learn! |
| Ho appena letto… | I have just read… |

## I

| | |
|---|---|
| identificarsi (in) | to identify oneself (with) |
| ieri | yesterday |
| Il conto, per favore! | The bill, please! |
| il mese scorso | last month |
| il mio miglior amico | my best (boy) friend |
| il mio ragazzo | my boyfriend |
| il prossimo anno | next year |
| illuminazione | lighting |
| imparare | to learn |
| impasto | dough |
| impegnato | busy |
| impermeabile | raincoat |
| impersonale | anonymous, unimaginative |
| impiegato/a | clerk, employee |
| importante | important |
| imprenditore | business man |
| imprevisto | hitch, rub |
| improvvisamente | suddenly |
| impulsivo | impulsive |
| In bocca al lupo! | Break a leg!, Good luck! |
| in carriera | career oriented |
| in centro | in the center, downtown |
| in cima alla classifica | top rank |
| in conclusione | as a conclusion, so, therefore |
| in fretta | hastily |
| in fretta | fast |
| in genere | in general, generally, usually |
| in giro per l'Europa | around Europe |

| | |
|---|---|
| In occasione di… | During… |
| in periferia | in the outskirts, in the suburbs |
| in posizione ottimale | ideally located |
| in ritardo | late |
| in un paio di settimane | in a couple of weeks |
| in vetrina | on display (in the shop window) |
| includere | to include |
| incontrare | to meet |
| incontro | encounter, meeting |
| inconveniente | setback, hitch |
| incoraggiare | to cheer up, to spur |
| incredibile | incredible, unbelievable |
| incrementare | to increase |
| incrocio | intersection |
| indeciso | hesitant |
| indicazioni | street directions |
| indipendente | independent |
| indirizzo | address |
| individuare | to find |
| indossare | to wear, to put on |
| infermiere/a | nurse |
| infilarsi | to put on |
| ingegnere | engineer |
| iniziare | to start, to begin |
| inizio | beginning |
| innamorarsi | to fall in love |
| inquilino | tenant |
| insalata | salad |
| insegna | sign |
| insegnante | teacher, instructor |
| insegnare | to teach |
| insieme | together |
| insomma | so, in other words, therefore |
| installare | to install |
| intanto | meanwhile |
| intelligente | clever, smart, intelligent |
| interessante | interesting |
| interno | interior |
| interrompere | to interrupt |
| intervista | interview |
| intorno (a) | around, approximately |
| intraprendente | resourceful, enterprising, proactive |
| invece | instead, on the other hand |
| inverno | winter |
| investigare | to inquire |
| invitare | to invite |
| invito | invitation |
| Io prendo… | I'll have… |
| Io sono… | I am… |
| irritabile | ill-tempered |
| isola | island |

**L**

| | |
|---|---|
| l'altro ieri | the day before yesterday |
| l'aria condizionata | air conditioning |
| la casa dei sogni | dream home |

| | |
|---|---|
| la maggior parte del tempo | most of the time |
| la mia migliore amica | my best (girl) friend |
| la mia ragazza | my girlfriend |
| la prima strada a sinistra | the first street on the left |
| la prima volta | the first time |
| la prossima volta | next time |
| la vita di ogni giorno | everyday life |
| ladro | thief |
| lampada | lamp |
| lana | wool |
| lanciare una moneta | to toss a coin |
| lasciare | to leave, to let |
| lasciare gli studi | to quit one's studies |
| latte | milk |
| latte macchiato | glass of milk with a few drops of coffee |
| latte scremato | skim(med) milk |
| laurearsi | to graduate |
| lavagna | (black) board |
| lavandino | washbasin |
| lavarsi | to wash (oneself) |
| lavastoviglie | dishwasher |
| lavatrice | washing machine |
| lavello | sink |
| lavorare | to work |
| lavorare in proprio | to work as a free lancer, to be self-employed |
| le ultime notizie | latest news |
| legatissimo | deeply attached |
| leggere | to read |
| Lei che cosa prende? | What will you have, Sir/Madam? |
| lentamente | slowly, gently |
| lento | slow |
| leone | lion |
| Leone | Leo |
| lettera | letter |
| letto | bed |
| letto a castello | bunk bed |
| lì | there |
| liberatorio | liberating |
| libreria | bookshop, bookcase |
| libro | book |
| libro giallo | crime novel |
| lido | beach resort |
| linguaggio dei segni | sign language |
| litigioso | quarrelsome |
| litro | liter |
| livello di difficioltà | difficulty level |
| locale | bar, club |
| locale notturno | night club |
| luce | light |
| luglio | July |
| luminosissimo | very bright, very sunny |
| luminoso | bright |
| lunedì | Monday |
| lungo | long |

G

# glossario alfabetico

| | |
|---|---|
| luogo | place |

## M

| | |
|---|---|
| ma | but |
| macchina | car |
| macedonia | fruit salad |
| madre | mother |
| maestro | teacher |
| magari | maybe |
| maggio | May |
| maggioranza | majority |
| maglia | sweater |
| maglietta | T-shirt |
| maglietta a girocollo | crew neck shirt |
| maglietta con lo scollo a "V" | V-neck shirt |
| magro | slender |
| mai | never |
| Mai e poi mai! | Never ever! |
| maiale | pork |
| male | bad, badly |
| mancare | to lack |
| mandare | to send |
| mangiare | to eat |
| mangiare fuori | to eat out |
| mano | hand |
| mantenere i contatti | to keep in touch |
| manzo | beef |
| marciare | to walk straight |
| mare | sea |
| marito | husband |
| marmellata | jam, jelly, marmalade |
| marrone | brown |
| martedì | Tuesday |
| marzo | March |
| maschio | male |
| matematica | mathematics |
| matrimonio | marriage, wedding |
| mattina | morning |
| matto | crazy, insane |
| mediatore | middleman |
| medico chirurgo | surgeon |
| medioevo | Middle Ages |
| melone | melon |
| membro della famiglia | family member |
| memoria | memory |
| mensa | (university) mess, canteen, dining hall |
| mensile | monthly, per month |
| mentire | to lie |
| mentre | while |
| meraviglioso | wonderful |
| mercato | market |
| mercoledì | Wednesday |
| merenda | snack |
| mescolare | to mix |
| mese | month |

| | |
|---|---|
| messaggio | message |
| meta | destination |
| metri quadrati | square meters |
| metropolitana | underground, subway |
| mettere in ordine | to tidy, to clean up |
| mettere vestiti appropriati | to dress modestly |
| mettersi d'accordo | to find an agreement, to get things settled |
| mezza pensione | half pension |
| mezzo (di trasporto pubblico) | means (of public transport) |
| Mi chiamo… | My name is… |
| Mi dispiace. | I feel sorry. |
| Mi ha fatto tanto piacere. | It was a real pleasure. |
| mi piace/piacciono | I like |
| Mi porta…? | Can you bring…? |
| Mi sembra strano. | It looks/seems strange to me |
| miele | honey |
| migliorare | to improve |
| minestrone | vegetable soup |
| minimalista | stripped-back, minimalistic |
| mischiare | to mix |
| misterioso | mysterious |
| mobile | piece of furniture |
| mobiletto | little piece of furniture |
| mocassini | moccasins |
| moglie | wife |
| moltissimo | a lot |
| molto buono | very good |
| mondo | world |
| moneta | currency, coin |
| monolocale | studio apartment |
| montagna | mountain |
| moro | dark(-haired) |
| mortadella | bologna |
| mostra | exhibition |
| mostrare | to show |
| motorino | scooter, moped |
| muoversi in città | to get around the city |
| muro | wall |
| musicista | musician |

## N

| | |
|---|---|
| Natale | Christmas |
| natura | nature |
| naturalmente | obviously, of course |
| né… né… | neither… nor… |
| negozio | shop, store |
| nei dintorni | in the surroundings |
| nel frattempo | meanwhile |
| nello stesso modo | in the same way |
| nemico | enemy |
| nero | black |
| nervoso | edgy, irritable, ill-tempered, tense |
| nessuno | nobody, none |
| nient'altro | nothing else |
| niente | nothing |

| | |
|---|---|
| Niente paura! | No panic!, Relax! |
| nipote | nephew, niece, grandson, granddaughter |
| No, grazie, va bene così. | No, thank you, I'll be just fine. |
| noioso | boring |
| nome | (first) name |
| Non c'è male. | Not bad. |
| Non ce l'ho fatta. | I couldn't make it. |
| Non è giusto… | It is not right to… |
| Non è molto. | It's not a lot. |
| non essere d'accordo | to disagree |
| Non funziona. | It's not working. |
| Non mi importa. | I don't care. |
| Non scoraggiarti. | Don't let it get you down. |
| Non so cosa fare. | I don't know what to do. |
| nonna | grandmother |
| nonno | grandfather |
| normalmente | normally, usually, generally |
| notizia | news |
| notte | night |
| novembre | November |
| novità | news, novelty |
| numero | number |
| numerosi/e | many, plenty |
| nuotare | to swim |

**O**

| | |
|---|---|
| o | or |
| obiettivo | goal |
| occhiali | glasses |
| occhiali da sole | sunglasses |
| occhio | eye |
| occuparsi di | to deal with, to take care of |
| occupato | busy |
| odiare | to hate |
| offerta | offer |
| officina | auto repair shop |
| offrire | to offer |
| oggi | today |
| ogni giorno | everyday |
| ogni tanto | now and then, every once in a while |
| oltre a | in addition to |
| ombrello | umbrella |
| ombrellone | (big) umbrella, parasol |
| opera d'arte | artwork |
| operaio/a | (factory) worker |
| orario di rientro | closure time |
| organizzare | to organize, to plan |
| organizzarsi | to organize/plan things |
| orgoglioso | proud |
| ortaggi | vegetables |
| orto | vegetable garden |
| ospedale pubblico | public hospital |
| ospitalità | hospitality |
| ospitare | to host |
| ospite | guest |

| | |
|---|---|
| osservare | to observe, to watch, to look at |
| ostello | hostel |
| ottimista | optimistic |
| ottimo | excellent |
| ottobre | October |
| ovviamente | obviously, of course |

**P**

| | |
|---|---|
| pacchetto | package |
| pacco | pack, package, box |
| padella | (frying) pan |
| padre | father |
| padrone di casa | host |
| paese | country, small town, village |
| paese straniero | foreign country |
| pagare | to pay |
| pagare un extra | to pay extra an additional fee |
| palazzina | apartment building |
| palazzo | palace, building |
| palestra | gym(nasium) |
| pallina | (ice cream) ball |
| pancetta | bacon |
| pane | bread |
| panettiere | baker |
| panino | sandwich |
| panna | whipped cream |
| pantaloni | trousers, pants |
| parcheggiato | parked |
| parcheggio | parking lot |
| parco | park |
| parentela | kinship |
| parenti | relatives |
| parete | wall |
| Parla molto bene l'italiano. | She/He speaks Italian very well. |
| parlare | to speak, to talk |
| parlare a voce alta | to speak loudly |
| parlare al telefono | to speak on the phone |
| parola | word |
| parrucchiere/a | hair dresser |
| parsimonioso | thrifty |
| partecipante | registered person, attendant |
| partecipare | to attend, to be a guest |
| partenza | departure |
| particolarmente | particularly |
| partire | to leave |
| partita di calcio | soccer/football game |
| Pasqua | Easter |
| passante | pedestrian, passer-by |
| passaporto | passport |
| passare | to spend |
| passare la giornata | to spend the day |
| passeggiare | to take a walk, to stroll |
| passionale | passionate |
| pasta | pasta, pastry |
| pasta fatta in casa | home made pasta |
| patatine fritte | French fries |

**G**

# glossario alfabetico

| | | | |
|---|---|---|---|
| patria | homeland | ponte | bridge |
| pavimento | floor | popolare | (lower) middle class |
| pazzo | crazy | popolazione | population |
| Peccato che… | Too bad that… | porta | door |
| peggiore | worst | portacenere | ashtray |
| pelle | leather | portafogli | wallet |
| penna | pen | portare | to bring, to wear, to take |
| pensare | to think | | (someone to a place) |
| pentola | pot, saucepan | portiere | concierge |
| pepe | pepper | possessivo | possessive |
| peperoni | peppers | possibile | possible |
| per un attimo | for a moment | posto | place |
| per cortesia | please | posto auto | parking space |
| per favore | please | posto di lavoro | workplace |
| per fortuna | luckily | potere | to be able to, can |
| Per me va bene. | It works just fine for me. | pranzare | to have lunch |
| per niente | at all | pranzo di Natale | Christmas lunch |
| per sempre | for ever | praticare sport | to plat sports |
| per strada | in the street | pratico | pragmatic, down-to-earth |
| perché | because, why | prato | lawn |
| perdersi | to get lost | precedente | previous |
| perfettamente | perfectly, extremely well | preferire | to prefer |
| Perfetto! | Great!, Awesome!, Very good!, | prelibatezza | delicacy |
| | Excellent! | prendere il sole | to sunbathe, to get a tan |
| perfezionista | perfectionist | prendere l'aereo | to fly to, to take the plane |
| perfino | even | prendere l'aperitivo | to drink an aperitif |
| pernottamento | accomodation | prendere una decisione | to make a decision |
| però | but | prenotare | to book, to make a reservation |
| personaggio | character | prenotazione | reservation |
| pesca | peach | prepararsi | to get ready |
| pesce | fish | prepotente | high-handed |
| pesci | Pisces | presentare | to introduce |
| pessimista | pessimistic | presto | early |
| pezzo | piece | previdente | longsighted |
| phon | hair dryer | prezzo | price |
| piacere | to like | prigione | prison, jail |
| Piacere. | Nice to meet you. | prima | before, earlier, in the past |
| piacevole | nice, pleasant | prima/seconda | first/second world war |
| piano terra | ground floor | guerra mondiale | |
| pianta | plant | primavera | spring |
| pianterreno | ground floor | primi piatti | first courses |
| piatto | dish, recipe | probabilmente | probably |
| piazza | square | problema | problem |
| piccolo | small, little | proclamare un vincitore/ | to announce a winner |
| pieno di | full of | una vincitrice | |
| pigro | lazy | produrre | to produce |
| pioggia | rain | produttore | producer |
| piove | it rains | professore | professor (*masculine*) |
| piscina | swimming pool | professoressa | professor (*feminine*) |
| pittore | (house) painter | progetto | project |
| pitturare | to paint | programmare | to set up |
| piuttosto | rather | progresso | progress |
| pollo | chicken | promettere | to promise |
| poltrona | armchair | pronto | ready |
| pomeriggio | afternoon | Pronto? | Hello? |
| pomodoro | tomato | proporre | to propose, to suggest |

# glossario alfabetico

| | | | |
|---|---|---|---|
| proprietario | landlord | realizzare un sogno | to make a dream come true |
| prosciutto cotto | ham steak | recitare | to act, to play |
| prosciutto crudo | raw ham | reddito | income |
| protagonista | leading role, key player, main character | regalare | to offer, to give (as a gift) |
| proteggere | to protect | regione | region |
| provare | to try | regola | rule |
| proveniente da | coming from | resistere | to resist, to hold out against |
| pulire | to clean (up) | restare | to stay, to remain |
| pullover/maglione | sweater, jumper | ricerca | research |
| puntata | episode | richiesta | demand, request |
| Puoi ripetere? | Can you repeat? | ricordare | to remind |
| pure | too, also | ricordarsi | to remember |
| purè di patate | mashed potatoes | riduzione | right now, immediately |
| purtroppo | unfortunately | riduzione | reduction |
| | | riempire | to fill |
| **Q** | | rifiutare | to turn down, to decline |
| | | riga | line |
| Qual è il tuo numero di telefono? | What's your telephone number? | rilassante | relaxing |
| qualche | some, a few | rilassarsi | to relax |
| qualche volta | sometimes | rimanere | to stay, to remain |
| Qualcos'altro? | Anything else? | rinascimentale | from the Renaissance |
| qualcuno | someone, somebody | rinnovare casa | to refurbish one's home |
| Quando è il tuo compleanno? | When is your birthday? | ripararsi | to take shelter |
| Quante volte alla settimana? | How many times a week? | riposarsi | to relax, to rest |
| Quanti anni hai? | How old are you? | riserva | reservation |
| Quanti…? | How many…? | riso integrale | brown rice |
| Quanto costa? | How much does it cost/is it? | rispondere | to answer |
| Quanto tempo ci vuole? | How long does it take? | ristorante | restaurant |
| Quanto viene? | How much is it? | ristrutturato | refurbished |
| quartiere | neighborhood | risultato | achievement, result |
| quartiere residenziale | residential area | riuscire a | to be able to, to succeed in, to manage to |
| quasi | almost | rivelare | to reveal |
| quello | that | rosa | pink |
| questo | this | rosso | red |
| qui | here | rotto | broken |
| qui vicino | near here, nearby | rumore | noise |
| quindi | so, therefore | rumoroso | noisy, loud |
| | | | |
| **R** | | **S** | |
| | | | |
| raccomandare | to recommend | sabato | Saturday |
| raccontare | to tell | saggio | wise |
| raddoppiare | to double | Sagittario | Sagittarius |
| raffinato | refined, sophisticated | sala da pranzo | dining room |
| ragazza | girl | sala riunioni | meeting hall |
| ragazzino | (teenage) boy | salire | to get on |
| ragazzo | boy | salire sull'autobus | to get on the bus |
| raggiungere | to reach | salone | dining hall |
| ragionevole | reasonable | salsiccia | sausage |
| ragno | spider | saluti | greetings |
| rapidamente | fast | Salve! | Hello!, Hi! |
| rapporto | relationship | San Valentino | Saint Valentine's Day |
| raramente | rarely, seldom | sapere | to know, to be able to |
| reagire | to react, to respond | saponetta | soap bar |
| realista | realist | scala | steps |
| realizzare un desiderio | to fulfill a wish | scambio linguistico | language exchange |

# glossario alfabetico

| | |
|---|---|
| scarpe | shoes |
| scarpe basse | flat shoes |
| scarpe da ginnastica | sneakers |
| scarso | inadequate, insufficient |
| scegliere | to choose |
| scendere | to go down(stairs) |
| scherzare | to make jokes |
| schiavo delle abitudini | slave to habits |
| sciare | to ski |
| scientificamente | scientifically |
| scimmia | ape |
| scimpanzè | chimpanzee |
| scomodo | uncomfortable |
| sconosciuto | unknown |
| scontento | unhappy, unsatisfied |
| scontrino | receipt |
| scoppiare | to break out |
| scoprire | to discover, to find out |
| Scorpione | Scorpio |
| scrittore | writer (*masculine*) |
| scrittrice | writer (*feminine*) |
| scrivania | desk |
| scrivere | to write |
| Scrivimi. | Write to me. |
| scuola | school (*does not include college/ university*) |
| scuola di lingue | language school |
| scuro | dark |
| Scusa! | Excuse me! (*informal*) |
| Scusi! | Excuse me! (*formal*) |
| Se hai già preso un impegno… | If you are planning to do something else… |
| Se te la senti… | If you feel like it… |
| Se ti interessa… | If you're interested… |
| secondi piatti | second courses |
| Secondo me… | In my opinion… |
| sedersi | to sit down |
| sedia | chair |
| seduto | sitting |
| segretario/a | secretary |
| seguire | to follow |
| seguire un corso | to attend a course |
| semaforo | traffic light |
| sembrare | to seem, to look like |
| seminterrato | basement |
| sempre | always, ever |
| sensibile | sensitive |
| senso pratico | pragmatism, practicality |
| sentimento | feeling |
| sentire | to hear |
| sentirsi | to speak (by phone or e-mail) |
| sentirsi | to feel |
| senza | without |
| senza pensieri | carelessly |
| sera | evening |
| serissimo | very serious |

| | |
|---|---|
| serpente | snake |
| servire | to serve |
| seta | silk |
| settembre | September |
| sfilare | to walk a catwalk |
| sforzo | effort |
| sgranchirsi le gambe | to stretch one's legs |
| Si accomodi alla cassa. | Please proceed to the cashier. |
| siccome | as, since |
| sicuramente | for sure, no doubt |
| sicuro (di sé) | self-confident |
| signora | Madam, Mrs. |
| signore | Sir, Mr. |
| silenzio | silence |
| silenzioso | quite, silent |
| simpatico | nice, pleasant, easy-going |
| sincero | honest |
| sistemazione | accommodation |
| situazione | situation |
| smog | air pollution, smog |
| socievole | social, friendly |
| sociologo | sociologist |
| soddisfatto | satisfied, happy, content |
| soffitta | attic room, garret |
| soffitto | ceiling |
| sofisticato | sophisticated, chic |
| soggiorno | living room |
| sogliola | sole |
| sognare | to dream |
| sogno | dream |
| sole | sun |
| solo | only |
| solo una volta | only once |
| somigliare (a) | to look like |
| Sono convinto che… | I am sure that… |
| Sono di… | I am from… |
| sopra | on, over |
| soprattutto | most of all, above all |
| sordo | deaf |
| sorella | sister |
| sorprendente | surprising, amazing |
| sorridere | to smile |
| sospettoso | distrustful |
| sosta | halt |
| sostenere | to support, to claim |
| sottile | thin |
| sotto | under |
| spalla | shoulder |
| sparsi per la città | easy to find everywhere (in town) |
| spazioso | wide, big, spacious |
| specchio | mirror |
| spegnere | to turn/switch off |
| sperare | to hope |
| sperimentare | to try |
| spesso | often |
| spettacolo | show |

G

| | |
|---|---|
| spezia | spice |
| spiaggia | beach |
| spiegare | to explain |
| spietato | ruthless, merciless |
| spinaci | spinach |
| spiritoso | witty, funny, humorous |
| sporcare | to make dirty, to smear |
| sporco | dirty |
| sportivo | sporty |
| sposarsi | to get married |
| sposato/a | married |
| spremuta d'arancia | freshly squeezed orange juice |
| squadra | team |
| stadio | stadium |
| stagionato | seasoned |
| stagione | season |
| stamattina | this morning |
| stancarsi | to get tired |
| stanco | tired |
| stanza | room |
| stare sveglio fino a tardi | to stay up late |
| stasera | tonight |
| stazione | station |
| stazione televisiva | tv station |
| stesso | same |
| Stia tranquillo. | Don't worry. (*formal*) |
| Stiamo proprio bene. | We feel great. |
| stile | style |
| stimolo | stimulation |
| stipulare un'assicurazione sanitaria | to subscribe to health insurance |
| stivali | boots |
| Sto a casa. | I am home., I stay at home. |
| Sto proprio male. | I'm not doing well at all. |
| storia del cinema | cinema history |
| strada | street, road |
| straniero/a | foreigner |
| strano | strange, odd, weird |
| stressante | stressful |
| striscia | strip |
| studente | student (*masculine*) |
| studentessa | student (*feminine*) |
| studiare | to study |
| stupendo | wonderful |
| stupirsi | to be surprised |
| subito | straight away, immediately |
| succo di frutta | fruit juice |
| sufficiente | sufficient, enough |
| suggerimento | suggestion, recommendation |
| suggerire | to suggest, to recommend |
| sulla destra | on the right |
| sullo sfondo | on the background |
| suocera | mother-in-law |
| suocero | father-in-law |
| suonare | to play (music) |
| superare una fase | to get by |

| | |
|---|---|
| superficiale | superficial |
| supermercato | supermarket |
| superstizioso | superstitious |
| supplì | fried rice ball |
| svegliarsi | to wake up |

## T

| | |
|---|---|
| tacchi alti | high heels |
| taglia | size |
| tagliare | to cut |
| tagliarsi i capelli | to get a haircut |
| Tanti auguri! | Happy birthday!, Best wishes. |
| tanto | a lot |
| tappa giornaliera | daily stop-over |
| tardi | late |
| tariffa | price, fee |
| tartaruga | turtle |
| tassista | taxi driver |
| tavolo | table |
| tavolo da pranzo | dinner table |
| tè al limone | lemon tea |
| teatro | theater |
| tecnico | repairman |
| telefono fisso | land line phone |
| televisore | TV set |
| telo di nylon | nylon cloth |
| tempo | weather, time |
| tempo libero | free time |
| temporale | storm |
| temuto | dreaded |
| tenace | determined |
| tenda | curtain |
| tenere al corrente | to keep informed/updated |
| termosifone | heater |
| terrazza | terrace |
| terrazzo | terrace |
| terribilmente | incredibly |
| testardo | stubborn |
| Ti abbraccio. | Hugs. |
| ti piace/piacciono | You like |
| Ti va di venire? | Do you want to come? |
| tigre | tiger |
| timido | shy |
| tinta unita | plain color |
| Tira vento. | It's windy. |
| tonalità | shade, nuance |
| tonnellata | ton |
| tornare | to come back/home, to return |
| Toro | Taurus |
| torre | tower |
| torta | cake, pie |
| tra le mura domestiche | in homes |
| traduttore | translator (*masculine*) |
| traduttrice | translator (*feminine*) |
| traffico | traffic |
| traghetto | ferry boat |

# glossario alfabetico

| | |
|---|---|
| tramezzino | club sandwich |
| tramite | through, by |
| tranquillità | quietness |
| tranquillo | calm, relaxed |
| trasferirsi | to relocate, to move |
| trasformarsi (in) | to turn (into) |
| trasloco | relocation |
| trasmissione | TV program |
| trattare bene | to treat well |
| treno | train |
| treno notturno | night train |
| trilocale | three room apartment |
| troppo | too, exceedingly |
| trota | trout |
| trovare | to find |
| trovare lavoro | to find a job |
| tubetto | tube |
| tuffarsi | to dive |
| tuta | tracksuit |
| tutti | everybody, all |
| tutti i giorni | everyday |
| tutti/e e due | both |
| tutto | everything, all |
| tutto l'anno | open all year round |

## U

| | |
|---|---|
| uccello | bird |
| ufficio | office |
| ufficio del turismo | tourist office |
| ufficio postale | post office |
| ultimo | last |
| umano | human, humane |
| un bicchiere di | a glass of |
| Un momento! | Just a moment! |
| un po' (di) | a bit (of), a little |
| un sacco di cose | a bunch of things |
| un sacco di problemi | a lot of problems |
| un sacco di spazio | plenty of room |
| una questione attuale | a currently debated issue |
| una volta | once |
| università | university |
| uno/a su quattro | one out of four |
| uomo | man |
| usare | to use |
| uscire | to go out |

## V

| | |
|---|---|
| vacanza | holiday, vacation |
| Vai a sinistra. | Go (to the) left. |
| Vai dritto. | Go straight. |
| valigia | suitcase |
| vanitoso | vain |
| vantaggio | advantage |
| vaporetto | ferry boat (*only in Venice*) |
| vasetto | pot |
| vecchio | old |

| | |
|---|---|
| vedere | to see |
| vedersi con | to meet, to spend time with someone |
| velocemente | fast |
| venditore | (street) seller |
| venerdì | Friday |
| venire | to come |
| vento | wind |
| veramente | really, actually |
| Veramente non mi va. | Actually I don't feel like it. |
| verde | green |
| verdure | vegetables, greens |
| Vergine | Virgo |
| verità | truth |
| vero | real, true |
| versare | to pour |
| Verso le 9. | At around 9. |
| vestirsi | to be/get dressed, to wear |
| vestito | dress |
| vetro | glass |
| viaggiare | to travel |
| vicino | neighbor |
| vicino a | close/next to |
| vicoli deserti | empty alleys |
| vino bianco | white wine |
| vino rosso | red wine |
| viola | purple |
| visitare | to visit |
| vista sul mare | sea view |
| vita | life |
| vita regolare | steady life |
| vitale | energetic, full of life |
| vitalità | exuberance |
| vitello | veal |
| vivace | lively |
| vivacissimo | very lively |
| vivere | to live |
| vivere all'estero | to live abroad |
| volentieri | gladly, with pleasure |
| Volentieri! | I'd be glad to! |
| volere | want |
| volere bene (a qualcuno) | to love (somebody) |
| Vuoi…? | Do you want…? |
| water | toilet (bowl) |
| yogurt intero | whole milk yogurt |

## Z

| | |
|---|---|
| zaino in spalla | with one's backpack |
| zia | aunt |
| zio | uncle |
| zona industriale | industrial zone |
| zona residenziale | residential area |
| zuppa | soup |